ニュースでつづる
世界でたった一つの
あなたの人生

山陽新聞

自分史クロニクル

年表

山陽新聞社編

山陽新聞社

山陽新聞

自 分 史
クロニクル

年表

CONTENTS

C O N T E N T S

凡　例

◆地名・地域名は原則として当時のものを用い、必要に応じて現在地名・地域名を併記しました。

◆学校名は原則として当時のままとし、必要に応じて統廃合・再編、閉校などの情報を添えました。

◆一般の方が映り込んだ写真はできるだけプライバシーに配慮しましたが、本書の性格上すべてがその限りではありません。悪しからずご了承ください。

◆年表中の「海外の主な出来事」は原則として現地時間で記しました。また、台風など自然災害の死者・行方不明者数は「消防白書」によりました。

◆写真説明文中の肩書などは、原則として新聞掲載時のものをそのまま使用しました。

◆漢字は新字体を基本とし、文中、原則として敬称を略しました。

◆掲載した新聞紙面中に配慮すべき言葉や表現がありますが、当時の社会現象を反映したものであり、そのまま掲載しました。

◆資料の欠日などで日が確定できない場合、例えば7月中であれば、7・＿と表記しました。

本書の使い方

　本書は自分史を執筆するために編まれたクロニクル（編年史・年表）です。自分史の完成度は、自身の人生上の出来事をどれだけ多く、深く、また正確に思い出せるかに左右されます。

　そこで、昭和が始まる1926年から平成が終わる2019年までの94年間に、100年に一度の危機と言われるコロナ禍に見舞われた2020年を追加し、山陽新聞に掲載された国内外のニュースを中心に、流行歌、本、ヒットした映画、テレビ番組、CM、流行語、新聞紙面など当時の世相を表す事象を年ごとに切り取り、編集しました。当時の世相・風俗を物語る写真も豊富に収録。特にビジュアル特集「アーカイブ岡山」では、懐かしい光景が目に留まり、回想に役立つことでしょう。

　何歳の時に世の中では何があったのか、また逆に自分はこの年、どこで誰と何をしていたのか、思い出しながら読んでみてください。同時に進学や就職、結婚など人生の主な契機や、思い出したことなどをその年の記入欄にどんどんメモにして残してください。本書があなたの思い出で彩られたら、ご自身の人生が時系列で一覧できることになります。そうしたら、次は巻末の資料編にある項目ごとに整理していきましょう。最も書きたいことは何なのか、それは誰に伝えたいのか、書き進めるうちに徐々にかたちが浮かび上がってくることでしょう。そして、それらがまとまれば自分史の骨格ができあがり、執筆です。

　山陽新聞社では、「山陽新聞カルチャープラザ」に自分史講座を開講し、自分史を書きたい人をサポートしています。前期「入門編」（6カ月）では基礎からレクチャーし、後期「実践編」（同）で実際に執筆をスタートさせます。また出版部門では、皆さんが書かれた原稿を本にする相談、編集・制作サービスを提供。山陽新聞社が有するデータベースから写真や記事、紙面等も利用できます。原稿を書くのが苦手な方には、元新聞記者らが取材をし、原稿作成します。新聞社ならではの充実した支援をご用意してお待ちしていますので、どうぞお気軽にお問い合わせください（お問い合わせ先は、本書最終ページをご参照ください）。

ニュースでつづる
世界でたった一つの
あなたの人生

山陽新聞

自 分 史
クロニクル

年 表

山陽新聞社編

1926

大正15年
昭和元年

加藤高明内閣
第1次若槻礼次郎内閣

国内・海外の主な出来事

- 1・15 京都学連事件で初の治安維持法適用
- 7・1 蒋介石が国民革命軍を率いて北伐宣言
- 12・25 大正天皇崩御、摂政裕仁親王が皇位継承。「昭和」改元

岡山県関係の主な出来事

- 11・12 岡山駅が鉄筋に新築、落成式
- 11・21 倉敷天文台が完成、設立記念式

岡山駅改築拡張工事と姫路－糸崎間の複線工事の竣工を記念して開催された祝賀式（大正15年11月12日、岡山駅前）

世相・流行・話題
共産主義、モダンガール、円本

音楽
この道（童謡）

映画
「日輪」「足にさはつた女」

出版
「現代日本文学全集」（改造社）

新商品・ヒット商品
キンカン、ムヒ、明治ミルクチョコレート

流行語
「赤」「文化住宅」

冥友録
尾上松之助、尾崎放哉、加藤高明、島木赤彦、半井桃水、ライナー・マリア・リルケ、アントニ・ガウディ、クロード・モネ

1927

昭和2年

第1次若槻礼次郎内閣
田中義一内閣

国内・海外の主な出来事

- 3・14 片岡直温蔵相の失言で銀行が取り付け騒ぎ（金融恐慌）
- 4・18 蒋介石が南京に国民政府樹立
- 5・21 リンドバーグ大西洋横断単独無着陸飛行成功
- 12・30 日本初の地下鉄開通（浅草－上野間）

岡山県関係の主な出来事

- 4・20 西江原銀行の3週間の休業発表を機に、県下に金融恐慌起こる
- 9・21 岡山県婦人同盟創立
- 9・26 普通選挙第1回の県議会議員選挙実施

モラトリアム（支払猶予令）を解説する山陽新報（4月23日付朝刊）

世相・流行・話題
金融恐慌、チャールストン

音楽
赤とんぼ（童謡）、ちゃっきり節（民謡）

映画
「忠次旅日記」「彼をめぐる五人の女」「からくり娘」「第七天国」

出版
「河童」「或阿呆の一生」（芥川龍之介）、「岩波文庫」創刊

新商品・ヒット商品
パブロン、グリコキャラメル

流行語
「おらが大将」「モガ・モボ」

冥友録
芥川龍之介、徳冨蘆花、福田英子、萬鉄五郎、ガストン・ルルー、ジョルジュ・ビゴー、エドムント・ナウマン

1928 昭和 3 年

田中義一内閣

国内・海外の主な出来事

- 2・20 普通選挙による初の衆議院議員選挙
- 3・15 日本共産党党員ら一斉検挙（3.15事件）
- 6・4 関東軍による張作霖爆殺事件
- 7・28 アムステルダム夏季オリンピック開幕、日本が初の金メダル
- 11・10 京都御所で天皇即位礼

岡山県関係の主な出来事

- 4・1 都窪郡倉敷町が市制施行、倉敷市が発足
- 8・2 人見絹枝がオリンピック女子陸上800mで銀メダルを獲得
- 10・25 伯備線岡山―米子間が全通

第9回オリンピックの女子800メートルでドイツのラトケ（右）と激戦を演じ、2位となった人見絹枝（写真提供／共同通信社）

世相・流行・話題
天皇即位、アムステルダム五輪、特高、マネキン・ガール

音楽
波浮の港（佐藤千夜子）

映画
「浪人街 第一話 美しき獲物」「ベン・ハー」「サンライズ」

出版
「英雄待望論」（鶴見祐輔）、「あゝ玉杯に花うけて」（佐藤紅緑）

新商品・ヒット商品
牛乳石鹸、キリンレモン

流行語
「弁士中止」「フラッパー」

冥友録
野口英世、若山牧水、佐伯祐三、葛西善蔵、大槻文彦、小山内薫

1929 昭和 4 年

田中義一内閣
浜口雄幸内閣

国内・海外の主な出来事

- 4・15 初のターミナルデパート阪急百貨店が開店
- 5・16 米で第1回アカデミー賞授賞式
- 10・24 ニューヨーク株式市場が大暴落、世界恐慌始まる

岡山県関係の主な出来事

- 2・11 苫田郡津山町が市制施行、津山市が発足
- 4・1 岡山市内でバス営業開始、初の女性車掌登場
- 10・12 犬養毅が政友会総裁に就任

津山市誕生（山陽新報2月12日付朝刊）

世相・流行・話題
世界恐慌、共産党弾圧、ロイド眼鏡、ツェッペリン伯号

音楽
東京行進曲（佐藤千夜子）

映画
「大学は出たけれど」「女の一生」

出版
「蟹工船」（小林多喜二）、「西部戦線異状なし」（E・M・レマルク）

新商品・ヒット商品
ナショナル国民ソケット、さくらフィルム、サントリーウイスキー・白札

流行語
「緊縮」「大学は出たけれど」

冥友録
牧野省三、津田梅子、岸田劉生、児島虎次郎、アーネスト・サトウ

1930 昭和5年

国内・海外の主な出来事

1・11　金本位制に復帰
5・30　中国・間島で朝鮮独立の反日武装蜂起
7・13　ウルグアイで第1回FIFAワールドカップ開催

岡山県関係の主な出来事

11・5　大原美術館が倉敷に開館
11・20　日本初の国立らい療養所長島愛生園が開園（収容開始は翌年3月）
12・11　作備線津山―新見間開通

大原美術館のオープンを告げる
山陽新報（11月6日付朝刊）

世相・流行・話題
銀ブラ、地下街、男装の麗人

音楽
すみれの花咲く頃（劇中歌）

映画
「西部戦線異状なし」

出版
「放浪記」（林芙美子）

新商品・ヒット商品
ソーラーA型（国産電気洗濯機）、バスクリン、リボンハイトリ紙、お子さまランチ

流行語
「アチャラカ」「エロ・グロ・ナンセンス」

冥友録
金子みすゞ、内村鑑三、田山花袋、豊田佐吉、アーサー・コナン・ドイル

この年こんなことも
冥王星発見／特急「つばめ」運行

1931 昭和6年

浜口雄幸内閣
第2次若槻礼次郎内閣
犬養毅内閣

国内・海外の主な出来事

5・1　ニューヨークにエンパイア・ステート・ビルディング完成
8・25　羽田飛行場（現東京国際空港）開港
9・1　清水トンネルが開通、上越線が全通
9・18　満州事変勃発
12・13　金輸出再禁止

岡山県関係の主な出来事

2・1　日本放送協会・岡山放送局が本放送開始
8・2　人見絹枝死去、24歳
12・13　犬養毅内閣成立、初の岡山県出身の総理大臣

人見絹枝死去を伝える8月3日
付の山陽新報朝刊。亡くなった8
月2日はちょうど3年前、アムス
テルダム五輪で銀メダルを獲得し
た日であった

世相・流行・話題
冷害・凶作、女性の身売り

音楽
酒は涙か溜息か（藤山一郎）

映画
「マダムと女房」「モロッコ」

出版
「つゆのあとさき」（永井荷風）

新商品・ヒット商品
電気カミソリ、わかもと、都こんぶ

流行語
「生命線」「テクシー」「アメション」

冥友録
北里柴三郎、渋沢栄一、人見絹枝、浜口雄幸、トーマス・エジソン

この年こんなことも
3色自動信号機登場／田河水泡が「少年倶楽部」に「のらくろ」連載開始

1932 | 昭和 7 年

犬養毅内閣
斎藤実内閣

国内・海外の主な出来事

1・28　上海事変勃発
3・1　満州国建国宣言
5・15　青年将校らが犬養毅首相を射殺（5.15 事件）
7・30　ロサンゼルス夏季オリンピック開幕（日本メダル 18 個獲得）

岡山県関係の主な出来事

4・22　軽爆撃機岡山号の献納式
5・1　岡山市のメーデーで、警官と乱闘。約 60 人が検挙される
5・23　宇野―大連間に定期航路開設、照国丸就航
7・1　因美線津山―鳥取間が開通

5.15 事件を報道する山陽新報
（5 月 16 日付朝刊）

世相・流行・話題

5.15 事件、白木屋（デパート）火災

音楽

影を慕いて（藤山一郎）

映画

「自由を我等に」

出版

「大言海」（大槻文彦）、「女の一生」（山本有三）

新商品・ヒット商品

加美乃素

流行語

「～してはみたけれど」「話せばわかる」

冥友録

井上準之助、梶井基次郎、犬養毅

この年こんなことも

チャップリン来日／第 1 回日本ダービー開催／東京市 35 区

（　　　　　　）年のあなたの年齢　　　　歳　　　　　　　　　　　　　在住

在学（　　　年生）・勤務

（　　　　　　）年にあなたに起こった出来事

・
・
・
・
・

その出来事に対するあなたの思い

・
・
・

1933 昭和8年

斎藤実内閣

国内・海外の主な出来事

1・30　独でヒトラーが首相に就任、ナチス政権獲得
2・24　国際連盟が対日満州撤退勧告案可決（3月27日、国際連盟脱退）
3・3　昭和三陸地震の津波により、死者・行方不明者3000人超
8・19　全国中等学校優勝野球大会決勝で中京商対明石中が延長25回の激闘
12・23　皇太子明仁親王が誕生

岡山県関係の主な出来事

10・29　岡山国防婦人会が発足
11・5　社会運動家片山潜がモスクワで死去、73歳

皇太子明仁親王誕生を報道する
山陽新報号外（12月23日付）

世相・流行・話題
蚕糸恐慌、ヨーヨー、皇太子誕生

音楽
東京音頭（小唄勝太郎／三島一声）

映画
「丹下左膳」「瀧の白糸」「巴里祭」

出版
「春琴抄」（谷崎潤一郎）

新商品・ヒット商品
カネヨクレンザー、丹頂チック、トクホン

流行語
「受験地獄」「ナンセンス」「転向」

冥友録
小林多喜二、吉野作造、宮沢賢治、新渡戸稲造、馬越恭平、片山潜

この年こんなことも
京大滝川事件／ルーズベルト米大統領就任／ゴーストップ事件

1934 昭和9年

斎藤実内閣
岡田啓介内閣

国内・海外の主な出来事

3・1　満州国で帝政、皇帝に溥儀
3・16　瀬戸内海、雲仙、霧島が初の国立公園に指定
4・18　帝人事件
9・21　室戸台風で死者・行方不明者約3000人

岡山県関係の主な出来事

3・3　岡山ロータリークラブ創立
5・20　第1回岡山県体育祭を開催
9・21　室戸台風で大被害、県内の死者145人
12・2　日本赤十字社岡山支部病院が落成

室戸台風により旭川堤防が決壊、水浸しとなった岡山市街（岡山県発行『昭和九年九月風水害写真帖』から）

世相・流行・話題
帝人事件、パーマネント、開襟シャツ

音楽
赤城の子守唄（東海林太郎）

映画
「浮草物語」「街の灯」

出版
「銀河鉄道の夜」（宮沢賢治）

新商品・ヒット商品
明治クリームキャラメル

流行語
「明鏡止水」「昭和維新」

冥友録
直木三十五、東郷平八郎、竹久夢二、高村光雲、江見水蔭、マリ・キュリー

この年こんなことも
忠犬ハチ公像建立／ベーブ・ルースら米大リーグ選抜チーム来日

1935 昭和 **10** 年

岡田啓介内閣

国内・海外の主な出来事

3・16　独がヴェルサイユ条約の軍事項目を破棄、再軍備宣言
7・14　仏で反ファシズムの人民戦線結成
8・1　中国共産党が抗日救国統一戦線を提唱（八・一宣言）
8・3　政府が天皇機関説を否定、国体明徴を声明
10・21　独が国際連盟を脱退

岡山県関係の主な出来事

8・24　第1回岡山納涼花火大会を開催
11・3　岡山市防護団を結成
11・17　県下初の防空予行演習を全県下で実施

非常燈火管制中の救護班活動や防火班の活動など、岡山市などの防空予行演習の様子を伝える山陽新報（11月18日付朝刊）

（　　　　　）年のあなたの年齢　　　　歳　　　　　　　　　　　在住

在学（　　　年生）・勤務

（　　　　　）年にあなたに起こった出来事

・
・
・
・
・

その出来事に対するあなたの思い

・
・
・

1936 昭和 11 年

岡田啓介内閣
広田弘毅内閣

国内・海外の主な出来事

2・26　陸軍青年将校が部隊を率いて政府首脳を襲撃（2.26事件）
5・18　阿部定事件
8・1　ベルリン夏季オリンピック開幕（日本メダル20個獲得）
11・7　国会議事堂落成
11・25　日独防共協定締結

岡山県関係の主な出来事

3・11　天満屋本館が全焼、10月1日新館完成
4・8　姫津線（のち姫新線）全通
6・1　初のプロ野球、名古屋金
鯱軍対大阪タイガース戦が
開催

日本社会を震撼させた2.26事件を伝える山陽
新報（2月27日付朝刊）

世相・流行・話題
2.26事件、阿部定事件

音楽
東京ラプソディー（藤山一郎）、あゝそ
れなのに（美ち奴）

映画
「人生劇場（青春篇）」「祇園の姉妹」

出版
「故旧忘れ得べき」（高見順）

ラジオ
ベルリンオリンピック生中継

流行語
「今からでも遅くない」「前畑ガンバレ!」

冥友録
高橋是清、魯迅、イワン・パブロフ

この年こんなことも
全日本職業野球連盟が発足／巨人・沢
村栄治が初のノーヒット・ノーラン達成

1937 昭和 12 年

広田弘毅内閣
林銑十郎内閣
第1次近衛文麿内閣

国内・海外の主な出来事

4・28　第1回文化勲章授与式、横山大観ら9人が受章
7・7　盧溝橋事件が勃発し、中国と全面戦争に（日中戦争）
11・6　日独伊防共協定締結
12・13　日本軍が南京占領、虐殺
12・15　労農派の山川均らを一斉検挙（人民戦線事件）

岡山県関係の主な出来事

7・27　日中戦争勃発で歩兵第十連隊（赤柴部隊）が中国へ出動
9・24　県が国民精神総動員実行委員会を設置
12・15　労農派の黒田寿男代議士らを検挙（人民戦線事件）

南京陥落を伝える合同新聞
（12月14日付夕刊）

世相・流行・話題
日中戦争、千人針、文化勲章

音楽
別れのブルース（淡谷のり子）

映画
「人情紙風船」「限りなき前進」

出版
「濹東綺譚」（永井荷風）

新商品・ヒット商品
サントリーウヰスキー12年（角瓶）

流行語
「銃後」「馬鹿は死ななきゃなおらない」

冥友録
中原中也、モーリス・ラヴェル

この年こんなことも
ヘレン・ケラー来日／トヨタ自動車工業
設立／職業野球東西対抗戦（オール
スターゲームの前身）が始まる

国内・海外の主な出来事

4・1　国家総動員法公布、5月5日施行
7・15　東京オリンピック（1940年）の開催権を返上
11・9　独でユダヤ人の迫害開始（水晶の夜）

岡山県関係の主な出来事

2・1　江田三郎県議らが検挙（第2次人民戦線事件）
3・10　満蒙開拓青少年義勇軍の先遣隊171人が出発
5・1　ガソリンが切符制、木炭自動車を運行
5・21　苫田郡西加茂村（現津山市）で大量殺人事件、死者30人

西加茂村の30人殺しを報道する5月22日付の合同新聞朝刊。後に横溝正史がこの事件に着想を得て小説『八つ墓村』を執筆

世相・流行・話題
代用品、木炭自動車、大陸の花嫁

音楽
旅の夜風（霧島昇／ミス・コロムビア）

映画
「愛染かつら」「モダン・タイムス」

出版
「麦と兵隊」（火野葦平）、「小島の春」（小川正子）

新商品・ヒット商品
セメダインC、ホット・ドッグ

流行語
「対手（あいて）とせず」「新秩序」

冥友録
嘉納治五郎、相賀武夫、及川道子、ブルーノ・タウト

この年こんなことも
岩波新書発刊／シーラカンス発見

（　　　　　　）年のあなたの年齢　　　　歳　　　　　　　　　　在住

在学（　　　年生）・勤務

（　　　　　　）年にあなたに起こった出来事
・
・
・
・
・

その出来事に対するあなたの思い
・
・
・

1939 | 昭和 14 年

国内・海外の主な出来事

- 1・15　横綱双葉山が安藝ノ海に敗れ、69連勝で止まる
- 5・12　満州・モンゴル国境で日ソ両軍が武力衝突（ノモンハン事件）
- 9・1　独がポーランドを侵攻（第2次世界大戦が勃発）

岡山県関係の主な出来事

- 1・5　津山出身の平沼騏一郎が首相就任、平沼内閣発足
- 9・1　第1回興亜奉公日で徒歩通勤や一汁一菜の食事などを実施
- 11・18　県が節米非常指令を発令

平沼騏一郎内閣発足時の記念写真。前列中央が平沼首相（1月5日）

世相・流行・話題
第2次世界大戦、日の丸弁当

音楽
名月赤城山（東海林太郎）

映画
「土」「残菊物語」「望郷」

出版
「三國志」「新書太閤記」（吉川英治）

ラジオ
「宮本武蔵」

新商品・ヒット商品
ナイロン

流行語
「産めよ殖やせよ国のため」「ヤミ」

冥友録
泉鏡花、ジークムント・フロイト

この年こんなことも
NHKが有線テレビ実験放送

1940 | 昭和 15 年

国内・海外の主な出来事

- 8・15　立憲民政党解散で議会制民主主義が停止
- 9・27　日独伊三国軍事同盟成立
- 10・12　大政翼賛会成立
- 11・10　紀元2600年記念行事開催

岡山県関係の主な出来事

- 4・29　米、味噌、醤油など10品目に切符制施行
- 6・5　国民精神総動員岡山
　　　　県本部を設置

日独伊三国同盟締結を報道する合同新聞
（9月28日付朝刊）

世相・流行・話題
三国軍事同盟、隣組、ダンスホール閉鎖、敵性語追放

音楽
誰か故郷を想はざる（霧島昇）

映画
「小島の春」「駅馬車」「民族の祭典」

出版
「哲学入門」（三木清）

流行語
「一億一心」「ぜいたくは敵だ！」

冥友録
種田山頭火、西園寺公望、吉行エイスケ、F・スコット・フィッツジェラルド

この年こんなことも
杉原千畝がユダヤ人らにビザを発給／仏ラスコー洞窟で旧石器時代の壁画発見

1941 | 昭和 16 年

国内・海外の主な出来事

- 4・1　国民学校令施行
- 10・18　東条英機内閣が発足
- 12・8　日本軍がハワイ・真珠湾を攻撃（太平洋戦争勃発）

岡山県関係の主な出来事

- 4・1　小学校が国民学校に、男子制服は国防色、戦闘帽
- 5・10　通帳による米の配給制開始
- 12・8　太平洋戦争始まる、各地で戦勝祈願祭

太平洋戦争開戦を告げる合同新聞（12月9日付夕刊）

世相・流行・話題
防空ずきん、もんぺ、ゲートル

音楽
めんこい仔馬（二葉あき子）

映画
「次郎物語」「スミス都へ行く」

出版
「智恵子抄」（高村光太郎）

新商品・ヒット商品
さくら天然色フキルム

流行語
「月月火水木金金」「産業戦士」

冥友録
南方熊楠、ルー・ゲーリッグ、モーリス・ルブラン、ジェームズ・ジョイス

この年こんなことも
米が配給制／東京港開港／新聞・ラジオの気象報道禁止

（　　　　　　　）年のあなたの年齢　　　　　歳　　　　　　　　　　　　　在住

　　　　　　　　在学（　　　年生）・勤務

（　　　　　　　）年にあなたに起こった出来事

-
-
-
-
-

その出来事に対するあなたの思い

-
-
-

1942 | 昭和 17 年

東条英機内閣

国内・海外の主な出来事

- 4・18　米軍が東京・名古屋・神戸などを初空襲
- 6・4　ミッドウェー海戦、日本軍惨敗
- 8・13　米が原爆製造のためのマンハッタン計画開始

岡山県関係の主な出来事

- 2・1　衣料の切符配給制実施
- 4・22　真珠湾攻撃の片山兵曹長を軍神として特別村葬
- 10・20　九男三女の母、吉田きぬを優秀子宝部隊長として表彰

帝都・東京に米軍機が初来襲、横浜や名古屋、神戸などにも焼夷弾を投下と伝える紙面（4月19日付朝刊）

世相・流行・話題

翼賛選挙、衣料切符、金属回収

音楽

森の水車（高峰秀子）、明日はお立ちか（小唄勝太郎）

映画

「ハワイ・マレー沖海戦」

出版

「姿三四郎」（富田常雄）

流行語

「欲しがりません勝つまでは」「アイ・シャル・リターン」

冥友録

萩原朔太郎、与謝野晶子、北原白秋

この年こんなことも

大日本映画（後の大映）設立／井の頭自然文化園開園／関門鉄道トンネル開通

1943 | 昭和 18 年

東条英機内閣

国内・海外の主な出来事

- 2・1　ガダルカナル島から日本軍撤退
- 9・8　伊が連合国に無条件降伏（イタリアの講和）
- 10・21　出陣学徒壮行会が明治神宮外苑で開催
- 11・22　米英中3国首脳によるカイロ会談
- 12・10　文部省が学童疎開を促進

岡山県関係の主な出来事

- 1・21　倉敷紡績（現クラボウ）が重工業に転換
- 4・19　津山市西松原の松並木の供出（木造船用）開始
- 5・28　軍用機献納運動で「岡山県民報国第1号」機を献納
- 11・20　六高で37人の文科出陣学徒壮行式

六高の文科出陣学徒壮行式（11月20日、六高・大講堂）

世相・流行・話題

学徒出陣、玉砕、学童疎開

音楽

勘太郎月夜唄（小畑実／藤原亮子）、若鷲の歌（霧島昇／波平暁男）

映画

「姿三四郎」「無法松の一生」「桃太郎の海鷲」

出版

「海軍」（岩田豊雄）

流行語

「撃ちてし止まむ」

冥友録

山本五十六、島崎藤村、大原孫三郎、新美南吉、セルゲイ・ラフマニノフ

この年こんなことも

野球用語が日本語化／東京都制施行／新一円札発行

1944 | 昭和19年

国内・海外の主な出来事

6・6　連合軍によるノルマンディー上陸作戦が発動
7・7　サイパン島で日本軍全滅
8・4　閣議で国民総武装を決定
10・25　神風特攻隊がレイテ沖海戦で初出撃

岡山県関係の主な出来事

1・7　女子勤労挺身隊が水島の三菱重工業航空機製作所に初動員
4・＿　軍需工場への学徒動員、学校の向上化が始まる
8・11　県下初空襲、陸軍演習地のある蒜山地方に米軍機が爆弾投下
12・2　航空機燃料用の松根油の緊急増産策を発表

冷水摩擦をする疎開児童
（矢掛町）

世相・流行・話題
神風特攻隊、疎開、国民酒場

音楽
ラバウル海軍航空隊（灰田勝彦）

映画
「あの旗を撃て」「陸軍」

出版
「花ざかりの森」（三島由紀夫）、「津軽」（太宰治）

流行語
「鬼畜米英」「天王山」

冥友録
沢村栄治、エドヴァルド・ムンク、アントワーヌ・ド・サン＝テグジュペリ

この年こんなことも
俳優座結成／ハチ公像回収／洞爺湖の大噴火で昭和新山誕生／昭和東南海地震で大被害

（　　　　　）年のあなたの年齢　　　　歳　　　　　　　　　　在住

　　　　　　　　　　　　在学（　　　年生）・勤務

（　　　　　）年にあなたに起こった出来事
・
・
・
・
・

その出来事に対するあなたの思い
・
・
・

国内・海外の主な出来事

2・4　米英ソ首脳がヤルタ会談を開催

3・10　東京大空襲、死者10万人超

4・25　サンフランシスコ会議で国際連合の設立を協議

6・30　秋田県花岡鉱山で中国人労働者が集団蜂起（花岡事件）

8・6　広島に原爆投下、9日に長崎にも投下

8・15　天皇の終戦詔書をラジオ放送（玉音放送）

9・2　戦艦ミズーリ号上で日本が降伏文書に調印

9・17　枕崎台風で甚大な被害、死者・行方不明者3756人

10・11　ＧＨＱ（連合国軍総司令部）が民主化・自由化への5大改革を指令

10・24　国際連合憲章発効、国際連合発足

11・20　ドイツ・ニュルンベルクで国際軍事裁判開廷

岡山県関係の主な出来事

3・6　米軍爆撃機B29が岡山市近郊の山林に爆弾投下

6・22　三菱重工業水島航空機製作所（現三菱自動車工業水島製作所）が米軍爆撃機B29の爆撃により壊滅

6・29　岡山市が空襲で焦土に、死者・行方不明者1700人超

9・9　路面電車が岡山駅前－東山駅間で部分的に復旧

9・17　枕崎台風で吉井川が洪水、死者・行方不明者127人

10・10　岡山空襲で全館焼失した天満屋が営業再開

10・23　連合国軍の岡山進駐が始まり、約5000人が駐留

11・18　岡山市で映画館の金馬館が再開

12・1　大戦中に閉館されていた大原美術館が開館

※この年、石炭不足により旅客列車が減速運行。ピーク時には半分に

①

②

①岡山空襲後に現在の県庁通り東端にあった旧公会堂（現県庁東）屋上から西方向を撮影した写真。中央の通りが現在の県庁通り。中央奥が中国銀行、左奥が天満屋（1945年6月、矢延真一郎氏撮影、岡山空襲展示室蔵）
②現在の岡山市北区津島地区の旧陸軍部隊兵舎跡（岡山大津島キャンパス付近）で撮影したアメリカ進駐軍の閲兵風景

世相・流行・話題

新型爆弾、玉音放送、敗戦・終戦、GHQ、民主化、バラック、ヤミ市・青空市場、輪タク、DDT

音楽

リンゴの唄（映画「そよかぜ」の挿入歌。レコードリリースは1946年）、ラバウル小唄（戦時歌謡）、里の秋（童謡）、センチメンタル・ジャーニー（ドリス・デイ）

映画

「勝利の日まで」「そよかぜ」「ユーコンの叫び」「ウエヤ殺人事件」「北の三人」「狐の呉れた赤ん坊」「三十三間堂通し矢物語」「春の歌」

出版

「日米會話手帳」（科学教材社）、「お伽草紙」（太宰治）、「一億の号泣」（高村光太郎）、「文学人の態度」（正宗白鳥）、「陸軍」（火野葦平）

ラジオ

「天気予報」「ラジオ体操（第一）」「希望音楽会」「真相はかうだ」「紅白音楽試合」（NHK紅白歌合戦の前身）

新商品・ヒット商品

宝くじ

流行語

「一億玉砕」「一億総懺悔」「ピカドン」「竹の子生活・たまねぎ生活」「パンパン」「四等国」「進駐軍」「ギブ・ミー・チョコレート」「復員」

冥友録

野口雨情、西田幾多郎、三木清、近衛文麿、薄田泣菫、武内俊子、竹内浩三、森下彰子、小川郷太郎、アンネ・フランク、アドルフ・ヒトラー、ジョン・フレミング、フランクリン・ルーズベルト、カール・ユーハイム

この年こんなことも

三河地震で死者2306人（1月）／硫黄島の戦い（2月）／千円札発行（8月）／公民権指令の発令、特別高等警察（特高）廃止、治安維持法廃止（10月）／横綱双葉山が引退（11月）／神道指令を発令、衆議院議員選挙法の改正で婦人参政権、労働組合法の公布、第1次農地改革公布（12月）

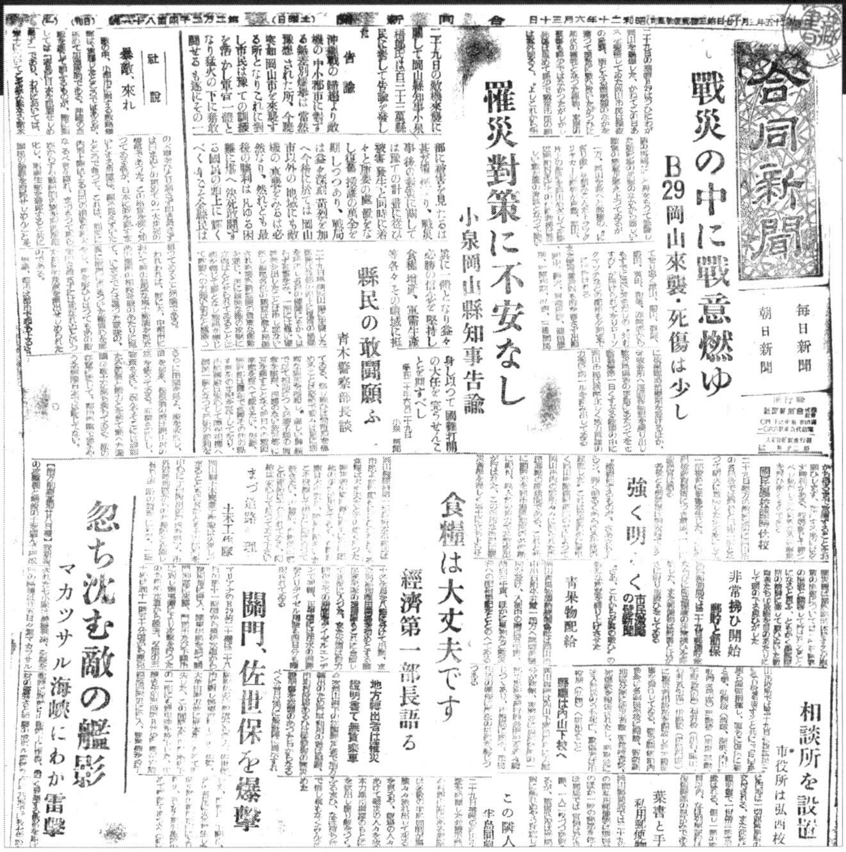

合同新聞
毎日新聞　朝日新聞

戦災の中に戦意燃ゆ
B29岡山來襲・死傷は少し

罹災對策に不安なし
小泉岡山縣知事告諭
縣民の敢闘願ふ

食糧は大丈夫です
經濟第一部長語る

忽ち沈む敵の艦影
マカッサル海峡にわか雷撃

關門、佐世保を爆撃

相談所を設置

6月29日未明の岡山空襲で本社屋を焼かれながらも発行した6月30日付の合同新聞。タブロイド判1ページのみの小さな紙面にかすれて、ゆがんだ文字が並ぶ

この年のあなたの年齢　　　歳　　　　　　　　在住

　　　　　　　在学（　　年生）・勤務

この年にあなたに起こった出来事

・

・

・

・

・

その出来事に対するあなたの思い

・

・

・

国内・海外の主な出来事

1・1	天皇が人間宣言（神格化否定の詔書）
1・4	軍国主義者らの公職追放令を公布
1・10	国際連合総会第1回をロンドンで開催
2・17	金融緊急措置令を公布、新旧円交換
2・20	ソ連が千島列島・樺太の領有を布告
3・5	チャーチル元英国首相が「鉄のカーテン」演説
4・10	第22回衆議院議員総選挙。改正選挙法による戦後初の衆院選
5・3	極東国際軍事裁判（東京裁判）開廷
5・19	食糧メーデーに25万人参加
5・22	第1次吉田茂内閣発足
7・1	アメリカがビキニ環礁で原爆の海面・水中爆発実験
7・4	フィリピンが再独立
11・3	日本国憲法公布
12・21	南海地震で大被害、死者・行方不明者1443人

岡山県関係の主な出来事

4・10	戦後初の総選挙で近藤鶴代が県初の女性代議士に
5・1	戦後初のメーデーを岡山・津山で開催、参加者2万人超
11・†	表七カ町商店街でほぼ半数が復興、恒例の誓文払いを行うまでに回復
12・21	南海地震で県内の死者52人、全壊家屋1201戸

※南洋諸島など外地からの軍人らの引き揚げがピークを迎える
※岡山県教員組合など労働組合の結成が相次ぐ

①戦闘帽と角帽が混在する岡山一中（現岡山朝日高校）生の記念写真。1941(昭和16)年から制帽は廃止され、全員戦闘帽に。制服もカーキ色の国民服に統一。教育界は戦時色一色に塗りつぶされていくが、終戦とともに憧れの角帽が復活、民主教育が産声を上げた（2月）

②終戦から1年も経たない頃の岡山市・千日前商店街の映画街。「金馬館」「文化劇場」の名前が見える。すでに賑わいを取り戻し、街の表情も明るい。復興へ向けた庶民のエネルギーが感じられる（6月）

世相・流行・話題

天皇の人間宣言、東京裁判、新円発行、総選挙、カストリ雑誌、婦人警官

音楽

リンゴの唄（霧島昇・並木路子）、東京の花売娘（岡晴夫）、かえり船（田端義夫）、みかんの花咲く丘（童謡）、悲しき竹笛（近江俊郎・奈良光枝）

映画

「はたちの青春」「大曾根家の朝」「我が道を往く」「カサブランカ」「わが青春に悔なし」「キュリー夫人」「運命の饗宴」

出版

「愛情はふる星のごとく」（尾崎秀実）、「無常といふ事」（小林秀雄）、「堕落論」「白痴」（坂口安吾）

ラジオ

「のど自慢素人音楽会（現NHKのど自慢）」「英語会話教室（カムカム英語）」「街頭録音」「尋ね人」「話の泉」

新商品・ヒット商品

ラビットS-1型（スクーター）、電熱器（電気コンロ）、ピース、固形洗たく石けん、クレンザー

流行語

「あっ、そう」「カストリ」「オフ・リミット」「赤線・青線」「ララ物資」「ニューフェイス」「バクダン」

冥友録

河上肇、岩波茂雄、松岡洋右、阪田三吉、白瀬矗、川村清一、小栗虫太郎、原口統三、川上貞奴、川村光陽、初代ミス・ワカナ、アーネスト・トンプソン・シートン、ジョン・メイナード・ケインズ、H・G・ウェルズ

この年こんなことも

公娼制度廃止（1月）／天皇の全国訪問開始（2月）／日本初のスポーツ新聞「日刊スポーツ」創刊（3月）／プロ野球リーグ戦再開、「サザエさん」が夕刊フクニチで連載開始（4月）／第1回国民体育大会夏季大会開催（8月）／シベリア引き揚げ第1船が舞鶴に入港（12月）

日本国憲法公布に合わせてその全文を掲載。新憲法は「国民主権」「象徴天皇」「戦争放棄」などを定め、10月7日、衆院で可決成立した。施行は1947（昭和22）年5月3日から(11月4日付朝刊)

この年のあなたの年齢　　　　歳　　　　　　　　　　　在住

在学（　　年生）・勤務

この年にあなたに起こった出来事

-
-
-
-
-

その出来事に対するあなたの思い

-
-
-

国内・海外の主な出来事

1・18　全官公庁労組共闘委が 2.1 ゼネスト宣言、1.31 中止
3・12　米大統領が共産主義封じ込め政策（トルーマン・ドクトリン）発表
4・20　第1回参議院議員通常選挙で社会党が第1党に。25 日、第 23 回衆議院議員総選挙
5・3　日本国憲法が施行
5・24　社会党など3党連立の片山哲内閣が発足
6・5　米国務長官が欧州復興計画（マーシャル・プラン）発表
7・12　第1回欧州復興会議で欧州経済協力委員会（CEEC）設立
7・13　静岡県登呂遺跡の第2次発掘調査始まる
8・14　パキスタンが独立、翌日インドが独立
8・15　対日民間貿易が制限付きで再開
9・14　カスリーン台風で関東・東北が大被害、全国で死者・行方不明者 3520 人

岡山県関係の主な出来事

1・下旬　岡山、倉敷、津山の国民学校で学童給食スタート
3・31　農地改革で第1回の農地買収、売り渡しを実施
4・1　新学制で新制中学校が発足
4・6　西岡広吉が初の公選知事に就任
6・__　岡山市内に1万 2000 戸の家屋が建ち、ほぼ半数が復興
7・5　食糧危機対策で料理店などが営業停止
10・6　県が初めて婦人警察官 30 人を採用
11・14　倉敷天文台の本田実が戦後初めて新すい星を発見
12・8　天皇陛下が 11 日まで県下各地を巡幸、県民を激励

①戦災校の清輝小学校（岡山市）をご訪問され、笑顔で子どもたちに話しかけられる昭和天皇。終戦翌年の 1946（昭和21）年から8年をかけて全国を巡幸された。敗戦によるショック、虚脱状態にあった県民を慰め、励まされた（12 月 10 日）
②城下から岡山駅方面を見た電車通り。写真右奥に見える白い建物は住友銀行（現三井住友銀行）で、現在の柳川ロータリーの北西部分にあった。すぐ上には岡山駅も見える

世相・流行・話題

日本国憲法、冷たい戦争、ゼネスト、学校給食、カスリーン台風、額縁ショー、ベビーブーム

音楽

夜のプラットホーム（二葉あき子）、夜霧のブルース（ディック・ミネ）、とんがり帽子（川田正子）、星の流れに（菊池章子）、啼くな小鳩よ（岡晴夫）、港が見える丘（平野愛子）、山小舎の灯（近江俊郎）

映画

「安城家の舞踏会」「戦争と平和」「荒野の決闘」「断崖」「心の旅路」「銀嶺の果て」「アメリカ交響楽」「石の花」「女優」「今ひとたびの」

出版

「斜陽」（太宰治）、「自叙伝」（河上肇）、「新宝島」（手塚治虫）、「ノンちゃん雲に乗る」（石井桃子）、「肉体の門」（田村泰次郎）、「青い山脈」（石坂洋次郎）、「ビルマの竪琴」（竹山道雄）

ラジオ

「二十の扉」

新商品・ヒット商品

ホンダA型（自転車用補助エンジン）、十字号（自転車）

流行語

「ご名答」「集団見合い」「土曜夫人」「ニコヨン」「不逞の輩」「アプレゲール」「斜陽族」

冥友録

織田作之助、鹿島精一、幸田露伴、横光利一、野口米次郎、菊池幽芳、石橋秀野、アル・カポネ、ウィリアム・C・デュラント、ヘンリー・フォード、マルセス・プルースト

この年こんなことも

全国で学校給食が開始、箱根駅伝が復活（1月）／日本教職員組合（日教組）が発足（6月）／公正取引委員会が発足（7月）／古橋広之進が水泳 400 m 自由形で世界記録（非公認）（8月）／労働省（現厚生労働省）が発足（9月）／共同募金運動開始（11月）／100 万円宝くじ売り出し（12月）

国民主権と平和主義などを掲げた日本国憲法の施行を告げる紙面。皇居前広場で吉田茂首相らが出席する記念式典が開かれた。雨の中、約1万人が参集。各地で記念講演会や祝賀行事が行われ、一般世帯へ配布する啓発パンフレットが2000万部印刷された（5月3日付朝刊）

この年のあなたの年齢　　　　　歳　　　　　　　　　　　　在住

　　　　　　　　　在学（　　　年生）・勤務

この年にあなたに起こった出来事

-
-
-
-
-

その出来事に対するあなたの思い

-
-
-

1948 昭和23年

片山哲内閣
芦田均内閣
第2次吉田茂内閣

国内・海外の主な出来事

1・26　帝国銀行椎名町支店で毒殺、現金強奪（帝銀事件）
3・7　国家消防庁設置、新警察制度発足、警察大学校設立
3・10　3党連立による芦田均内閣が発足
3・17　欧州5カ国によるブリュッセル条約締結（NATOの前身）
5・15　第1次中東戦争が勃発
6・23　昭和電工社長が贈賄容疑で逮捕
6・24　ソ連がベルリン封鎖（翌年5月12日解除）
6・28　福井地震で大被害、死者3769人
8・15　大韓民国が成立
9・9　朝鮮民主主義人民共和国が成立
10・7　昭和電工疑惑で芦田内閣辞職、第2次吉田内閣発足（15日）
11・12　極東国際軍事裁判（東京裁判）で戦犯25被告に有罪判決
12・10　国連総会で世界人権宣言を採択

岡山県関係の主な出来事

1・2　第1回日展岡山を天満屋で開催
1・28　関西汽船の女王丸が牛窓沖で沈没、死者・行方不明者199人
4・1　新学制により新制高等学校が発足
4・1　下津井、児島など4町村が合併、児島市（現倉敷市）が誕生
5・1　第19回メーデー、岡山市内のデモ行進
8・13　関西高校が夏の甲子園に戦後岡山県勢として初出場
8・27　矢掛町と美山村（現井原市）で竜巻発生、100棟超が被害、1人死亡

①合同新聞社（現山陽新聞社）主催で開催された「日展」の岡山会場。まだ敗戦の混乱が収まらぬ時期、それまで東京と京都以外では未開催だった日展が初めて地方都市で開かれた。県民の日展への関心はすさまじく、入場者総数は東京会場を上回る23万人を記録した（1月、岡山市・天満屋）
②関西汽船の「女王丸」が牛窓沖の瀬戸内海を航行中、太平洋戦争中にまかれた機雷に触れ沈没（写真の×印）。砂浜に遺体が並ぶ。女王丸は阪神―多度津（香川県）間を航行中で、死者・行方不明者199人を出した。戦後、順次掃海が行われていたが現場海域は未掃海だった（1月28日）

世相・流行・話題

東京裁判結審、サマータイム、ロマンスシート、アロハシャツ、ロングフレアスカート、帝銀事件、昭和電工事件、福井地震

音楽

東京ブギウギ（笠置シズ子）、湯の町エレジー（近江俊郎）、異国の丘（竹山逸郎・中村耕造）、憧れのハワイ航路（岡晴夫）、フランチェスカの鐘（二葉あき子）

映画

「酔いどれ天使」「肉体の門」「逢びき」「夜の女たち」「王将」「美女と野獣」「旅路の果て」「ヘンリー五世」

出版

「てんやわんや」（獅子文六）、「この子を残して」（永井隆）、「現代用語の基礎知識」（時局月報社）、「人間失格」（太宰治）、「桜島」（梅崎晴生）、「菊と刀」（ルース・ベネディクト）

ラジオ

「時の動き」「第1回『NHKのど自慢全国コンクール優勝大会』」「ニュース解説」

新商品・ヒット商品

コニカI、QQ絆創膏、セロテープ、ボールペン、アンテルミンチョコレート（虫下し）、ホッピー

流行語

「アルバイト」「主婦連」「鉄のカーテン」「ノルマ」「老いらくの恋」「冷たい戦争」「裏口営業」

冥友録

菊池寛、川島芳子、美濃部達吉、太宰治、東条英機、草川信、岡本一平、山田九州男、額田六福、マハトマ・ガンジー、ベーブ・ルース

この年こんなことも

新生児の大量殺害（寿産院事件）（1月）／日本初のサマータイム実施、母子手帳配付（5月）／NHKがテレビ公開実験、太宰治が入水自殺（6月）／建設省（現国土交通省）開庁、水産庁発足（7月）／プロ野球で初のナイター（8月）／「暮しの手帖」創刊（9月）／犯罪専用電話「110番」を設置（10月）

連合軍による極東国
際軍事裁判（東京裁判）
によってA級戦犯25
人に有罪判決が下され
た。元首相の東条英
機、広田弘毅ら第2次
大戦のA級戦犯7人が
死刑、元内相の木戸
幸一、元陸軍参謀総
長の梅津美治郎ら16
人が終身禁錮刑、元
外相の東郷茂徳ら2人
が有期禁錮刑となった
（11月13日付朝刊）

この年のあなたの年齢　　　　　歳　　　　　　　　　　在住

　　　　　　　　在学（　　　年生）・勤務

この年にあなたに起こった出来事

・

・

・

・

・

その出来事に対するあなたの思い

・

・

・

1949 昭和24年

第2～3次吉田茂内閣

国内・海外の主な出来事

- 1・26 法隆寺金堂から出火、国宝の壁画が焼損
- 3・7 ドッジ米特使がドッジ・ライン（財政引き締め）施行
- 4・4 西側12カ国（現30カ国）で北大西洋条約機構（NATO）結成
- 4・25 1ドル360円の単一為替レート実施
- 5・23 ドイツ連邦共和国（西ドイツ）成立
- 6・1 日本国有鉄道（現JR）、日本専売公社（現JT）が発足
- 8・16 古橋広之進が全米水上選手権で4つの世界新記録
- 8・26 シャウプを団長とする税制使節団が税制勧告を発表
- 10・1 中華人民共和国成立
- 10・7 ドイツ民主共和国（東ドイツ）成立
- 11・3 湯川秀樹博士が日本人初のノーベル物理学賞受賞

岡山県関係の主な出来事

- 3・20 岡山産業文化大博覧会を岡山市で開催
- 3・23 初の県文化賞に本田すい星の本田実、植物学の吉野善介、詩人の永瀬清子
- 4・1 津山市制20周年記念博覧会を鶴山公園で開催
- 4・2 皇太子が初めて岡山県を訪問
- 4・29 軍政部の指導で初のタウンミーティングを吉備町（現岡山市）で開催
- 5・10 ノートルダム清心女子大学が開学
- 5・20 倉敷球場の完成に伴い、東急（現日本ハム）対阪神戦が開催
- 7・1 シベリア引き揚げ第1陣の23人が岡山駅に到着
- 7・28 岡山大学で第1回入学式、9月15日から授業開始
- 12・6 天満屋バスステーション開設

①皇太子が戦後初めて岡山を訪問。内山下小学校屋上から田中弘道岡山市長の説明で市街をご展望された。初々しい15歳のプリンスの訪問に県内が沸いた（4月2日、岡山・丸の内）②待ちに待ったシベリアからの引き揚げ第1陣の列車が、岡山県出身の抑留者23人を乗せて、7月1日午後9時27分、無事岡山駅に到着。家族のもとへ、笑顔がはじける。ホームには西岡広吉知事をはじめ、家族など大勢が出迎えた

世相・流行・話題

東西ドイツ、中華人民共和国、新制大学、物理学、フジヤマのトビウオ

音楽

青い山脈（藤山一郎・奈良光枝）、銀座カンカン娘（高峰秀子）、三味線ブギウギ（市丸）、熊祭（イヨマンテ）の夜（伊藤久男）、悲しき口笛（美空ひばり）、長崎の鐘（藤山一郎）、玄海ブルース（田端義夫）

映画

「晩春」「青い山脈」「ハムレット」「破れ太鼓」「森の石松」「小原庄助さん」「女の一生」「戦火のかなた」「ママの想い出」「腰抜け二挺拳銃」

出版

「細雪　全巻」（谷崎潤一郎）、「本日休診」（井伏鱒二）、「きけ　わだつみのこえ　日本戦歿學生の手記」（日本戦歿學生手記編集委員會編）、「風と共に去りぬ」（M・ミッチェル）

ラジオ

「私は誰でしょう」「とんち教室」「陽気な喫茶店」「うたのおばさん」

新商品・ヒット商品

キャップ式広口哺乳器、ブラ・パット、能率手帳、明太子

流行語

「アジャパー」「駅弁大学」「ギョッ」「三バン」「筋金入り」「つるしあげ」「竹馬経済」「ワンマン」「ノルマ」「竹のカーテン」「ニコヨン」

冥友録

七代目松本幸四郎、佐藤紅緑、六代目尾上菊五郎、上村松園、若槻礼次郎、海野十三、森田草平、安部磯雄、マーガレット・ミッチェル

この年こんなことも

東京消防庁「119番」電話設置（3月）／工業標準化法でJIS規格誕生（6月）／下山定則国鉄総裁が轢死体で発見（下山事件）、群馬県岩宿遺跡で旧石器を発見（7月）／対面交通で歩行者は右側通行に、プロ野球のセ・パ2リーグ制が確立（11月）／お年玉付年賀はがき発行（12月）

11月3日、ノーベル物理学賞が湯川秀樹博士（京都大学）に決まり、その授与式が12月10日にストックホルムで行われることに。湯川博士の日本人初のノーベル賞受賞は、敗戦で自信を失っていた日本人を元気づけた（12月10日付夕刊）

この年のあなたの年齢　　　　歳　　　　　　　　　　　　　在住

在学（　　　年生）・勤務

この年にあなたに起こった出来事

・
・
・
・
・

その出来事に対するあなたの思い

・
・
・

国内・海外の主な出来事

- 2・14 中ソ友好同盟相互援助条約締結
- 3・19 平和擁護世界大会で核兵器無条件禁止を訴える「ストックホルム・アピール」発表
- 4・22 第1回ミス日本に山本富士子
- 5・3 GHQのマッカーサーが共産党幹部の公職追放を指令(レッド・パージ)
- 6・25 朝鮮戦争勃発
- 6・28 読売ジャイアンツの藤本英雄が西日本パイレーツ戦で日本初の完全試合
- 7・2 鹿苑寺金閣が放火により全焼する
- 7・11 日本労働組合総評議会（総評）結成
- 8・10 警察予備隊令（後の保安隊、自衛隊）が公布、施行される
- 9・3 ジェーン台風で被害、死者・行方不明者539人
- 11・10 NHK東京テレビジョンが定期実験放送を開始
- 11・28 プロ野球初の日本選手権（日本シリーズ）、毎日オリオンズ（現千葉ロッテマリーンズ）が初優勝
- 12・7 池田勇人蔵相の「貧乏人は麦を食え」発言が問題化

岡山県関係の主な出来事

- 3・11 上市町（現新見市）で大火、38世帯が全焼
- 4・1 米ミシガン大学日本研究所が岡山市に開設
- 4・17 県下高校で男女共学が始まる
- 8・1 岡山鉄道管理局が開庁
- 11・3 作家・正宗白鳥が文化勲章を受章
- 12・1 山陽新聞社が県内名勝地45カ所早回り競走を開催
- 12・20 県立盲・聾学校寄宿舎を全焼、児童16人焼死

①山陽新聞社主催の「夕刊山陽新聞」創刊1周年記念イベント「岡山県下名勝地早回り競走」。本社員各2人で構成する紅白2チームが、公共交通機関などを利用して県内名勝地45カ所を早回り競走した。写真は塩飽諸島を背景に鷲羽山で押印してもらう白班の選手（12月8日）
②めかし込んだ人々が闊歩するのは、岡山市の表町商店街の中心部、下之町地区。秋恒例の誓文払いに県内外から買い物客が押し寄せ、通りを埋め尽くした。戦後、バラックや露店から街を挙げた懸命の復興で、終戦翌年に誓文払いを復活させた（11月）

世相・流行・話題

朝鮮戦争特需、レッド・パージ、ナイター、アルサロ、金閣寺放火、満年齢の使用

音楽

夜来香（山口淑子）、星影の小径（小畑実）、桑港のチャイナ街（渡辺はま子）、東京キッド（美空ひばり）、買物ブギー（笠置シヅ子）、水色のワルツ（二葉あき子）、白い花の咲く頃（岡本敦郎）

映画

「また逢う日まで」「帰郷」「羅生門」「白雪姫」「自転車泥棒」「暁の脱走」「細雪」「執行猶予」「宗方姉妹」「天国への階段」「三人の妻への手紙」

出版

「武蔵野夫人」（大岡昇平）、「ものの見方について」（笠信太郎）、「少年期 母と子の四年間の記録」（波多野勤子）、「潜行三千里」（辻政信）、「ジャングル大帝」（手塚治虫）、「チャタレー夫人の恋人」（D・H・ロレンス著、伊藤整訳）

ラジオ

「三太物語」「今週の明星」

新商品・ヒット商品

テープレコーダー「G型」、パーカー万年筆、101号（国産初ブラジャー）、ナイロンストッキング、江戸むらさき、ニッカウヰスキー

流行語

「とんでもハップン」「つまみ食い」「いかれポンチ」「一辺倒」「糸へん・金へん」「オー、ミステイク」「チラリズム」「エチケット」「貧乏人は麦を食え」

冥友録

吉本せい、松方幸次郎、小磯國昭、長岡半太郎、ピストン堀口、ジョージ・オーウェル、バーナード・ショー

この年こんなことも

千円札発行（1月）／第1回さっぽろ雪まつり開催（2月）／日本気象協会設立（5月）／警視庁にパトロールカー導入、「チャタレー夫人の恋人」を猥褻文書で摘発(6月)／文化財保護法施行(8月)／浅間山が噴火（9月）／地方公務員法公布（12月）

THE YUKAN SANYO　昭和25年6月26日　月曜日　第207号

夕刊山陽

6月25日発行
山陽新聞社

北鮮軍・南鮮へ攻撃開始

北鮮、正式宣戦を布告

式に南鮮に対し宣戦を布告した

【ソウル二十五日発UP至急報（共同）】ピョンヤン平壌北鮮放送は二十五日正

開城六四キロすでに陥つ

京城北方

けさ38度線を全面突破

南鮮軍が攻撃

北鮮側

京城全域に非常警戒

京城上空に北鮮機現わる

開城攻略に
戦車出勤か

北朝鮮が武力による朝鮮半島統一を目指し、南北を分断していた38度線を突破。韓国に侵攻し朝鮮戦争が始まった。米軍は国連軍として参戦し、中国軍やソ連航空部隊と戦った。1953年7月に休戦協定が成立（6月26日付夕刊）

この年のあなたの年齢　　　　　歳　　　　　　　　　　　在住

　　　　在学（　　　年生）・勤務

この年にあなたに起こった出来事
-
-
-
-
-

その出来事に対するあなたの思い
-
-
-

国内・海外の主な出来事

1・3　NHKがラジオで第1回紅白歌合戦放送
3・4　インド・ニューデリーで第1回アジア競技大会開催
4・11　マッカーサー解任、後任にリッジウェイ中将
6・20　政府が第1次公職追放解除（石橋湛山や三木武吉ら政財界人 2958人）
6・21　ユネスコが日本の正式加盟を承認
7・4　プロ野球第1回日本オールスターゲーム開催
7・10　朝鮮戦争休戦協定が開城で開始
9・8　サンフランシスコ講和条約、日米安全保障条約調印
9・10　黒澤明監督「羅生門」がベネチア国際映画祭で金獅子賞受賞
10・24　社会党が左右に分裂

・岡山県関係の主な出来事

2・1　岡山など5市40数校で完全給食が始まる
2・3　県営旭川ダムが旭川中流に着工
4・8　山陽子ども博で象の「陽子さん」命名式
4・30　知事選で三木行治が初当選
5・3　吹屋町（現高梁市）で大火、民家 26 戸などを焼失
5・10　県下各地に愛育委員会を設置
9・23　電力危機で「一家一灯一ラジオ」の節電運動
9・23　岡山市出身で第一生命創設者、矢野恒太が死去
11・13　岡山県営球場が岡山市津島（現岡山市北区いずみ町）の元練兵場跡に完成、日米親善野球で球場開き
11・23　県下一周産業訪問労働者自転車リレー大会を開催

①山陽新聞社主催の「山陽子ども博」が岡山市の後楽園で、盛大な開会式とともに開幕。たくさんの家族連れでごった返す入場口付近（4月1日）
②県営球場竣工を記念し、日米親善野球の全米選抜対全パシフィック戦が完成したばかりの岡山県営球場（現岡山県野球場）で行われた。日米プロチーム同士の対戦35試合目で初めて日本側が勝利をつかんだ。スタンドは超満員（11月13日、岡山市）

世相・流行・話題

対日講和条約・日米安全保障条約、GI刈り、パチンコ、民間放送、赤痢

音楽

ミネソタの卵売り（暁テル子）、アルプスの牧場（灰田勝彦）、上海帰りのリル（津村謙）、カチューシャの唄（安藤まり子）、子鹿のバンビ（童謡）

映画

「カルメン故郷に帰る」「麦秋」「めし」「サンセット大通り」「イヴの総て」「あゝ青春」「どっこい生きてる」「源氏物語」

出版

「原爆の子　広島の少年少女のうったえ」（長田新編）、「山びこ学校」（無着成恭）、「三等重役」（源氏鶏太）、「愛する人達」（川端康成）、「浮雲」（林芙美子）、「私の人生観」（池田成彬）、「ニッポン日記」（マーク・ゲイン）

ラジオ

「NHK第1回紅白歌合戦」「ラジオ体操」（放送再開）「三つの歌」

新商品・ヒット商品

LPレコード、ロゼット洗顔パスタ、花王粉せんたく、ルル、明治ミルクチョコレート、森永ミルクキャラメル、ミルキー、ハリスチウインガム、雪印バターキャラメル

流行語

「親指族」「エントツ」「逆コース」「三等重役」「社用族」「老兵は死なず、ただ消え去るのみ」

冥友録

星一、原民喜、宮本百合子、矢野恒太、白井松次郎、貞明皇后、林芙美子、仁科芳雄、加藤一夫、鷲尾雨工、4代目桂米團治、アンドレ・ジイド、ロバート・ウォーカー

この年こんなことも

三原山が大噴火、日本初の総天然色映画「カルメン故郷に帰る」封切(3月)／ボストンマラソンで田中茂樹が日本人として初優勝、桜木町駅付近で電車が炎上。死者 106人(4月)／民間ラジオ放送開始(9月)／日本航空が営業開始、プロレスで力道山デビュー(10月)

朝鮮戦争停戦へ向けた正式会談開始を伝える紙面。前年、北朝鮮の南進で起きた朝鮮戦争の和平交渉が38度線上の開城で始まった。国連（米国）と北朝鮮、中国の3者は戦闘が続く中、会場を板門店に移して交渉。国連側は短期の交渉妥協を見込んだが、軍事境界線や捕虜交換の問題で難航した（7月10日付朝刊）

この年のあなたの年齢　　　　　歳　　　　　　　　　　　　在住

　　　　　　　在学（　　　年生）・勤務

この年にあなたに起こった出来事
・
・
・
・
・

その出来事に対するあなたの思い
・
・
・

国内・海外の主な出来事

1・18　韓国が国際法に反して一方的に「李承晩ライン」を設定
2・6　英国王ジョージ6世死去、エリザベス2世即位
2・28　日米行政協定（後の日米地位協定）調印
4・1　琉球中央政府発足
4・9　日航機もく星号が伊豆大島の三原山に墜落、搭乗者37人全員死亡
4・28　対日平和条約・日米安全保障条約発効、日本が独立回復
5・1　血のメーデー事件。皇居前広場でデモ隊と警官が衝突、2人死亡
5・19　白井義男が日本人初のボクシング・フライ級王者に
7・19　ヘルシンキ夏季オリンピックに参加（日本メダル9個獲得）
10・15　警察予備隊を保安隊（現自衛隊）に改組
11・4　米大統領にドワイト・D・アイゼンハワーが当選
11・10　皇太子明仁親王が成年式・立太子礼

岡山県関係の主な出来事

1・1　玉島市（現倉敷市）が誕生
4・1　小田郡笠岡町と金浦町が合併し、笠岡市が誕生
5・18　「岡山県スポーツと合唱祭」を岡山、倉敷、津山で開催
7・15　将棋の大山康晴が名人位を獲得
9・4　旭川でウ飼いを試演、翌年から本格実施（昭和39年中止）
10・10　池田隆政と順宮厚子内親王が東京で挙式、16日お国入り
10・15　警察予備隊が保安隊（現自衛隊）になり、水島駐屯部隊が岡山市内を行進
11・22　児島市（現倉敷市）に競艇場が完成、初レース開催

①倉敷市出身の将棋棋士・大山康晴九段が第11期名人戦で木村義雄名人を4勝1敗で下し、初の名人位に。同タイトルの箱根越えは史上初。本紙は「関西棋界の宿願遂に成る」の大見出しで報じた（7月）
②昭和天皇の第4女、皇女順宮厚子内親王が10月10日、農場主の池田隆政との婚儀により皇籍離脱。その後岡山に入り、駅頭で歓迎の県民に囲まれてもみくちゃに（10月16日）

世相・流行・話題

主権回復、GHQ廃止、血のメーデー事件、火炎ビン、君の名は

音楽

テネシー・ワルツ（江利チエミ）、リンゴ追分（美空ひばり）、ゲイシャ・ワルツ（神楽坂はん子）、赤いランプの終列車（春日八郎）、弥太郎笠（鶴田浩二）、丘は花ざかり（藤山一郎）、大利根月夜（田端義夫）、湯の町月夜（近江俊郎）

映画

「生きる」「風と共に去りぬ」「チャップリンの殺人狂時代」

出版

「二十四の瞳」（壺井栄）、「人間失格」（川端康成）、「人間の歴史」（安田徳太郎）、「乗合自動車」（井伏鱒二）、「光ほのかに　アンネの日記」（アンネ・フランク）、「老人と海」（ヘミングウェイ）

ラジオ

「君の名は」「リンゴ園の少女」「ユーモア劇場」

新商品・ヒット商品

扇雀飴、カブ（F型）、シームレス・ストッキング、SYC-10（ホッチキス）、トラベルミン、魚肉ソーセージ、お茶漬け海苔、英字ビスケット、森永ホモ牛乳

流行語

「エッチ」「恐妻」「風太郎（プータロー）」「見てみてみ・聞いてみてみ」「ヤンキー・ゴー・ホーム」

冥友録

久米正雄、松田重次郎、豊田喜一郎、大辻司郎、土井晩翠、中山晋平、本山白雲、上田万秋、小杉天外、6代目立川談志、三輪大次郎、久坂葉子、矢代東村、平沼騏一郎

この年こんなことも

十勝沖地震で死者・行方不明者33人（3月）／「鉄腕アトム」が月刊誌「少年」に連載開始（4月）／共産党機関紙「赤旗」復刊（5月）／ダイナ台風で死者・行方不明者135人（6月）／羽田空港が米軍から一部返還され東京国際空港として発足（7月）／アメリカが人類初の水爆実験（11月）／東京国立近代美術館開館（12月）

きょう待望の獨立回復

政府国會 平和の決意表明

日本国民が6年8カ月間、待ちに待った対日平和条約の発効を伝える紙面。第2次大戦の敗戦国、日本が独立を回復した。日本と連合国側が結んだサンフランシスコ平和条約の発効に伴う措置であった（4月28日付朝刊）

マ米大使きょう着任

百二十万人余に恩赦
大赦 減刑 復権令を施行

日華條約きょう調印
国府、吉田訓令に同意

この年のあなたの年齢　　　　　歳　　　　　　　　　　　　　　在住

在学（　　　　年生）・勤務

この年にあなたに起こった出来事

-
-
-
-
-

その出来事に対するあなたの思い

-
-
-

1953 | 昭和 28 年　第4～5次吉田茂内閣

国内・海外の主な出来事

- 2・1　ＮＨＫが東京地区でテレビ本放送開始
- 2・28　吉田首相が衆院で右派社会党の西村栄一に「バカヤロー」発言
- 3・5　ソ連首相スターリン死去、後任にマレンコフ
- 3・14　内閣不信任案可決、衆院解散（バカヤロー解散）
- 6・2　英女王エリザベス2世が戴冠
- 7・16　南紀豪雨、和歌山県を中心に死者・行方不明者1124人（～7月25日）
- 7・17　伊東絹子がミス・ユニバースで3位入賞
- 7・27　板門店で朝鮮休戦協定調印
- 8・28　日本テレビが民放初の本放送開始
- 12・24　奄美群島返還の日米協定調印

岡山県関係の主な出来事

- 1・__　公演中の美空ひばりが「少年の丘」成徳学校を訪問
- 2・1　西大寺市（現岡山市）が誕生
- 2・14　池田産業動物園（現池田動物園）が開園
- 3・26　中国からの引き揚げ第1陣で、県出身者33人が帰国
- 4・1　井原市が誕生
- 6・25　加茂小・中学校倉見分校（1977年廃校）の映画会で火災、16人が死亡
- 8・15　久米郡柵原町（現美咲町）の月の輪古墳の発掘開始
- 10・1　県内初の民間ラジオ局、ラジオ山陽放送が開局
- 10・10　岡山駅の北に山陽本線を跨ぐ万町跨線橋が開通
- 11・28　倉敷市連島町鶴新田沖の水島灘を干拓する潮止め工事が完了

①池田産業動物園の開園式。1953年2月に株式会社池田産業として設立、その後池田産業動物園を経て1960年に現在の池田動物園に（2月14日）
②近藤義郎岡山大学助手（当時）を中心に、地元の住民や教師、学生ら延べ1万人が参加して行われた月の輪古墳の発掘風景。戦後の民主主義的郷土歴史教育のスタートとなった（久米郡柵原町：現美咲町）

世相・流行・話題
戦力なき軍隊、バカヤロー解散、引き上げ再開、街頭テレビ、真知子巻き、風水害・凶作

音楽
君の名は（織井茂子）、雪の降るまちを（高英男）、街のサンドイッチマン（鶴田浩二）、雨降る街角（春日八郎）、思い出のワルツ（雪村いづみ）、石狩エナジー（霧島昇）、ぞうさん（童謡）

映画
「ひめゆりの塔」「東京物語」「君の名は」「禁じられた遊び」「地上より永遠に」「シェーン」「雨に唄えば」

出版
「君の名は」（菊田一夫）、「あすなろ物語」（井上靖）、「女性に関する十二章」、「火の鳥」（伊藤整）

テレビ
「ジェスチャー」「ほろにがショー　何でもやりまショー」「NHK紅白歌合戦」

新商品・ヒット商品
TV3-14T型（テレビ）、オロナイン軟膏、白元、エアゾール、パラソルチョコレート

CM
「精工舎の時計が7時をお知らせします」

流行語
「さいざんす」「おこんばんは」「コネ」「八頭身」「戦後強くなったのは女と靴下」

冥友録
秩父宮雍仁親王、斎藤茂吉、堀辰雄、阪東妻三郎、徳田球一、国吉康雄、ヨシフ・スターリン、セルゲイ・プロコフィエフ

この年こんなことも
十円硬貨発行、ラジオドラマ「笛吹童子」放送開始（1月）／阿蘇山噴火で死者6人（4月）／エドモンド・ヒラリーとシェルパのテンジン・ノルゲイがエベレスト（チョモランマ）に初登頂（5月）／台風の呼称を外国人女性名から発生順番号に変更、西日本大水害で死者・行方不明者1000人超（6月）／東京駅に最初の赤電話設置（8月）／新百円札を発行（12月）

スターリン・ソ連首相重體

山陽新聞

脳出血で意識失う
絶望視される再起

マレンコフ氏有力
後継者は指名ずみ？

政局轉換への胎動始る
総辞職狙う野党ら
吉田派百八十名が署名

17日迄に不信任案
会期末の大攻勢を予定

外交には変化なし
朝鮮戦争には影響

ソビエト連邦の最高指
導者ヨシフ・スターリン
の重体報道を伝える紙
面。5日夜、モスクワ
で死去した。73歳。
レーニンの死後、共産
党書記長、首相として
社会主義国家ソ連を
建設（3月5日付朝刊）

この年のあなたの年齢　　　　　歳　　　　　　　　　　　在住

　　　　　　　　　　在学（　　　年生）・勤務

この年にあなたに起こった出来事

・

・

・

・

・

その出来事に対するあなたの思い

・

・

・

1954 | 昭和29年

第5次吉田茂内閣
第1次鳩山一郎内閣

国内・海外の主な出来事

1・2	皇居二重橋で一般参賀者（38万人）の一部が将棋倒し、死者16人
3・1	マグロ漁船第五福竜丸がビキニ水爆実験で被ばく
3・8	日米相互防衛援助協定（MSA）調印
5・7	ベトナムのホー・チ・ミン軍が仏軍拠点のディエンビエンフーを陥落
6・4	近江絹糸紡績（現オーミケンシ）労組が労働条件改善を求めて無期限スト
6・9	防衛庁設置法と自衛隊法公布。7月1日、陸海空の3自衛隊が発足
6・28	周恩来首相（中国）とネール首相（インド）が平和5原則声明
7・21	インドシナ戦争休戦のジュネーブ協定調印
9・8	東南アジア条約機構（SEATO）創設
9・26	青函連絡船の洞爺丸が沈没、死者・行方不明者1155人
11・1	アルジェリア戦争が勃発
12・10	第1次鳩山一郎内閣が発足

岡山県関係の主な出来事

2・2	プロ野球・高橋ユニオンズが岡山市で結団式
3・16	第五福竜丸の原爆マグロが岡山市に入荷、廃棄処分に
3・31	総社市が誕生
5・1	高梁市が誕生
5・30	県営旭川ダム完工式
6・1	新見市が誕生
9・13	台風12号・14号（18日）・15号（26日）が連続して来襲、県南部に大被害
10・28	ニュージーランド産ジャージー乳牛94頭が久世駅に到着、蒜山地方へ

①南太平洋ビキニ環礁付近で漁獲中、水爆実験に遭遇した第五福竜丸が持ち帰ったマグロが岡山に入荷され、放射能汚染を調査する岡山市の保健所職員。その後、岡山市の三軒屋の山中に埋められた（3月17日）
②牛の品種「ジャージー」が岡山へ。第1陣として94頭が到着し、久世駅では地元の小学生や飼育農家、農協関係者らが笑顔で出迎えた。蒜山地域では2017年6月末時点で2317頭を数え、北海道（3459頭）に次ぐ全国2位の規模にまで成長した（10月28日）

世相・流行・話題

死の灰、自衛隊、サブリナ・ファッション、プロレス、洞爺丸沈没、マリリン・モンロー

音楽

真室川ブギ（林伊佐緒）、高原列車は行く（岡本敦郎）、お富さん（春日八郎）、岸壁の母（菊池章子）、吹けば飛ぶよな（若原一郎）

映画

「二十四の瞳」「七人の侍」「ゴジラ」「ローマの休日」「恐怖の報酬」「波止場」「オズの魔法使」

出版

「潮騒」（三島由紀夫）、「はだか随筆」（佐藤弘人）、「驟雨」（吉行淳之介）、「火の鳥」（手塚治虫）

テレビ

「シルエットクイズ」「今晩わメイコです」「こんにゃく問答」「親子クイズ」「きょうの出来事」

新商品・ヒット商品

ミルク飲み人形、パンケーキ（化粧品）、トイレボール、アリナミン糖衣錠、シロン（胃腸薬）、明治オレンジジュース

CM

「やっぱり森永ネ」「ワ、ワ、ワ、輪が三つ」

流行語

「むちゃくちゃでごじゃりまするがな」「イタリアン・ボーイ」「五せる接待」「シャネルの5番」「ロマンスグレー」

冥友録

本多光太郎、岸田國士、御木本幸吉、尾崎行雄、初代中村吉右衛門、三宅克己、佐藤哲三、藤間房子、ロバート・キャパ、アンリ・マティス

この年こんなことも

マリリン・モンロー来日、シャープ兄弟対力道山・木村組による初のプロレス国際試合（2月）／第1回全日本自動車ショー開催、造船疑獄で法相が指揮権発動（4月）／ベネチア国際映画祭で、黒澤明監督「七人の侍」と溝口健二監督「山椒大夫」の2作品が銀獅子賞受賞（9月）

国鉄青函連絡船「洞爺丸」の沈没を伝える紙面。台風15号が接近する中、函館港を出港した青函連絡船の洞爺丸は出港間もなく航行不能に。午後10時過ぎ、七重浜の沖で転覆、死者・行方不明者合わせて1155人に及ぶ日本海難史上最大の惨事となった（9月28日付朝刊）

この年のあなたの年齢　　　　　歳　　　　　　　　　　　　在住

在学（　　年生）・勤務

この年にあなたに起こった出来事

-
-
-
-
-

その出来事に対するあなたの思い

-
-
-

1955 昭和 30 年

国内・海外の主な出来事

4・18	インドネシア・バンドンでアジア・アフリカ会議開催
5・8	東京・砂川町（現立川市）で立川基地拡張反対の砂川闘争が起こる
5・14	ワルシャワ条約機構結成、冷戦激化
6・1	ロンドンで日ソ国交正常化交渉が始まる
7・18	ジュネーブで米英仏ソ４カ国巨頭会談を開催
7・27	日本共産党が第６回全国協議会を開催（六全協）
8・6	第１回原水爆禁止世界大会が広島で開催される
9・10	日本が関税および貿易に関する一般協定（GATT）に加盟
10・13	日本社会党が左派と右派の分裂状態を解消、再統一
11・15	自由民主党結党（保守合同）。55年体制スタート

岡山県関係の主な出来事

3・1	国鉄（現JR）赤穂線が日生町まで開通
3・10	岡山労災病院が開院
3・29	中国電力湯原発電所完工式
5・11	国鉄（現JR）宇高連絡船「紫雲丸」沈没事故（死者168人）
8・24	岡山県が森永ヒ素ミルク中毒事件を発表（岡山大医学部が検出）
9・16	県立邑久高校新良田教室が長島愛生園に開校（1987年廃校）
11・1	国勢調査。県人口168万人余
11・1	岡山・兵庫県境の船坂山トンネル開通
11・12	岡山・鳥取県境の人形峠でウラン鉱床発見
12・14	郭沫若中国科学院長を団長とする学術視察団が来岡

①国鉄（現JR）赤穂線開通で賑わう日生駅（3月1日）
②森永ヒ素ミルク中毒事件で、日赤岡山病院に赤ちゃんを抱き押し寄せた母親ら（8月24日）

世相・流行・話題

家庭電化製品、55年体制、ボディービル、ビキニスタイル、マンボスタイル

音楽

月がとっても青いから（菅原都々子）、田舎のバス（中村メイコ）、別れの一本杉（春日八郎）、この世の花（島倉千代子）、オンリー・ユー（プラターズ）

映画

「浮雲」「夫婦善哉」「野菊の如き君なりき」「ノンちゃん雲に乗る」「エデンの東」「スタア誕生」「裏窓」「慕情」

出版

「白い人」（遠藤周作）、「太陽の季節」（石原慎太郎）、「強力伝」（新田次郎）、「香港」（邱永漢）、「不安の倫理」（石川達三）、「欲望」（望月衛）

テレビ

「日真名氏飛び出す」「私の秘密」「轟先生」「追跡」「ゆく年くる年」「江戸の影法師」

新商品・ヒット商品

トヨペット・クラウン、トランジスタラジオ、自動式電気釜、ベンザ、フェザーシャンプー（粉末）

CM

「クシャミ3回、ルル3錠」「ゴホンときたら龍角散」

流行語

「ノイローゼ」「押し屋」「最低ネ、最高ネ」「頼りにしてまっせ」

冥友録

坂口安吾、下村湖人、安井曾太郎、宮武外骨、アレクサンダー・フレミング、アルベルト・アインシュタイン、トーマス・マン、ジェームズ・ディーン

この年こんなことも

春闘のルーツ「春季賃上げ共闘総決起大会」開催（1月）／「広辞苑」初版発行、ヘレン・ケラー来日（5月）／初のアルミ貨「一円」発行（6月）／後楽園ゆうえんち（現東京ドームシティアトラクションズ）オープン。日本初の本格的ジェットコースター登場（7月）／東京通信工業（ソニー）が初のトランジスタラジオを発売（8月）／五十円硬貨発行（9月）

国鉄（現JR）宇高連絡船紫雲丸沈没を報ずる山陽新聞（5月11日付夕刊）

この年のあなたの年齢　　　　　歳　　　　　　　　　　　在住

　　　　　　　　　在学（　　　年生）・勤務

この年にあなたに起こった出来事

-
-
-
-
-

その出来事に対するあなたの思い

-
-
-

1956 昭和31年

第3次鳩山一郎内閣
石橋湛山内閣

国内・海外の主な出来事

1・31　冬季五輪でスキー回転の猪谷千春が冬季初の銀メダル獲得
2・24　フルシチョフによるスターリン批判
5・1　日本で水俣病患者第1号を公式に確認
6・16　棟方志功がベネチア・ビエンナーレで大賞受賞
9・1　横浜、名古屋、京都、大阪、神戸の5市が政令指定都市に
10・19　日ソ国交回復に関する共同宣言調印（12.12 国交回復）
10・23　ハンガリー・ブダペストで反ソ暴動（ハンガリー動乱）勃発
10・29　第2次中東戦争（スエズ戦争）勃発
11・22　メルボルン夏季五輪開幕（日本 19 個のメダル獲得）
12・18　国連総会で日本の国際連合加盟が可決される

岡山県関係の主な出来事

1・31　第17回国民体育大会の岡山開催が正式決定
2・22　児島湾淡水湖化の潮止め堤防工事に成功
3・26　備前焼作家・金重陶陽が人間国宝に
4・1　岡山電気軌道が岡山市内定期観光バス運行開始
4・9　天皇・皇后両陛下が来県
5・7　宇野―高松間に四国自動車航送（現四国フェリー）のフェリーが就航
7・20　京山ロープウェー遊園完成
8・1　後楽園の華葉池で 2000 年前のハスの実から花が咲く
9・1　岡山駅に初めてマスカット娘がお目見え
11・7　錦海湾の塩田化工事が着工

①クライマックスを迎えた児島湾淡水湖化工事の潮
止め作業（2月22日）
② 2000 年の眠りから覚め、花を咲かせた後楽園の
大賀ハス（8月1日）

世相・流行・話題
太陽族スタイル（シンタロー刈り・アロハシャツ・サングラス）、映画館新築ラッシュ、昭和の大合併

音楽
若いお巡りさん（曽根史朗）、ここに幸あり（大津美子）、ケ・セラ・セラ（ペギー葉山）、愛ちゃんはお嫁に（鈴木三重子）、ハウンド・ドッグ（エルヴィス・プレスリー）

映画
「太陽の季節」「空の大怪獣ラドン」「赤線地帯」「早春」「ジャイアンツ」「知りすぎていた男」「王様と私」

出版
「金閣寺」（三島由紀夫）、「鍵」（谷崎潤一郎）、「異性ノイローゼ」（加藤正明）、「帝王と墓と民衆」（三笠宮崇仁）

テレビ
「鞍馬天狗」「スーパーマン」「名犬リンチンチン」「お笑い三人組」「お昼の演芸」「チロリン村とくるみの木」

新商品・ヒット商品
合成洗剤「トップ」、脱水装置付洗濯機、自動ポップアップ型トースター、セイコー自動巻、サッポロビール

CM
「マネービルです」「明るいナショナル、明るいナショナル」

流行語
「もはや戦後ではない」「三種の神器」「一億総白痴化」「太陽族」「愚連隊」「戦中派」「抵抗族」「デイト」「ドライ」

冥友録
高村光太郎、梁瀬長太郎、宮城道雄、三木武吉、溝口健二、マリー・ローランサン、イレーヌ・キュリー

この年こんなことも
出版社初の週刊誌「週刊新潮」が創刊、自動車損害賠償保障法（自賠責法）施行（2月）／日本住宅公団が初の入居者募集（3月）／日本登山隊がマナスル初登頂に成功、第1回世界柔道選手権大会が蔵前国技館で開催（5月）／気象庁が発足（7月）／大阪の通天閣再建（10月）

日本の国連加盟承認を伝える山陽新聞（12月19日付朝刊）

この年のあなたの年齢　　　　　　歳　　　　　　　　　　　　　在住

　　　　　　　　在学（　　　年生）・勤務

この年にあなたに起こった出来事

・

・

・

・

・

その出来事に対するあなたの思い

・

・

・

41

1957 昭和32年

石橋湛山内閣
第1次岸信介内閣

国内・海外の主な出来事

1・29 南極地域観測隊が南極大陸に初上陸、昭和基地建築
1・30 群馬県で在日米軍兵士が日本人主婦を射殺（ジラード事件）
3・25 欧州経済共同市場と欧州原子力共同体の両設立条約に調印
4・12 第五北川丸が広島県三原沖で沈没、死者・行方不明者113人
5・25 そごう東京店（有楽町そごう）が開店
7・25 諫早豪雨、死者・行方不明者722人
8・27 茨城県東海村の原子力研究所で原子炉が臨界点に達する
9・20 初の国産ロケット「カッパー４C型」の発射に成功
9・23 大阪に「主婦の店・大栄薬局店」（ダイエー）１号店が開店
10・4 ソ連が人工衛星スプートニク１号の打ち上げに成功

岡山県関係の主な出来事

3・1 県の広報誌「おかやま」（月刊）が創刊される
3・19 新県庁舎が落成、20日から産業文化大博覧会を開催
5・26 岡山市が米・サンノゼ市と姉妹都市縁組
7・1 県の行政事務推進のためコンピューターを導入
7・8 県議会で世界連邦平和県宣言を決議
7・9 県立図書館と県日米文化センターを統合、県総合文化センターに
8・24 障害者支援・救済施設「旭川荘」で開荘式
9・29 倉敷市がオーストリア・サンクトペルテンと姉妹都市縁組
11・18 苫田ダムの建設構想発表、25日、地元で反対運動
12・23 ＮＨＫ岡山放送局がテレビ放送開始

①新岡山県庁舎全景。建築家・前川國男の代表作の一つ。右手に公会堂、上に岡山市立丸之内中学校（1999年閉校）、岡山城跡（3月18日）
②ＮＨＫ岡山局を記念し、山陽新聞社前でパレード（12月21日）

世相・流行・話題

なべ底不況、カリプソスタイル、ロカビリー、サイクリング、ホッピング

音楽

喜びも悲しみも幾歳月（若山彰）、バナナ・ボート（浜村美智子）、チャンチキおけさ（三波春夫）、東京だョおっ母さん（島倉千代子）、監獄ロック（エルヴィス・プレスリー）

映画

「喜びも悲しみも幾年月」「嵐を呼ぶ男」「東京暮色」「戦場にかける橋」「翼よ！あれが巴里の灯だ」「八十日間世界一周」

出版

「硫黄島」（菊村到）、「点と線」（松本清張）、「美徳のよろめき」（三島由紀夫）、「楢山節考」（深沢七郎）

テレビ

「名犬ラッシー」「赤胴鈴之助」「ダイヤル110番」「時事放談」「ミユキ野球教室」「きょうの料理」「テレビ体操」

新商品・ヒット商品

スカイライン、ポリバケツ、ミゼット、電気やぐらこたつ、安全ピン、アーモンドグリコ、コカ・コーラ、ホープ

CM

「有楽町で逢いましょう」「ジンジン仁丹ジンタカタッタッター」

流行語

「ケ・セラ・セラ」「カックン」「永すぎた春」「シスター・ボーイ」「デラックス」「何と申しましょうか」「よろめき」

冥友録

尾上柴舟、牧野富太郎、志賀潔、小林一三、川合玉堂、徳富蘇峰、ヴィクトル・スタルヒン、ハンフリー・ボガート

この年こんなことも

チャタレー裁判で有罪判決（3月）／日本飲料工業（現日本コカ・コーラ）設立（6月）／将棋の升田幸三が史上初の三冠（名人・王将・九段）独占（7月）／五千円札（聖徳太子の肖像）発行、東京・八重洲の大丸でパートタイマー初募集（10月）／名古屋市で地下鉄開業、大相撲の九州場所開催（11月）

諫早豪雨による惨状を伝える紙面（7月27日付朝刊）

この年のあなたの年齢　　　　　歳　　　　　　　　　　　　在住

　　　　　　　　　在学（　　　年生）・勤務

この年にあなたに起こった出来事

・

・

・

・

・

その出来事に対するあなたの思い

・

・

・

1958 昭和33年

第1～2次岸信介内閣

国内・海外の主な出来事

- 1・26 「南海丸」が紀伊水道で沈没、乗客乗員167人が遭難
- 2・8 第1回日劇ウエスタンカーニバル開幕
- 3・9 着工から21年の歳月をかけ、関門国道トンネル開通
- 3・26 ナンシー梅木が日本人初のアカデミー助演女優賞を受賞
- 4・1 売春防止法の刑事処分が適用開始となる
- 7・14 イラクで王政打倒により、イラク共和国が成立
- 9・7 ベネチア国際映画祭で「無法松の一生」が金獅子賞受賞
- 9・26 狩野川台風が関東地方を縦断、死者・行方不明者1269人
- 11・1 東海道本線東京―神戸間で国鉄（現JR）初の特急「こだま」運行開始
- 11・27 皇太子と正田美智子さんの婚約発表、ミッチーブーム始まる
- 12・23 東京タワーが完成。テレビ時代の幕開けを告げる

岡山県関係の主な出来事

- 2・8 岡山市の岡山中央卸売市場が全焼
- 3・15 県下の売春営業者が転廃業する
- 3・25 赤穂線日生―伊部間が開通
- 5・1 山陽放送が県初のローカルテレビ局として本放送開始
- 5・26 牛窓の錦海湾締め切り工事完成、2年後塩田完成
- 7・29 県営競馬場を廃止
- 9・30 国鉄の新船坂トンネル（全長2003m）が貫通
- 10・1 教員の「勤務評定」を実施
- 12・11 笠岡湾の干拓工事完工式

①4月1日午前零時を期して灯が消された直後の岡山市の赤線街（4月1日）
②埋め立て工事が進む錦海湾干拓地（7月26日、邑久郡邑久町・牛窓町）

世相・流行・話題
岩戸景気、勤評反対闘争、ロカビリー、フラフープ、力道山人気

音楽
嵐を呼ぶ男（石原裕次郎）、無法松の一生（村田英雄）、だから云ったじゃないの（松山恵子）、おーい中村君（若原一郎）、星はなんでも知っている、ダイアナ（平尾昌章、後に昌晃）

映画
「陽のあたる坂道」「炎上」「隠し砦の三悪人」「鉄道員」「十戒」「死刑台のエレベーター」「大いなる西部」

出版
「にあんちゃん」（安本末子）、「裸の王様」（開高健）、「人間の條件」（五味川純平）、「氾濫」（伊藤整）、「人間の壁」（石川達三）

テレビ
「月光仮面」「事件記者」「私は貝になりたい」「バス通り裏」「光子の窓」「ロッテ歌のアルバム」「悦ちゃん」

新商品・ヒット商品
スバル360、スーパーカブ、野球盤、チキンラーメン、グリコアーモンドチョコレート、ファンタ、渡辺のジュースの素

CM
「何はなくとも江戸むらさき」「アンクルトリス」「リボンちゃん、はーい」

流行語
「神様、仏様、稲尾様」「イカす」「いやーな感じ」「黄色いダイヤ」「シビレる」「団地族」「ながら族」

冥友録
北原怜子、横山大観、山川均、本山荻舟、木村荘八、正宗敦夫、徳永直、ロジェ・マルタン・デュ・ガール、ジョルジュ・ルオー、ピウス12世

この年こんなことも
大相撲の名古屋場所開催が決定。年6場所制に（1月）／日本初のバレンタイン・チョコレートとされるチョコレートの販売（2月）／国立競技場落成（3月）／巨人・長嶋茂雄が4打数4三振デビュー（4月）／阿蘇山が大噴火（6月）／一万円札発行（12月）

婚約成立を受けて、皇太子のフィアンセとなった正田美智子さんが記者会見（11月28日付朝刊）

この年のあなたの年齢　　　　　　　　歳　　　　　　　　　　　　　　在住

　　　　　　　　在学（　　　年生）・勤務

この年にあなたに起こった出来事

・

・

・

・

・

その出来事に対するあなたの思い

・

・

・

国内・海外の主な出来事

1・1	キューバ革命、カストロ政権成立
1・1	メートル法、新国民健康保険法施行
3・30	東京地裁が砂川事件で米軍駐留に違憲判決
4・10	皇太子・美智子妃ご成婚。パレードに53万人、沿道のテレビに1500万人
6・25	長嶋茂雄が天覧試合でサヨナラ・ホームラン
7・24	児島明子がミス・ユニバース世界大会で優勝（アジア人初）
9・14	ソ連の「ルナ2号」が月面到達
9・26	伊勢湾台風で死者・行方不明者5098人の甚大な被害
11・27	安保デモ隊が国会突入
12・14	北朝鮮への在日朝鮮人の帰還開始

岡山県関係の主な出来事

2・1	児島湾締め切り堤防完工式
3・1	岡山県総合グラウンドに県営体育館が完成
4・10	皇太子ご成婚で祝賀の花電車運行
6・28	瀬戸大橋の海底調査が始まる
7・2	人間裁判といわれた朝日訴訟の現地公判が行われる
8・31	最後の入浜式塩田「新浜塩田」（玉野市）が操業中止
9・19	瀬戸大橋架設推進岡山県協議会が発足。誘致へ挙県態勢整う
9・28	岡山市立清輝小学校で集団赤痢が発生
10・1	金光教立教100年祭を完成した大斎場で開催
12・18	岡山駅地下商店街がオープン

①岡山駅地下商店街通り初め（12月18日）
②児島湾締め切り堤防完工式（2月1日）

世相・流行・話題

岩戸景気、ミッチーブーム、神風タクシー、週刊誌創刊、月給2倍論

音楽

南国土佐を後にして（ペギー葉山）、黒い花びら（水原弘）、僕は泣いちっち（守屋浩）、黄色いさくらんぼ（スリー・キャッツ）、人生劇場（村田英雄）

映画

「にあんちゃん」「人間の條件」「野火」「キクとイサム」「リオ・ブラボー」「十二人の怒れる男」「北北西に進路を取れ」

出版

「週刊文春」創刊、「週刊少年サンデー」創刊、「週刊少年マガジン」創刊、「論文の書き方」（清水幾太郎）、「日本三文オペラ」（開高健）

テレビ

「スター千一夜」「少年ジェット」「番頭はんと丁稚どん」「ザ・ヒットパレード」「おかあさんといっしょ」「ポパイ」「兼高かおる世界の旅」

新商品・ヒット商品

ブルーバード、スカイピンポン、品川あんか、バンドエイド、ベビーパウダー、ベビーラーメン

CM

「カッパッパールンパッパー」「ひと粒で二度おいしい」

流行語

「私の選んだ人」「がめつい」「タフガイ」「トランジスター・グラマー」「ファニーフェイス」「カミナリ族」

冥友録

鳩山一郎、高浜虚子、永井荷風、五島慶太、北大路魯山人、上代淑、フランク・ロイド・ライト、ビリー・ホリデイ、レイモンド・チャンドラー

この年こんなことも

南極の昭和基地でタロとジロの生存確認（1月）／小澤征爾がブザンソン国際若手指揮者コンクールで優勝（9月）／国民年金制度スタート、学童の交通整理に「緑のおばさん」登場（11月）／東京で個人タクシー営業許可、レコード大賞始まる（12月）

（1）12版　　明治29年3月17日第3種郵便物認可・昭和24年2月17日特別扱承認新聞紙第45号　　山　陽　新　聞　　第29789号　昭和34年（1959）4月11日　土曜日

にこやか皇太子ご夫妻

山陽新聞

山陽新聞社
岡山市下石井一丁目七番地
電話（代表）岡山222ー○○○○
振替岡山○○○○番
CUBAN No.1959

慶祝

川村の自転車

祝福されるお二人
にこやかに沿道の歓呼に応え
られる儀装馬車上の皇太子ご
夫妻

皇太子ご夫妻の結婚パレード。中継を一目見ようと、テレビが爆発的に普及、200万台を超えた（4月11日付朝刊）

この年のあなたの年齢　　　　　歳　　　　　　　　　　　　在住

　　　　　　　　　　在学（　　　年生）・勤務

この年にあなたに起こった出来事
-
-
-
-
-

その出来事に対するあなたの思い
-
-
-

ちょっぴり緊張。岡山市立深柢小学校（2005年閉校）入学式（1950.4.7、岡山市）

正月風景。人の波でごった返す表町商店街（1951.1、岡山市）

アーカイブ岡山
1950年代
昭和25年〜昭和34年

山陽新聞社会事業団が表彰した「優良赤ちゃん」、汽車の旅へ
（1951.6.11、岡山駅）

岡山・京橋から船旅で女木島へ出発する少年少女たち
（1951.6.23）

岡山市立旭東小学校運動会での2年生の地球送り競走（1951.9.28）

師走から新春にかけての風物詩 "ダルマ売り"。景気のいい売り声であの町、この村に (1952.1、岡山市)

ゾウさんの山車を奉還町で引き回し「山陽大動物園」を PR (1952.3、岡山市)

寒さに負けないぞ！ 岡山市立石井小学校の4年生が笑顔で冷水摩擦 (1952.11)

岡山・京橋の船着きに "初荷" が到着、縁起祝いの荷がオート三輪に山積みに (1952.1.2、岡山市)

入学式後、教室で教科書を手に元気よく (1952.4.7、岡山市立出石小学校 =2002年閉校)

流行性感冒か。日赤病院は通路まで風邪を引いた子どもたちでいっぱい (1953.1.9)

「サクラサク」。岡山電報局員が岡山大の合格電報を受け付け (1953.3.4、岡山市)

城下巡査派出所がコロに乗ってそっくりそのままお引っ越し (1953.2.6、岡山市)

教科書を手に大喜びの岡山市立御野小学校の児童たち (1953年1月)

岡山大の合格者発表の掲示板を見入る受験生たち (1953.3.19、岡山市)

1950年代 昭和25年～昭和34年

岡大付属幼稚園の受験会場前に並んだ親子（1953.3.14、岡山市）

通りで盛大に畳干し（1953.6.12、岡山・弓之町）

お母さんの洗濯をお手伝い。梅雨の晴れ間の一コマ（1953.6.9、岡山・網浜）

ふんどしを締めて勢いよくプールに飛び込む岡山市立鹿田小学校の6年生男子（1953.6.19）

レントゲン技師にとって被爆線量が多く命がけだったX線間接撮影風景（1953.9.9、岡山市）

たらいを使っての洗濯と食器洗いが隣り合わせの井戸端風景（1953.8.25、岡山市）

千日前の映画館前で「君の名は」の上映を早朝から待つ女性たち（1953.9.20、岡山市）

「願いましてはー」。岡山市立石井小学校で珠算大会（1953.9.26）

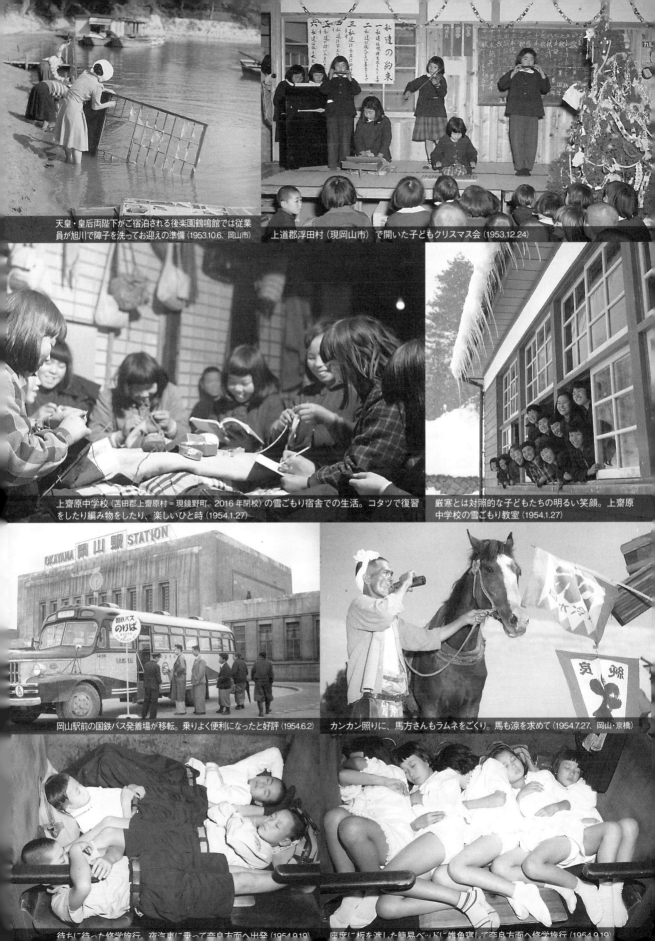

天皇・皇后両陛下がご宿泊される後楽園鶴鳴館では従業員が旭川で障子を洗ってお迎えの準備（1953.10.6、岡山市）

上道郡浮田村（現岡山市）で開いた子どもクリスマス会（1953.12.24）

上齋原中学校（苫田郡上齋原村＝現鏡野町、2016年閉校）の雪ごもり宿舎での生活。コタツで復習をしたり編み物をしたり、楽しいひと時（1954.1.27）

厳寒とは対照的な子どもたちの明るい笑顔。上齋原中学校の雪ごもり教室（1954.1.27）

岡山駅前の国鉄バス発着場が移転。乗りよく便利になったと好評（1954.6.2）

カンカン照りに、馬方さんもラムネをごくり。馬も涼を求めて（1954.7.27、岡山・京橋）

待ちに待った修学旅行。夜汽車に乗って奈良方面へ出発（1954.9.19）

座席に板を渡した簡易ベッドに雑魚寝して奈良方面へ修学旅行（1954.9.19）

1950年代 昭和25年〜昭和34年

倉敷市長・市議選の告示がされ、候補者は早くもオート三輪で選挙活動（1955.1.28）

倉敷街道（旧国道2号）の吉備町（岡山・庭瀬）の悪路を走るボンネットバス（1954.11.20）

アメを手に、ワクワクしながら紙芝居に見入る子どもたち（1955.3.4、岡山・磨屋町）

黄土色のホロ付超小型自家用車、3万円。全部お手製のハート号（1955.3、岡山・下石井）

足踏みも軽やかにハネ車を回して、田んぼの水入れに忙しい農婦（1955.6.10、都窪郡庄村＝現倉敷市上東付近）

バランスをとりながら平均台を渡る岡山市立福浜中学校の女子生徒（1955.6.13）

岡山市立石井小学校にビニール製の即製プールが登場。水シブキをあげる子どもたち（1955.6.4）

中央青果会社周辺の道路は毎朝、リヤカーや自転車でぎっしり（1955.8.26、岡山・東中山下）

農家に近代化の波。稲田のほとりに電気洗濯機とタライの組み合わせ（1955.9.9、岡山・白石）

現在の新西大寺町電停付近の下水道工事。写真奥に山陽新聞社の塔が見える（1955.9.23）

岡山市立出石小学校で、まげにロープを結んで小学生30人を乗せたトラックを引っ張る元関取（1955.11.10）

「今年初めて出ました新型でございます」。冬将軍の到来を前に店頭にずらりと並んだ新型ストーブ（1955.11.11、岡山市）

元日からの三が日、約18万人がセントラル・バスステーション（現天満屋バスステーション）を利用。客さばきに大わらわのバスの群れ（1956.1.3、岡山市）

都窪郡妹尾町（岡山・妹尾）の細い道路を行き交う自動車や人。つかえて二進も三進も動かない（1956.2.1）

迎春準備の女性で賑わう年の瀬の美容院（1955.12.30、岡山市）

紺の制服に身をかため、岡山駅で首から下げた弁当を売り歩く駅弁売り（1956.5）

1950年代 昭和25年〜昭和34年

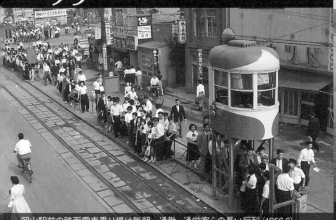
岡山駅前の路面電車乗り場は毎朝、通勤・通学客らの長い行列 (1956.6)

三蟠と飽浦を結ぶ渡し船は、東児島の人々のなくてはならない生活の足 (1957.5.23、岡山市)

お年玉で買った? 真っ赤なほっぺで、寒さを忘れてホッピング (1957.1.3、岡山・紺屋町＝現天瀬付近)

倉敷市浜田町 (現倉敷市鶴形一丁目付近) にあった露天商通り (1957.1.22)

ジャンケンで鬼ごっこ? 海辺の子は港が遊び場 (1957.12.27、倉敷市下津井)

コットンコットン、大きな水車で製粉 (1957.7.13、御津郡御津町草生地区＝現岡山市)

渋川海水浴場に延長80メートルのビニール製のすべり台がお目見え (1957.7.21、玉野市)

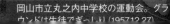
岡山市立丸之内中学校の運動会。グラウンドは生徒でぎっしり (1957.12.27)

岡山・柳川ロータリーで路面電車の軌道の付け替え工事（1958.3.14）

テレビが珍しかった時代。烏城公園街頭のテレビに人だかり（1958.4.13）

ランプの灯のもとでお勉強。下の子は疲れたのかうたた寝（1958.6.26、八束村蒜山原＝現真庭市）

万富駅前に並ぶ小型エンジン付き自転車（1958.8）

円形劇場を思わせる鉄筋づくりの家畜市場。年に15000頭が取り引きされる（1958.8.5、高梁市）

「皇太子妃決まる」。岡山駅前の速報ニュースに見入る市民（1958.11）

子どもから大人までフラフープが大人気。ただブームは一週間で峠を越した（1958.11.23、岡山・下石井）

年の瀬を前に子どもたちの遊びは、もうお正月の遊びに。広場に集まりコマ遊びをしている小学生（1958.12.22、岡山・出石町）

県庁通りを東向きに撮影。右に岡山郵便局（現岡山中央郵便局）、左に電話局（現クレド）（1959.2.12）

1960 昭和35年

第2次岸信介内閣
第1～2次池田勇人内閣

国内・海外の主な出来事

1・19　日米新安保条約調印
5・20　自民党が単独で新安保条約を衆院で強行採決
5・22　チリ地震で翌日日本でも被害、死者・行方不明者142人
6・15　安保条約反対の全学連が国会に突入、樺美智子が死亡
8・20　ソ連・スプートニク5号が生物（犬）を乗せて宇宙から帰還
8・25　ローマ夏季オリンピック開幕（日本メダル18個獲得）
9・10　カラーテレビの本放送開始
9・14　イラン、イラクなど5カ国が石油輸出国機構（OPEC）結成
10・12　浅沼稲次郎日本社会党委員長が演説中に刺殺される
12・20　南ベトナム解放民族戦線結成
12・27　池田勇人首相が「国民所得倍増計画」を発表

岡山県関係の主な出来事

3・12　安保改定阻止県民総決起大会が岡山市で開かれる
3・12　川崎病院と川崎ガン研究所が完成
4・10　春の岡山まつり開幕
5・12　水島港へ初のタンカーたまひめ丸が入港する
7・＿　国体に向け建設中の県営総合グラウンドから弥生時代の遺跡が発見
8・16　全国初の成人の知的障害者施設「県立備南荘」完工式
10・1　山陽本線倉敷以東と宇野線が電化開業
10・19　竹林寺山頂に東京天文台岡山天体物理観測所が開所
11・22　岡山後楽園の延養亭復元
12・12　姫新線の無人踏切で列車と定期バスが衝突、67人が死傷

①安保批准反対を訴えて県庁通りをジグザグデモをする岡大生（6月4日）
②ダッコちゃんが大流行（8月9日、天満屋岡山店）

世相・流行・話題

安保条約反対闘争、ジーパン、インスタント食品、アフリカの年

音楽

霧笛が俺を呼んでいる（赤木圭一郎）、哀愁波止場（美空ひばり）、達者でナ（三橋三智也）アカシアの雨がやむとき（西田佐知子）、潮来笠（橋幸夫）

映画

「悪い奴ほどよく眠る」「青春残酷物語」「おとうと」「ベン・ハー」「チャップリンの独裁者」「太陽がいっぱい」「サイコ」「アパートの鍵貸します」

出版

「性生活の知恵」（謝国権）、「砂の器」（松本清張）、「どくとるマンボウ航海記」（北杜夫）、「忘れられた日本人」（宮本常一）

テレビ

「ララミー牧場」「白馬童子」「快傑ハリマオ」「それは私です」「少年探偵団」「ブーフーウー」「ナショナルキッド」

新商品・ヒット商品

ダッコちゃん、セドリック、ミゼット、トランジスタテレビ、ハイライト、マイペット、ハウス印度カレー、のりたま、クレラップ、クールミントガム、ハイポリマー芯、ペンシルチョコレート

CM

「カステラ1番、電話は2番、3時のおやつは文明堂」「はってすっきりサロンパス」

流行語

「家つき、カーつき、ババ抜き」「声なき声」「低姿勢」「ナンセンス」

冥友録

浅沼稲次郎、樺美智子、常ノ花寛市、犬養健、和辻哲郎、アルベール・カミュ、エディ・コクラン、クラーク・ゲーブル

この年こんなことも

「民主社会党」結成大会（1月）／スコーバレー冬季オリンピック開幕、皇太子夫妻に長男誕生（2月）／プロ野球・大洋（現横浜DeNAベイスターズ）が6年連続最下位からセ・リーグ優勝。日本シリーズ4連勝で日本一に（10月）／道路交通法施行（12月）

浅沼稲次郎日本社会党委員長刺殺事件を報じる山陽新聞（10月13日付朝刊）

この年のあなたの年齢　　　　　歳　　　　　　　　　　　在住

　　　　　　　　在学（　　　年生）・勤務

この年にあなたに起こった出来事

・

・

・

・

・

その出来事に対するあなたの思い

・

・

・

1961 昭和36年

国内・海外の主な出来事

1・3　米国がキューバと国交断絶
1・20　アメリカ大統領にジョン・F・ケネディが就任
2・14　人気俳優の赤木圭一郎がゴーカート事故で重体、21日死亡
4・3　ＮＨＫ朝の連続テレビ小説放送開始、第1作は「娘と私」
4・12　ソ連ボストーク1号で、ガガーリン少佐が地球一周
6・3　ケネディ米大統領とフルシチョフソ連首相がウィーンで会談
6・12　農業基本法が公布
8・13　東ドイツが東西ベルリンの境界にベルリンの壁を建設
9・3　三船敏郎がベネチア国際映画祭で最優秀男優賞を受賞
10・2　大相撲で柏戸と大鵬が横綱に同時昇進

岡山県関係の主な出来事

2・15　光田健輔（長島愛生園初代園長）がダミアン・ダットン賞を受賞
2・28　錦海塩田が完成する
3・17　水島港に初の原油タンカー「祥和丸」が入港
5・12　岡山市と玉野市を結ぶ国道30号が開通
6・7　川崎製鉄の水島コンビナートへの誘致調印式
6・28　岡山県警が婦人補導員（ママポリス）を任命
8・16　岡山県済生会が無医島の無料診療を始める
11・26　岡山―東京―福山間の電話が即時通話となる
12・1　県立酪農大学校（現中国四国酪農大学校）が開校
12・3　岡山会館が開館

①約3カ月後に完成する建設中の岡山会館（現成通岡山ビル）。当時は西日本随一のマンモスビルと称された。右手は岡山駅（9月11日）
②宇野港に初入港した宇高国道フェリー「りつりん丸」。マイカー時代の到来（8月12日）

世相・流行・話題

高度成長、マイカー、六本木族、東洋の魔女（女子バレーボール）、うたごえ喫茶、タイトスカート、ムームー

音楽

上を向いて歩こう（坂本九）、銀座の恋の物語（石原裕次郎・牧村旬子）、スーダラ節（ハナ肇とクレージーキャッツ）、王将（村田英雄）、君恋し（フランク永井）、東京ドドンパ娘（渡辺マリ）

映画

「名もなく貧しく美しく」「用心棒」「大学の若大将」「モスラ」「荒野の七人」「ウエスト・サイド物語」「ナバロンの要塞」「ティファニーで朝食を」

出版

「何でも見てやろう」（小田実）、「英語に強くなる本」（岩田一男）、「雁の寺」（水上勉）、「サスケ」（白土三平）

テレビ

「シャボン玉ホリデー」「七人の刑事」「スチャラカ社員」「夢であいましょう」

新商品・ヒット商品

アンネ・ナプキン、ハイシー、マーブルチョコレート、エンゼルパイ、クリープ

CM

「トリスを飲んでハワイへ行こう」「伊東に行くならハトヤ」「ワンサカ娘」

流行語

「お呼びでない」「巨人、大鵬、卵焼き」「ドドンパ」「地球は青かった」

冥友録

赤木圭一郎、古川ロッパ、柳宗悦、葛原しげる、小川未明、ゲイリー・クーパー、カール・グスタフ・ユング、アーネスト・ヘミングウエイ、ダシール・ハメット

この年こんなことも

横浜マリンタワー開業（1月）／国鉄（現JR）大阪環状線開業（4月）／甲子園阪神パーク（2003年3月閉園）にレオポンの3兄弟が誕生（6月）／宇野港と高松港とを結ぶカーフェリー・宇高国道フェリー就航（8月）／第2室戸台風で大被害。死者・行方不明者202人、日本赤十字社が「愛の献血運動」開始（9月）／伊豆急行線開業（12月）

「地球は青かった」。ユーリー・ガガーリン少佐が乗ったソ連「ウォストーク」(ボストーク) 1号が地球一周に成功 (4月13日付朝刊))

この年のあなたの年齢　　　　　歳　　　　　　　　　在住

　　　　　　　　在学 (　　　年生)・勤務

この年にあなたに起こった出来事

・

・

・

・

・

その出来事に対するあなたの思い

・

・

・

1962 | 昭和 37 年

第2次池田勇人内閣

国内・海外の主な出来事

2・1　東京の人口が 1000 万人を突破、世界初の 1000 万都市に
3・1　テレビ受信契約者が 1000 万人突破（普及率 48.5％）
5・3　常磐線三河島駅で脱線衝突事故が発生、死者 160 人
5・17　大日本製薬がサリドマイド系薬剤を出荷中止
6・10　北陸本線北陸トンネル（1 万 3870 m）開通
8・12　堀江謙一が小型ヨットで太平洋単独横断に成功
10・10　ファイティング原田がプロボクシング世界フライ級王者に
10・22　ケネディ大統領がキューバ海上封鎖を表明（キューバ危機）
11・5　美空ひばりと小林旭が結婚式を挙げる
11・9　日中総合貿易に関する覚書（LT協定）に調印

岡山県関係の主な出来事

2・27　県南広域都市計画を策定、区域は県南 7 市 26 町村
6・14　県総合文化センター開館記念式
7・18　近藤鶴代参議院議員が国務大臣（科学技術庁長官）に就任
7・19　国道 2 号三石－笠岡間が全面開通
9・1　赤穂線が全線開通
9・8　西大寺鉄道が 52 年の歴史に幕（閉業式）
9・16　第 17 回岡山国体夏季大会が開幕
10・13　岡山空港（現岡南飛行場）が開港、東京・大阪・高松線開設
10・21　第 17 回岡山国体秋季大会が開幕、天皇・皇后杯とも岡山県は 2 位
12・5　県営寄島干拓事業が起工

①岡山空港（現岡南飛行場）開港を記念しエプロンに並ぶ小・中機（10 月 3 日）
②運行最終日の西大寺鉄道の列車。デッキから小旗を振って別れを惜しむ児童たち（9 月 8 日付朝刊より）

世相・流行・話題

青田買い（青田刈り）、ツイスト、東京でスモッグ問題、にせ千円札

音楽

いつでも夢を（橋幸夫・吉永小百合）、可愛いいベビー（中尾ミエ）、おもちゃのチャチャチャ（童謡）、遠くへ行きたい（ジェリー藤尾）、琵琶湖周航の歌（ペギー葉山）

映画

「椿三十郎」「キューポラのある街」「秋刀魚の味」「座頭市物語」「秋津温泉」「史上最大の作戦」「世界残酷物語」「101 匹わんちゃん大行進」

出版

「砂の女」（安部公房）、「竜馬がゆく」（司馬遼太郎）、「楡家の人びと」（北杜夫）、「野生のエルザ」（J・アダムソン）

テレビ

「てなもんや三度笠」「隠密剣士」「アベック歌合戦」「キューピー3分クッキング」「コンバット！」「ルート 66」

新商品・ヒット商品

リポビタンD、パンシロン、明星ラーメン、バイタリスヘアリキッド、電子レンジ、チロルチョコ

CM

「あたり前田のクラッカー」「アスパラで生き抜こう」「スカッとさわやかコカ・コーラ」「パンシロンでパンパンパン」「かあちゃん いっぱいやっか」

流行語

「ハイそれまでヨ」「無責任男」「わかっちゃいるけどやめられない」

冥友録

鳥井信治郎、室生犀星、西東三鬼、大河内傳次郎、柳田國男、正宗白鳥、マリリン・モンロー、ヘルマン・ヘッセ

この年こんなことも

横綱・若乃花（初代）引退表明（5月）／世界最大のタンカー「日章丸」進水、戦後初の国産旅客機 YS-11 完成（7月）／作新学院が初の甲子園春夏連続優勝（8月）／東洋一の吊り橋・若戸大橋開通、プロ野球国鉄（現ヤクルト）の金田正一が 3509 奪三振の世界新記録樹立（9月）

第 17 回岡山国体秋季大会の開幕を告げる紙面（10 月 22 日付朝刊）

この年のあなたの年齢　　　　　歳　　　　　　　　　　　　　　在住

　　　　　　　在学（　　　年生）・勤務

この年にあなたに起こった出来事

-
-
-
-
-

その出来事に対するあなたの思い

-
-
-

1963 昭和38年

第2～3次池田勇人内閣

国内・海外の主な出来事

1・1　国産連続テレビアニメ「鉄腕アトム」放映開始
2・10　小倉・門司・戸畑・若松・八幡の5市が合併、北九州市が誕生
2・18　バリ島・アグン山の噴火活動で世界的な気温低下が起こる
6・16　ソ連初の女性宇宙飛行士ワレンチナ・テレシコワらがボストーク6号で宇宙へ
7・11　老人福祉法公布
7・16　名神高速道路の栗東─尼崎間が開通（日本初の高速道路）
8・15　政府主催の全国戦没者追悼式が開かれる（以後、毎年開催）
11・9　横浜市鶴見区の東海道線で列車二重衝突事故、死者161人
11・9　三井三池炭鉱で構内爆発、死者458人
11・22　ケネディ米大統領暗殺、初の日米TV衛星中継実験で受信（23日）

岡山県関係の主な出来事

3・1　岡山市民会館がオープン
4・20　国立津山工業高等専門学校（津山高専）開校
5・1　岡山市長に岡崎平夫が当選／中国四国地方農政局が開設
6・3　人形峠で高品質のウラン鉱が発見される
6・3　児島湾干拓の最終入植式、同開拓400年の歴史に幕
7・11　県東北部で集中豪雨
9・1　日生町福浦地区が赤穂市に編入／閑谷学校が復元、一般公開
9・16　池田厚子夫人の見舞いで両陛下来岡、18日皇太子夫妻も
9・28　津山城跡が国史跡に指定される
11・3　津山市に津山科学教育博物館（現つやま自然のふしぎ館）が開館

①日生町福浦地区の赤穂市編入に反対する海上デモ（6月18日）
②現在の岡山市北区丸の内に完成間近の岡山市民会館（中央）。右上の黒っぽい建物は岡山県庁（2月23日）

世相・流行・話題

小さな親切運動、ボーイシュルック、アニメ放映、ケネディ暗殺

音楽

こんにちは赤ちゃん（梓みちよ）、高校三年生（舟木一夫）、見上げてごらん夜の星を（坂本九）、東京五輪音頭（三波春夫）、恋のバカンス（ザ・ピーナッツ）

映画

「にっぽん昆虫記」「天国と地獄」「五番町夕霧楼」「アラビアのロレンス」「鳥」「怒りの葡萄」「007は殺しの番号」

出版

「白い巨塔」（山崎豊子）、「エロ事師たち」（野坂昭如）、「おれについてこい!」（大松博文）、「愛と死をみつめて」（河野實・大島みち子）

テレビ

「花の生涯」（NHK大河ドラマ第1作）「三匹の侍」「新日本紀行」「アップダウンクイズ」「鉄人28号」「エイトマン」「がっちり買いまショウ」「狼少年ケン」

新商品・ヒット商品

ファミリア、電気蚊取器ベープ、タッパーウエア、サインペン、即席ワンタンメン、プリッツ、サントリービール

CM

「なんである、アイデアル」「ブタブタ子ブタ、おなかがすいた、ブー」「タケダ、タケダ、タケダ」

流行語

「ハッスル」「カワイコちゃん」「三ちゃん農業」「ピンク映画」「TPO」「OL」

冥友録

小津安二郎、力道山、久保田万太郎、大島みち子、ジョン・F・ケネディ、ジャン・コクトー、エディット・ピアフ

この年こんなことも

大阪駅前に日本初の横断歩道橋（4月）／黒部川第4発電所（黒四ダム）完成、日本初の外資系ホテル「東京ヒルトンホテル（現ヒルトン東京）」開業（6月）／キング牧師が歴史的名演説「I have a dream」（8月）／大阪・梅田地下街完成、新千円札（伊藤博文）発行（11月）

62

世界を驚かせたケネディ米大統領暗殺を報じる紙面（11月23日付夕刊）

この年のあなたの年齢　　　　歳　　　　　　　　　　　在住

　　　　　　　　在学（　　　年生）・勤務

この年にあなたに起こった出来事

・

・

・

・

・

その出来事に対するあなたの思い

・

・

・

1964 昭和39年

国内・海外の主な出来事

- 1・3　連続殺人犯・西口彰（小説「復讐するは我にあり」のモデル）逮捕
- 4・1　日本が国際通貨基金（IMF）8条国に移行
- 4・8　東京・国立西洋美術館でミロのビーナス特別公開
- 4・28　日本が経済協力開発機構（OECD）に正式加盟
- 5・28　パレスチナ解放機構（PLO）設立
- 6・16　新潟地震発生、死者26人
- 6・19　太平洋横断海底ケーブル完成、日米首脳が初通話
- 10・1　東海道新幹線開業。東京―新大阪間4時間、2480円（ひかり号2等席）
- 10・10　アジア初開催となる東京五輪開幕（日本金メダル16個獲得）
- 11・17　公明党が正式発足し、結党

岡山県関係の主な出来事

- 1・30　県南新産業都市の指定決まる
- 2・12　大山康晴、五冠（名人、王将、棋聖、王位、十段）獲得
- 3・12　高原滋夫岡山大教授「無カタラーゼ血液症」で学士院賞受賞
- 3・27　岡山県警察本部に交通部が新設され、4月発足
- 4・1　岡山理科大開学
- 8・31　三木行治知事が日本人初のマグサイサイ賞を受賞
- 9・21　オリンピック聖火が岡山県へ／三木行治知事急逝
- 9・24　日本脳炎患者が200人、昭和25年に次ぐ大発生
- 10・2　瀬戸大橋架橋ルート下津井―坂出間で海底地質調査開始
- ※この年、県南繊維産業への中学卒業者の集団就職がピークに

① 約1000人もの中学卒業者を乗せて関西方面へ向かう集団就職列車（3月21日、岡山駅）
② 故三木行治岡山県知事の遺徳をしのび約35000人が集まった県民葬（10月4日、岡山大清水記念体育館）

世相・流行・話題

東京五輪、新幹線開通、アイビールック、銀座みゆき族、東京の水飢饉

音楽

君だけを（西郷輝彦）、サン・トワ・マミー（越路吹雪）、お座敷小唄（和田弘とマヒナスターズ）、アンコ椿は恋の花（都はるみ）、抱きしめたい（ザ・ビートルズ）

映画

「愛と死をみつめて」「砂の女」「マイ・フェア・レディ」「シェルブールの雨傘」

出版

「氷点」（三浦綾子）、「されどわれらが日々―」（柴田翔）、「炎環」（永井路子）、「平凡パンチ」創刊、「ガロ」創刊

テレビ

「ひょっこりひょうたん島」「赤穂浪士」「題名のない音楽会」「忍者部隊月光」「木島則夫モーニングショー」

新商品・ヒット商品

かっぱえびせん、V・ロート、クリネックスティシュー、松茸の味・お吸いもの、世界初の電子式卓上計算機「CS-10A」、サントリーレッド、味ポン

CM

「おめえ、へそねえじゃねえか」「インド人もびっくり」「飲んでますか」「ファイトでいこう」「ボーエンだよ、ワイドだよ」

流行語

「おれについてこい」「ウルトラC」「シェー」「東京砂漠」「金の卵」

冥友録

八波むと志、朝日茂、佐田啓二、尾崎士郎、三好達治、佐藤春夫、三木露風、三代目三遊亭金馬、ダグラス・マッカーサー、イアン・フレミング

この年こんなことも

カシアス・クレイ（モハメド・アリ）がソニー・リストンを破り世界ヘビー級王者（2月）／日本人の海外旅行が完全自由化、平凡パンチ創刊（4月）／気象庁富士山レーダー完成（8月、1999.11.1廃止）／王貞治が本塁打55本の新記録（9月）／日本武道館開館（10月）／シンザンが史上2頭目の三冠馬（11月）

東京オリンピック開幕

小野選手、力強く宣誓

第18回夏季オリンピック東京大会の開幕を告げる紙面（10月10日付夕刊）

この年のあなたの年齢　　　　歳　　　　　　　　　　　在住

　　　　　　　　　在学（　　年生）・勤務

この年にあなたに起こった出来事

・
・
・
・
・

その出来事に対するあなたの思い

・
・
・

65

1965 昭和40年

第1次佐藤栄作内閣

国内・海外の主な出来事

2・7	アメリカ軍が北ベトナム爆撃（北爆）開始
4・24	「ベトナムに平和を！市民・文化団体連合」（ベ平連）結成
6・12	家永三郎が教科書検定を違憲とする民事訴訟を起こす
6・22	日本と大韓民国が日韓基本条約を締結
7・4	吉展ちゃん事件（初の報道協定）で小原保を逮捕
8・19	佐藤栄作が首相として戦後初めて沖縄訪問
10・21	朝永振一郎のノーベル物理学賞が決定
11・10	中国で文化大革命が始まる
11・19	戦後初の赤字国債の発行が閣議決定される
12・10	日本が国連安保理非常任理事国に当選

岡山県関係の主な出来事

2・23	県公害対策審議会が設置される
3・27	日本原に自衛隊常駐隊が駐屯、31日開庁式
4・1	岡山県経済農業協同組合連合会が発足
4・1	岡山商科大が開学
4・4	岡山東商業高校が第37回選抜高校野球大会で初優勝
6・22	宇野─高松間に初の水中翼船が就航
6・26	岡山赤十字病院看護部長の内山喜久代がナイチンゲール記章を受賞
7・21	通産省が水島臨海工業地帯の公害調査を開始
8・3	津山市で皇太子を迎えて、日本海洋少年団全国大会を開催
10・6	伊島ショッピングセンターが岡山市津島新道（岡山・伊島）にオープン

①春の甲子園決勝で、延長13回裏、岡山東商が歓喜のサヨナラ勝ち（4月4日）
②伊島ショッピングセンターで買い物する主婦。このころから八百屋、鮮魚店、米穀店など小売専門店が町からだんだんと消えていった（10月23日）

世相・流行・話題
いざなぎ景気（～1970年）、3C時代（車、カラーテレビ、クーラー）、アイビールック、パンタロン、エレキギターブーム

音楽
君といつまでも（加山雄三）、愛して愛して愛しちゃったのよ（田代美代子＆和田弘とマヒナスターズ）、帰ろかな（北島三郎）、イエスタデイ（ザ・ビートルズ）

映画
「赤ひげ」「東京オリンピック」「網走番外地」「荒野の用心棒」「サウンド・オブ・ミュージック」「メリー・ポピンズ」

出版
「玩具」（津村節子）、「黒い雨」（井伏鱒二）、「本居宣長」（小林秀雄）、「ベトナム戦記」（開高健）

テレビ
「太閤記」「オバケのQ太郎」「サザエさん（ドラマ）」「ザ・ガードマン」「素浪人月影兵庫」「小川宏ショー」「アフタヌーンショー」「11PM」「金曜夜席」

新商品・ヒット商品
オロナミンCドリンク、エモロンシャンプー、シングル8、アイスノン、ジューC

CM
「わたしにも写せます」「元気ハツラツ！」

流行語
「モーレツ社員」「期待される人間像」「ブルーフィルム」「ジャルパック」「やったるで」「シゴキ」

冥友録
江戸川乱歩、谷崎潤一郎、池田勇人、山田耕筰、ウィンストン・チャーチル、ナット・キング・コール、ル・コルビュジエ、アルベルト・シュバイツァー、サマセット・モーム

この年こんなことも
日本航空が日本初の海外パックツアー「ジャルパック」を発売（1月）／マルコムXがニューヨークで暗殺（2月）／麒麟麦酒がプルトップの缶ビールを発売（3月）／国鉄（現JR）が「みどりの窓口」開設（9月）／日本初のカラーアニメ「ジャングル大帝」放送開始（10月）／プロ野球第1回ドラフト会議開催（11月）

アメリカ軍の北ベトナム爆撃（北爆）開始を報道する紙面（2月9日付朝刊）

この年のあなたの年齢　　　　　歳　　　　　　　　　　　　　在住

在学（　　　年生）・勤務

この年にあなたに起こった出来事

・

・

・

・

・

その出来事に対するあなたの思い

・

・

・

1966 昭和41年

国内・海外の主な出来事

1・1　日本人の海外渡航の回数制限撤廃（1回500ドルまで）
2・3　ソ連の無人月探査機ルナ9号が初の月面軟着陸に成功
2・4　全日空機が羽田沖に墜落、乗客乗員133人全員死亡
3・31　日本の総人口が1億人を突破
4・26　日本で戦後最大の公共交通機関ストライキ
6・25　新たに「建国記念の日」「敬老の日」「体育の日」が祝日に
6・29　ビートルズ来日（翌日から3日間、日本武道館で公演）
8・18　北京・天安門広場で文革100万人集会開催
11・13　全日空YS11型機が松山沖に墜落、50人全員死亡。戦後初の国産旅客機事故
12・27　自民党一連の不祥事による衆議院解散（黒い霧解散）

岡山県関係の主な出来事

1・5　瀬戸大橋架設推進本部を県庁内に設置
1・30　岡山市の八幡大塚2号墳から純金の耳輪など発掘
3・16　ダイエー岡山駅前店が開店、大手スーパーの進出相次ぐ
5・29　国鉄智頭線（現智頭急行）が起工式
8・5　第4回日本ジャンボリーを日本原で開催
8・19　宮本武蔵生誕320年記念顕彰碑を大原町に建立
9・6　県の木に「アカマツ」が決定
10・1　岡山県公害防止条例を公布
10・14　木原美知子（後に光知子）がメキシコ国際水泳大会女子100mで金メダル
11・3　戦災で焼失した岡山城天守閣が再建、21年ぶりに雄姿を現す

①再建された岡山城天守閣をバックに秋空に舞い上がる風船（11月3日）
②勝田郡那岐山麓の日本原で開かれた日本ジャンボリー。全国から約3万人のボーイスカウトたちが集まった（8月5日）

世相・流行・話題
ロングブーツ、ミリタリールック、グループサウンズ、ビートルズ

音楽
星影のワルツ（千昌夫）、バラが咲いた（マイク眞木）、悲しい酒（美空ひばり）、骨まで愛して（城卓矢）、想い出の渚（ザ・ワイルドワンズ）、こまっちゃうナ（山本リンダ）

映画
「絶唱」「白い巨塔」「紀ノ川」「けんかえれじい」「市民ケーン」「男と女」「戦争と平和」「ドクトル・ジバゴ」

出版
「天国にいちばん近い島」（森村桂）、「沈黙」（遠藤周作）、「おはなはん」（林謙一）

テレビ
「おはなはん」「笑点」「銭形平次」「ウルトラマン」「サンダーバード」「おそ松くん」「奥さまは魔女」「マグマ大使」「魔法使いサリー」「ハリスの旋風」

新商品・ヒット商品
サニー1000、ハイユニ、ビューティケイク、ママレモン、サッポロ一番、明星チャルメラ、ポッキー、柿ピー

CM
「どこまでも行こう」「水虫でたぞ、水虫でたぞ、かゆいぞイッヒッヒ」「うちのテレビにゃ色がない」

流行語
「こまっちゃうナ」「ボカァしあわせだなぁ」「シュワッチ」「バーハハーイ」「びっくりしたなー、もう」「ダヨ～ン」

冥友録
鈴木大拙、亀井勝一郎、河井寛次郎、アルベルト・ジャコメッティ、バスター・キートン、ウォルト・ディズニー

この年こんなことも
メートル法の完全施行（4月）／「巨人の星」が「週刊少年マガジン」に連載開始、沢田教一に報道写真部門ピュリツァー賞（5月）／台風26号で死者・行方不明者300人超（9月）／東京地裁が「結婚退職制」違憲判決（12月）　※ひのえうまで出生率25%減

着陸寸前の全日空機が羽田空港沖に墜落、133人全員が死亡 (2月5日付朝刊)

この年のあなたの年齢　　　　歳　　　　　　　　　　　　在住

在学（　　　年生）・勤務

この年にあなたに起こった出来事

・

・

・

・

・

その出来事に対するあなたの思い

・

・

・

1967 昭和42年

国内・海外の主な出来事

4・15　東京都知事に美濃部亮吉が当選、初の革新知事誕生
4・24　ソユーズ1号が着陸に失敗、宇宙飛行による初の死亡事故
6・5　イスラエルとアラブ連合間で第3次中東戦争始まる
6・17　中国が初の水爆実験
7・1　ヨーロッパ共同体（EC）発足
8・3　公害対策基本法公布
8・8　東南アジア諸国連合（ASEAN）結成
10・8　第1次羽田闘争。佐藤栄作首相の東南アジア訪問阻止で、全学連学生が警官隊と衝突
10・9　チェ・ゲバラがボリビア政府軍により射殺される
12・11　佐藤栄作首相が国会答弁で非核三原則を言明

岡山県関係の主な出来事

2・1　倉敷・児島・玉島の3市が合併、新倉敷市が誕生
4・5　小林純岡山大教授がイタイイタイ病は鉱業所廃水が原因と発表
4・9　両陛下を迎え、第18回植樹祭が岡山市の金山山頂で開催
4・10　勝北町（現津山市）に特別養護老人ホーム日本原荘を開設
4・18　川崎製鉄水島製鉄所の第1溶鉱炉の火入れ式
5・22　山陽新幹線、帆坂トンネルの起工式
8・10　岡山、鳥取県境の四十曲トンネルが貫通
11・1　郵政省が岡山放送など15社にUHF放送の予備免許
11・10　県旗、県章が決まる
11・20　成羽町（現高梁市）に成羽文化センターが開館

①ミニスカート大流行（8月、岡山・表町）
②倉敷・児島・玉島3市合併祝賀行事で校庭に「クラシキ」の人文字（10月24日、倉敷市立老松小学校）

世相・流行・話題

ミニスカート、青春ドラマ

音楽

ブルー・シャトウ（ジャッキー吉川とブルーコメッツ）、この広い野原いっぱい（森山良子）、帰って来たヨッパライ（ザ・フォーク・クルセダーズ）

映画

「日本のいちばん長い日」「夜の大捜査線」「昼顔」「夕陽のガンマン」

出版

「どくとるマンボウ青春期」（北杜夫）、「アメリカひじき」（野坂昭如）、「徳山道助の帰郷」（柏原兵三）、「万延元年のフットボール」（大江健三郎）

テレビ

「旅路」「白い巨塔」「コメットさん」「スパイ大作戦」「仮面の忍者赤影」「パーマン」「マッハGoGoGo」「ウルトラセブン」「リボンの騎士」

新商品・ヒット商品

コスモスポーツ、N360、リカちゃん人形、MG5、チョコフレーク、エールチョコレート、純生

CM

「イエイエ」「どこまでも行こう」「象が踏んでも壊れない」「金鳥の夏、日本の夏」

流行語

「蒸発」「核家族」「ハプニング」「フーテン族」「ボイン」「アングラ」「ヒッピー」「ハイミス」

冥友録

山本周五郎、柳原白蓮、壺井栄、吉田茂、ジプシー・ローズ、愛新覚羅溥儀、ビビアン・リー、ジョン・コルトレーン、オーティス・レディング

この年こんなことも

カシアス・クレイ（モハメド・アリ）が徴兵拒否(4月)／今井通子らがマッターホルン北壁登頂に成功(女性初、7月)／四日市ぜんそく訴訟(日本初の大気汚染訴訟、9月)／「オールナイトニッポン」放送開始、ツイッギー来日・ミニスカート大流行、故吉田茂元首相の葬儀が戦後初の国葬として執り行われる(10月)

4月15日の東京都知事選挙で、社会党と共産党が推薦する東京教育大学（現・筑波大学）教授の美濃部亮吉が、自民党と民社党の推す松下正寿（立教大学総長）、公明党の推す阿部憲一（創価学会理事）を破り当選（4月17日付朝刊）

この年のあなたの年齢　　　　　歳　　　　　　　　　　　　　　在住

　　　　　　　　　　在学（　　　年生）・勤務

この年にあなたに起こった出来事

-
-
-
-
-

その出来事に対するあなたの思い

-
-
-

1968 | 昭和 43 年

国内・海外の主な出来事

- 1・19　米原子力空母エンタープライズが佐世保に入港
- 1・29　東京大医学部無期限スト突入、東大紛争始まる
- 2・20　金嬉老が暴力団員2人を射殺後、静岡県内の旅館に籠城
- 3・16　南ベトナムのソンミ村で米軍が無抵抗の村民500人以上を虐殺（ソンミ事件）
- 4・4　マーティン・ルーサー・キング牧師暗殺
- 6・26　米国占領下の小笠原諸島が返還される
- 7・1　米・英・ソら核拡散防止条約調印
- 7・7　参院選で石原慎太郎、青島幸男ら、作家・タレントが当選
- 8・8　和田寿郎札幌医大教授が日本初の心臓移植手術
- 10・12　メキシコシティー夏季オリンピック開幕（日本メダル25個獲得）
- 12・10　東京都府中市で3億円強奪事件発生
- 12・10　川端康成がノーベル文学賞受賞
- 12・19　第9次越冬隊が日本人として初めて南極点に到達

岡山県関係の主な出来事

- 3・15　UHF岡山放送が開局
- 5・31　岡山市内電車番町線が廃止
- 7・13　新岡山市庁舎が落成
- 10・25　笠岡市出身の日本画家・小野竹喬が文化功労者に選ばれる
- 11・1　県立農業大学校（現岡山県農林水産総合センター農業大学校）が開校
- 11・7　新成羽川ダムが完成、発電開始
- 12・20　玉野バイパス（国道30号）開通式

①地元の人たちに見送られて岡山市内電車番町線の最終さよなら電車が発車（5月31日、岡山・番町）
②完成した新岡山市庁舎。右上に見えるのは岡山大学付属病院（7月13日）

世相・流行・話題

男の長髪ブーム、サイケデリックモード、ラジオ深夜放送、3億円事件

音楽

天使の誘惑（黛ジュン）、ブルー・ライト・ヨコハマ（いしだあゆみ）、恋の季節（ピンキーとキラーズ）、花の首飾り（ザ・タイガース）、愛の奇跡（ヒデとロザンナ）

映画

「黒部の太陽」「卒業」「猿の惑星」「2001年宇宙の旅」「ロミオとジュリエット」「俺たちに明日はない」「ブリット」

出版

「坂の上の雲」（司馬遼太郎）、「年の残り」（丸谷才一）、「輝ける闇」（開高健）、「共同幻想論」（吉本隆明）

テレビ

「キイハンター」「巨人の星」「肝っ玉かあさん」「バンパイヤ」「3時のあなた」「夜のヒットスタジオ」「ゲゲゲの鬼太郎」

新商品・ヒット商品

ボンカレー、出前一丁、人生ゲーム、トリニトロンカラーテレビ、マークⅡ、ウナコーワ、トニックシャンプー、カール、シヤチハタネーム、パンティストッキング

CM

「わんぱくでもいい、たくましく育ってほしい」「大きいことはいいことだ」

流行語

「昭和元禄」「ゲバルト」「五月病」「失神」「ハレンチ」「ノンポリ」「とめてくれるなおっかさん」「指圧の心は母心」

冥友録

円谷幸吉、大原總一郎、藤田嗣治、双葉山定次、ユーリー・ガガーリン、ヘレン・ケラー、ジョン・スタインベック

この年こんなことも

霞が関ビル完成（4月）／イタイイタイ病が公害病認定、十勝沖地震で死者52人（5月）／ロバート・ケネディ暗殺（6月）／電電公社（現NTT）が東京でポケットベルのサービス開始、郵便番号制度実施（7月）／永山則夫連続射殺事件（10〜11月）／※プラハの春　※日本のGNPが西ドイツを抜き世界第2位に

3億円事件を報道する紙面（12月10日付夕刊）。当時の大卒初任給は3万円ほど。鮮やかな手口とその途方もない額は国民を驚嘆させた。
事件は未解決のまま1975（昭和50）年12月10日に時効成立

この年のあなたの年齢　　　　歳　　　　　　　　　　　　在住

　　　　　　　　在学（　　　年生）・勤務

この年にあなたに起こった出来事

-
-
-
-
-

その出来事に対するあなたの思い

-
-
-

73

1969 | 昭和 44 年

第2次佐藤栄作内閣

国内・海外の主な出来事

1・18 学生が占拠した東大安田講堂を機動隊 8500 人が封鎖解除
1・20 リチャード・ニクソンがアメリカ大統領に就任
4・7 連続ピストル射殺犯・永山則夫が逮捕される
5・26 東名高速道路が全線開通
7・20 アポロ 11 号が月面「静かの海」に着陸。人類、月に第 1 歩
8・15 ロックの野外コンサート「ウッドストック・フェスティバル」開催
8・18 高校野球決勝で三沢対松山商が延長 18 回引き分け再試合
10・29 人工甘味料チクロの使用を禁止、全面回収
11・5 警視庁が大菩薩峠で赤軍派 53 人を逮捕 (大菩薩峠事件)
11・17 佐藤首相が訪米。3 年後の沖縄返還に合意

岡山県関係の主な出来事

1・25 岡山大全学共闘会議がスト宣言
2・18 岡山市が西大寺市を編入合併。人口 37 万人
3・25 県立岡山武道館建設予定地から弥生時代前期の遺構発見
4・12 岡大紛争で学生の投石により警察官 1 人が死亡
4・16 県と山陽町が県営マンモス団地建設の基本協定書調印
5・10 三蟠沖の新岡山港築港工事が始まる
7・31 新成羽川ダム完工式
9・10 天満屋新岡山店がオープン
9・15 岡大の封鎖解除、翌日から 4 学部で授業再開
10・1 赤穂線の電化完成

①吹き荒れる学生運動の嵐は岡山大学へも。バリケードを築き、警官隊に投石などで抵抗する全共闘派学生。デモに参加した学生の逮捕をきっかけに闘争が激化し、4 月 12 日には学生の投石により警察官が殉職した (4 月 12 日、岡山・津島)
②岡山上空に飛行船が飛来。UHF テレビ放送局が全国各地で続々と開局しているのに合わせ、大手電機メーカーが「コンバーター不要のオールチャンネルカラーテレビを」と空から PR (1 月 16 日、岡山・柳町の山陽新聞社上空)

世相・流行・話題

大学紛争、新宿西口フォークゲリラ、球界「黒い霧事件」、月面着陸

音楽

夜明けのスキャット (由紀さおり)、黒ネコのタンゴ (皆川おさむ)、長崎は今日も雨だった (内山田洋とクール・ファイブ)、風 (はしだのりひことシューベルツ)、時には母のない子のように (カルメン・マキ)

映画

「男はつらいよ」「心中天網島」「風林火山」「真夜中のカーボーイ」「ローズマリーの赤ちゃん」「ワイルドバンチ」

出版

「赤頭巾ちゃん気をつけて」(庄司薫)、「知的生産の技術」(梅棹忠夫)、「断絶の時代」(P・F・ドラッカー)

テレビ

「水戸黄門」「サインはV」「巨泉・前武ゲバゲバ 90 分 !!」「8時だョ！全員集合」「クイズタイムショック」「サザエさん (アニメ)」「柔道一直線」「ヤングおー！おー！」「アタック No.1」「タイガーマスク」

新商品・ヒット商品

ホンダ・ドリーム 750FOUR、フェアレディZ、エリートS、セブンスター、ブルーレット、明治アポロチョコ

CM

「Oh！モーレツ!」「はっぱふみふみ」「愛のスカイライン」「クリープを入れないコーヒーなんて」「違いがわかる男」

流行語

「アッと驚くタメゴロー」「それを言っちゃー、おしまいよ」「やったぜ、ベイビー」「エコノミック・アニマル」「断絶の時代」「ニャロメ」「チクロ」

冥友録

市川雷蔵、正力松太郎、伊藤整、獅子文六、ジュディ・ガーランド、ジャック・ケルアック、ホー・チ・ミン

この年こんなことも

NHK-FM が放送開始 (3月) ／国鉄 (現 JR) がグリーン車新設 (5月) ／巨人・金田正一が通算 400 勝達成 (10月) ／五百円札発行 (11月) ／セイコーが初クオーツ腕時計発売 (12月)

「これは一人の人間にとっては小さな一歩だが、人類にとっては偉大な飛躍である」（アポロ11号のアームストロング船長）。人類初の月面着陸の映像は世界40カ国以上に同時中継され、5億人以上が見ていたとも。日本ではNHKが深夜0時から月面着陸までの様子を衛星生中継。月着陸船イーグルが着陸に成功した瞬間の視聴率は68.3%に及び、世界中の人々が歓喜に沸いた（7月21日付夕刊）

この年のあなたの年齢　　　　　歳　　　　　　　　　在住

在学（　　　年生）・勤務

この年にあなたに起こった出来事

・

・

・

・

・

その出来事に対するあなたの思い

・

・

・

75

あくら通りの深柢小学校近くの下水管埋設工事。当時は岡山市内中心部でもまだ未舗装の道路があった（1960.1.25、岡山・東中山下）

1958年に誕生したスーパーカブ。大人気で大売れ（1960.2.3、岡山・大供）

アーカイブ岡山
1960年代
昭和 35 年～昭和 44 年

児島市（現倉敷市）の市長・市議選で小山のように積み上げられた投票用紙（1960.4.24）

岡山駅前に建設中の岡山会館ビル（1961年12月竣工）。完成時は県内一の高層ビルだった（1960.5）

搾った牛乳を車に積み込む（現真庭・落合）の酪農家（1960.5.16）

県笠岡職業訓練所石工学校の生徒が北木島の石切りで削岩（1960.5.23）

出崎半島沖の県境の島　井島の子どもたちの通学風景（1960.5.30）

ビニール製の人形、ウィンキー（ダッコちゃん）が大ブーム（1960.8.9、天満屋岡山店）

東京発熊本行きの国体旗が岡山入り（1960.10.4、岡山・国富）

「今日の夕飯は？」—町の八百屋さんでは、暑くてもおしゃべりに花が咲く（1961.8.14、岡山・門田）

開拓の大志に顔を輝かせる県立酪農大学の生徒たち（1962.4.27、現真庭市）

田んぼの中を一直線に貫く国道30号。左手の高い山は常山（1961年、岡山・藤田）

かつての山陽女子高校全景。奥に見えるのは岡山東商業高校（1961.10.1）

腰をひねって軽やかにステップ。若者たちにツイストが大流行（1962.3.20、岡山市）

ゴールデンウイークの行楽客でにぎわう金甲山頂付近（1962.5.6）

田んぼの中を走る国道2号（現県道162号）で五重衝突事故（1962.6.1、倉敷・庄）

1960年代 昭和35年〜昭和44年

岡山国体夏季大会の開会式会場、県総合グラウンド県営プール（1962.9.26）

半円形にかたどられた岡山駅前のバス、タクシー乗り場（1962.9.16）

倉敷駅前付近と市街地（1962.11.29）

岡山市の南方上空から南を望む。中央は岡山地方裁判所、左手に旭川（1962.9.16）

道路拡幅で移転が進む西大寺町—城下間の電車通り（1963.1.5、岡山・京橋町付近）

開通したばかりの新京橋（1963.5.24、岡山市）

大供交差点から北を望む（1963.12、岡山市）

千日前商店街に岡山市で最初の本格的スーパー「銀ビル」がオープン。客でごった返す店内（1963.12.8、岡山・千日前）

1921年から68年まで運行していた市内電車の番町線（城下―番町間）（1964.1.17、岡山・弓之町）

交通事故？　いいえ、小型トラックに野菜を満載して行商中（1964.1.23、岡山・番町）

チンチンジャラジャラ。立って手打ちが当たり前だったパチンコ（1964.1、岡山市）

電子易占い機。20円で"予言者"が運勢を教えてくれる（1964.1、岡山市）

戦後教育の象徴、男女が仲良く並んでの授業風景（1964.2、岡山・丸之内中）

観衆で膨れ上がったプロ野球オープン戦「巨人―阪神」（1964.3.4、倉敷市営球場）

新見・阿哲地方から児島市（現倉敷市）に到着した集団就職の織姫たち（1964.3.24）

1960年代 昭和35年〜昭和44年

山陽新聞本社前に軽自動車105台を集めて行われた第2回山陽軽自動車ラリー
（1964.5.17、岡山・下石井）

暑さしのぎのアイスクリームの給食に喜ぶ児童（1964.7.6、岡山・内山下
小学校 =2001年閉校）

コップ片手に大きな口を開けて歯を磨く鹿田保育
園の園児たち（1964.6.3、岡山・大供表町）

忙しい農家の夕食は一日で最も楽しい団らんのひととき
（1964.6、現美作市）

蒸し暑い夏の夜、蚊取り線香をかたわら
に受験勉強する高3生（1964.7.24、岡山市）

夏休みのバイト探しに、職安の求人情報に殺到する女子学生
（1964.7.30、岡山市）

「どの本にしようかなぁ」。県総合文化センターの
巡回自動車文庫に群がる人たち（1964.8、新庄村）

5万人もの買い物客が押し寄
せたダイエー岡山店のオープン
（1964.9.16、岡山・西山）

東京オリンピックの聖火が県民の歓迎を受け県庁に到着（1964.9.21、岡山・内山下）

さよなら、南備海運（現両備運輸）。京橋桟橋で小豆島への最終船を見送る人たち（1964.10.9、岡山・京橋町）

東京五輪記念切手が岡山郵便局（現岡山中央郵便局）で発売され長蛇の列（1964.10.10）

岡山南高校で開かれた県高校タイプ競技大会（1964.11.3）

力強く走る伯備線の蒸気機関車を背景に、高梁川を下る高瀬舟（1964.11.4）

三好野会館で開催された「岡山県出身オリンピック選手報告会」。右端は木原美知子（後に光知子）選手（1964.12.23、岡山市）

県庁の御用始め風景。女子職員の和服姿に新年気分があふれていた（1965.1.4）

岡山郵便局（現岡山中央郵便局）の年賀はがきの山。アルバイトの女子高生らが仕分けに大活躍（1964.12.25、岡山市）

昭和レトロな風景。西大寺駅近くの商店街の町並み（1965.1.27）

1960年代 昭和35年～昭和44年

岡山市と高松市を結ぶ国道30号の標識。高松までの距離が表示されている (1965.5)

岡山駅西口の自転車置き場。乱雑に置かれた放置自転車でいっぱい (1965.5.25)

岡山駅に設けられた無料貸し出しの"公徳がさ"。「借りたら返してね」(1965.4.20)

神島と本土を結ぶフェリー。通勤・通学者でいっぱいの毎朝のラッシュ光景 (1965.4.28、笠岡市)

家を空けがちになる農繁期に、防犯ポスターを掲示して回る大野小の児童 (1965.6.12、岡山・大安寺)

「お母さーん、手伝って」。夏休みの宿題を仕上げる親子 (1965.8.2、岡山・柳町)

レーサー気分？　ヘルメットを被って乗り物で遊ぶ子どもたち (1965.3.31、岡山市)

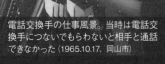

電話交換手の仕事風景。当時は電話交換手につないでもらわないと相手と通話できなかった (1965.10.17、岡山市)

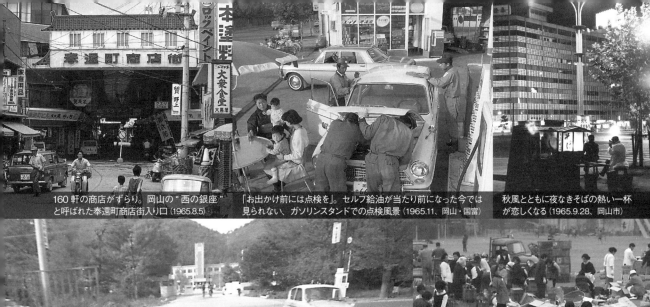

160軒の商店がずらり。岡山の"西の銀座"と呼ばれた奉還町商店街入り口 (1965.8.5)

「お出かけ前には点検を」。セルフ給油が当たり前になった今では見られない、ガソリンスタンドでの点検風景 (1965.11、岡山・国富)

秋風とともに夜なきそばの熱い一杯が恋しくなる (1965.9.28、岡山市)

岡大構内をスポーツカーでドライブする若者 (1965.10.5)

出石小学校のPTAの廃品回収 (1965.12.3、岡山市)

子ども会の竹馬、たこ揚げ大会。公園は元気な子どもたちでいっぱい (1966.1.9、岡山・富町)

"電子頭脳クリーニング機"が登場！実は全自動式洗たく機 (1965.12.3、岡山・清輝橋)

当時は正月が近づくと、餅の"賃つき屋"が各戸を回って稼いでいた (1967.12.28、岡山・大供)

季節の野菜や果物などを満載したリヤカーを耕運機で引っ張って巡回販売する八百屋さん (1966.2.19、岡山・福浜)

岡山大学の入学式。新岡大生一人ひとりが入学宣誓書に署名 (1966.4.8)

1960年代 昭和35年～昭和44年

岡山県初の「モトクロス・オートレース」が旭川の河原で開催（1965.5.8、岡山・中原）

子どもの日の写生大会。対岸には再建中の岡山城（1966.5.5、岡山市）

今日は参観日。みんなちょっぴり緊張気味。ハーモニカ、間違えずに上手に吹けるかな（1966.6.16、岡山・清輝小学校）

空襲で焼失した岡山城の再建工事。天守閣に2体の金のシャチホコが取り付けられた（1966.7.20）

廃棄バスを利用してみんな真剣に書道の練習。上手に書けたかな（1966.9.9、岡山・福浜）

猛暑の中、背にスダレを負って県総合グラウンドで芝刈りをする作業員（1966.8.26）

水島鉄道弥生駅前の公衆電話ボックス。クリーム色のボディーに丸みを帯びた古い屋根がノスタルジックな風景に溶け込むように立つ（1966.9.27、倉敷市連島）

バットマンに鉄人28号、オバQ……テレビ漫画の主人公たちがたくさん並ぶ天満屋岡山店のおもちゃ売り場。「どれにしようかな」（1966.9.22）

岡山・中原橋の旭川河原で、ニンジン洗いが真っ盛り（1966.10.31、岡山市）

天満屋岡山店にあった屋上遊園地。休日には家族で着飾ってデパートのレストランで食事をし、屋上で遊んで帰るのがぜいたくだった（1966.11.20）

茅葺き屋根の葺き替え風景（1966.11.10、奥津町下斎原＝現鏡野町）

美容室はこれから大みそかにかけてきりきり舞いの忙しさ（1966.12.27、岡山・駅前町）

干すと甘みが増すため、おいしい大根の漬物作りには大根干しがかかせない（1966.12.10、現真庭市・落合）

県庁のボーナス日。庁内電話で飲み代の取り立てをするネオン街の"蝶"（1966.12.15）

凍てつく極寒の川に浸かり、和紙の原料のミツマタを素手で洗う婦人（1967.1.19、津山・上横野）

雪に覆われた雄大な中国山地に抱かれて放牧される千屋牛（1967.2、現真庭市）

雪山をバックに、姉さんかぶりにかすりの着物姿の女性たちが奥津温泉名物の"洗濯ダンス"を披露（1967.1.22、現鏡野町）

千屋の人にとって手塩にかけて育てた牛は家族の一員。囲炉裏を囲む団らんのかたわらで、人懐っこそうな黒い牛が牛小屋から顔をのぞかせる（1967.2、新見市）

1960年代 昭和35年～昭和44年

取り壊しが進む岡山市公会堂を県庁屋上から俯瞰（1967.3.2）

この月限りで休校となる下津井西小学校六口島分校。机を並べるのは全校生徒の3姉妹（1967.3.15）

確定申告最終日で、岡山税務署には朝から商店主やバーのマダムなど約千人が詰め掛けてごった返し（1967.3.15、岡山市）

「何をして遊ぶ？」。郊外の草っぱらに幼い子どもたちが集まって何やら楽しそう（1967.4.1、岡山・島田）

道路に金魚すくいが店開き。うまくすくえるかな（1967.5.13、岡山・大供）

マントを翻してパーマンごっこ。その後ろではお母さんたちが井戸端会議（1967.4.29、岡山・古京町）

「何を買おうかな」。屋台の出店のおもちゃに子どもたちは興味津々（1967.6.8、現岡山・表町）

子どもたちは遊びの天才。ちょっとした場所でも、牛乳のふたでメンコ遊び（1967.5.20、岡山・弘西小）

今は岡山市民の憩いの場、西川だが、当時はヘドロとゴミの川。清流を取り戻そうと年に一度の川ざらえ（1967.5.24、岡山市）

トッポ・ジージョの着ぐるみで、映画の宣伝をするオープンカー
(1967.7.21、岡山・柳町)

日生漁港に漁船が続々と帰ってくると、岸壁一帯は戦場のような騒ぎ (1967.5.26、現備前市・日生)

お気に入りの歌手やクラシックのレコードを求める若い人たち
(1967.9.26、現岡山・表町)

「ほ　ほ　ほーたる来い　あっちの水は苦いぞ……」。この時代にはまだ市内の川でホタ
ルが普通に見られた (1967.6.2、岡山・高島)

出石小学校の屋上で交通安全教室 (1968.1.10、岡山市)

底をこすりそうなほど籾を積んでゆっくり進んでいく田船 (1967.11.3、岡山・庭瀬)

川は泣いている。ゴミの不法投棄で
汚れた、岡山市内の中心部を流れる川
(1968.1.25)

雪に閉ざされた凍った雪道では"馬ゾリ"が大活躍。長さ３メートルもある荷台に食料
品などを積んで運ぶ (1968.2.6、現鏡野町)

1968年7月に完成予定の岡山市役所新庁舎建設現場
(1967.11.13)

1960年代 昭和35年～昭和44年

岡山市中心部を南北に貫く電車通り「城下一西大寺町」間の車道部分の全面舗装が完成 (1968.10.15)

保育園でトランポリンを楽しむ園児たち (1968.10.14、岡山・南方)

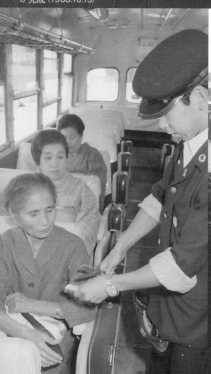

「切符を拝見しまーす」と一人一人切符の確認に回るバスの車掌さん (1967.10.6、岡山市)

岡山駅西口でバスを待つ女子高生たちの制服が衣替えで冬服に (1968.10.1)

7年ぶりの国鉄（現JR）のダイヤ大改正で時刻表のかけ替え作業 (1968.9.30、岡山駅)

旭川の河原で開かれた「若さを発散させるフォークダンスのつどい」(1968.10.16、岡山市)

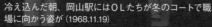

冷え込んだ朝、岡山駅にはOLたちが冬のコートで職場に向かう姿が (1968.11.19)

県庁の学事課で忙しくタイプライターを打つ職員 (1968.12.25)

「第1回万博協賛全国官治宝くじ」の売り場に夢を買い求めて行列が（1968.12.24、岡山市）

喫煙者が増え、タクシーの中でもケースを取り付けてたばこの販売（1968.11.12、岡山市）

京橋の船着きに正月用のミカンを満載したミカン船が接岸（1968.12.16、岡山・京橋）

瀬戸内海国立公園を一望できる岡山県きっての観光スポットだった鷲羽山。19年後の1988（昭和63）年、ここに瀬戸大橋が架かる（1969.3.23、倉敷市）

年の瀬、お歳暮を満載し臨時配達に大忙しの牛乳屋さん（1968.12.16、岡山市）

太陽の日差しもなんのその。丸みのある大きなフレームのサングラス、トンボメガネが大流行（1969.5.4、岡山市）

11年ぶり3日続きの連休となったゴールデンウイーク。宇野港のフェリー乗り場は四国へ向かうマイカーやトラック、バスで終日ごった返しの状態が続いた（1969.5.3、玉野市）

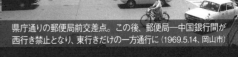
県庁通りの郵便局前交差点。この後、郵便局―中国銀行間が西行き禁止となり、東行きだけの一方通行に（1969.5.14、岡山市）

1960年代 昭和35年〜昭和44年

大阪万博のホステス（コンパニオン）の選考試験を受ける女性たち。24倍という狭き門（1969.5.24、岡山・田町）

本格的な田植えシーズンを迎え、田植え専門の従業者の第一陣が阿哲地方から岡山駅に到着（1969.6.12）

パンパン菓子のおじさんがやって来ると子どもたちが集まってくる。「ぱーん」という大きな音にみんな耳をふさいでいる（1969.8、岡山・中井）

登山ブームもあり、年間55万人が訪れた国立公園の大山。うち約7万人が頂上へ（1969.6.9、鳥取県・大山）

岡山朝日高校の下校風景。友だちとおしゃべりしながら帰る生徒たちも（1969.7.9、岡山・古京町）

新見一足立間を走る蒸気機関車D 51の三重連。緑の山峡を白い煙を三筋上げながらたくましく走る（1969.6.12、新見市・布原信号場付近）

スーパー「いづみ」がオープン。約7万人の買い物客が押しかけた（1969.9.27、岡山・西中山下）

11月は「生命保険の月」。新種保険の売り込みに作戦会議を連日開く生命保険会社。「必勝‼ 執念‼」「前進‼ 繁栄‼」の垂れ幕に気合が入る（1969.10.31、岡山市）

「さあ、準備できたよー」と子どもの声に家族が集まる。日頃は仕事で忙しいお父さんも今日は野球盤ゲームで家族と団らん（1969.11.18、岡山市）

岡北中学校の自転車通学がナップザック通学に。荷台を軽くして安全を確保するため（1969.11.24、岡山市）

ボーナスシーズンに入り、人気のカラーテレビのコーナーには人だかり。この年末には普及率が7軒に1軒から5軒に1軒になる勢い（1969.12.7、岡山市）

ミニスカートとロングスカーフの組み合わせが流行。寒さよりおしゃれを楽しむ女性たち（1969.11.10、岡山市）

神島島民の通勤・通学の足だったミニフェリー。背景に工事中の神島大橋が見えるが、翌年、その完成とともにフェリーは姿を消した（1969.12.16、笠岡市）

旧岡山東署（現在、岡山県立美術館が立地）一城下間道路の舗装工事。広くすっきりした通りへと整備中（1969.11.19、岡山・天神町）

何かと気がせく師走。商店街は人の波、波、波（1969.12.14、岡山・表町）

国内・海外の主な出来事

- 1・28 玉乃島（玉の海、第51代）と北の富士（第52代）が同時に横綱昇進
- 2・3 日本政府が核拡散防止条約に調印
- 2・11 初の国産人工衛星「おおすみ」の打ち上げに成功
- 3・14 日本万国博覧会（大阪万博）開幕（〜9月13日）
- 3・31 日本航空機よど号ハイジャック事件発生
- 6・23 日米安保条約延長に伴う安保反対行動に77万人が参加
- 8・26 植村直己が米・マッキンリー（現デナリ）に登頂、世界初の五大陸最高峰全踏破
- 9・8 厚生省（現厚生労働省）が整腸剤「キノホルム」の使用・販売を中止
- 11・25 三島由紀夫が東京・市ヶ谷の自衛隊内で割腹自殺
- 11・29 初の公害メーデーに82万人が参加

岡山県関係の主な出来事

- 2・10 倉敷市児島文化センター落成
- 3・27 藤原啓が備前焼の重要無形文化財保持者（人間国宝）に指定される
- 3・31 笠岡市神島と本土を結ぶ神島大橋が開通式
- 4・1 鷲羽山スカイラインが開通
- 4・23 国道2号バイパスの妹尾−早島間が開通
- 5・21 中国縦貫自動車道の起工式を落合町で開催
- 6・29 蒜山大山スカイライン開通式
- 7・1 本四連絡橋公園設置、倉敷市などに調査事務所を置く
- 11・2 岡山県総合グラウンド内に建設中だった岡山武道館が竣工
- 11・28 大原美術館でルオーの「道化師（横顔）」など名画5点が盗難

①開通したばかりの鷲羽山スカイライン。1970年、3.3世帯に1台の割合で乗用車が普及し、本格的なマイカー時代が到来。国内に自動車道が張り巡らされていき、「3C」と呼ばれたカー、クーラー、カラーテレビは庶民の願望の的であった（4月5日）
②ミニ綿菓子がつくれるおもちゃの実演販売（8月3日、天満屋岡山店）

世相・流行・話題
公害問題（大気汚染・ヘドロ）、ボウリング、大阪万博、ビートルズ

音楽
圭子の夢は夜ひらく（藤圭子）、今日でお別れ（菅原洋一）、知床旅情（加藤登紀子）、傷だらけの人生（鶴田浩二）、老人と子供のポルカ（左卜全とひまわりキティーズ）、レット・イット・ビー（ザ・ビートルズ）、コンドルは飛んでいく（サイモン＆ガーファンクル）

映画
「家族」「どですかでん」「イージー・ライダー」「明日に向って撃て!」

出版
「誰のために愛するか」（曾野綾子）、「光と影」（渡辺淳一）、「華麗なる一族」（山崎豊子）、「an・an」創刊

テレビ
「大岡越前」「おくさまは18歳」「時間ですよ」「細うで繁盛記」「あしたのジョー」「ありがとう」「キックの鬼」

新商品・ヒット商品
ジムニー、カリーナ、セリカ、象印電子ジャーRH型、トミカ、メリット、ホワイト＆ホワイト、マンダム、ジョア

CM
「モーレツからビューティフルへ」「男は黙ってサッポロビール」「ハヤシもあるでよ」「ディスカバー・ジャパン」

流行語
「ウーマン・リブ」「三無主義」「しらけ」「鼻血ブー」「ズビスバー パパパヤー」

冥友録
榎本健一、円谷英二、大宅壮一、三島由紀夫、内田吐夢、ジミ・ヘンドリックス、ジャニス・ジョプリン

この年こんなことも
大阪・天六ガス爆発事故で死者79人、ビートルズ解散（4月）／松浦輝夫・植村直己がエベレスト（チョモランマ）登頂に成功（5月）／東京都内で初の歩行者天国を銀座、新宿、池袋、浅草で実施（8月）／日立製作所の日立ポンパ号が運行開始（10月）／東京・渋谷で日本初のウーマン・リブ大会開催（11月）

山陽新聞 夕刊

「人類の進歩と調和」かかげ

万国博 お祭り広場で盛大に開会式

はなやかに繰り広げられるマスゲーム

国際色豊かに一万人

雪化粧の会場 こだまする大合唱

高度経済成長による「昭和元禄」の時代風潮を背景に、1970年3月14日、アジア初の国際博覧会として日本万国博覧会（大阪万博、EXPO'70）が大阪・千里丘陵で華々しく開幕。会期183日間の来場者数は約6400万人。21世紀の夢の世界を垣間見ようと、日本の人口の半数を超えるような人々が会場に押し寄せた（3月14日付夕刊）

この年のあなたの年齢	歳	在住

在学（　　年生）・勤務

この年にあなたに起こった出来事

-
-
-
-
-

その出来事に対するあなたの思い

-
-
-

1971 ｜ 昭和 46 年

国内・海外の主な出来事

- 2・23　成田空港第1次強制代執行（9月16日、第2次強制代執行）
- 4・19　ソ連、世界初の宇宙ステーション・サリュート1号打ち上げ
- 5・14　横綱大鵬が引退表明、一代年寄「大鵬」に
- 6・17　沖縄返還協定の調印式挙行
- 7・17　プロ野球オールスター戦で阪神・江夏豊が9連続奪三振
- 7・30　自衛隊戦闘機と全日空機が空中衝突、乗客乗員全員162人死亡
- 8・2　第13回世界ジャンボリーが静岡県朝霧高原で開催される
- 8・15　アメリカが金・ドル交換停止などを実施（ニクソン・ショック）
- 9・27　両陛下が皇室史上初の欧州7カ国親善訪問に出発
- 10・25　中華人民共和国が国連加盟

岡山県関係の主な出来事

- 3・29　岡山市の新鶴見橋開通
- 3・31　井笠鉄道廃止、さよなら列車運行
- 4・1　備前町と三石町が合併して備前市誕生
- 6・18　水島港の船舶廃油処理場が完成
- 7・3　玉野青少年スポーツセンター（現玉野スポーツセンター）が開館
- 7・24　岡山市の西川沿いで初の歩行者天国
- 7・31　日生町鹿久居島の原子力発電所建設計画に反対決起集会
- 8・28　県立博物館開館式（開館は29日）／県営球場のナイター設備完成
- 9・27　井原スモン協議会結成
- 10・1　岡山南警察署開設

①お金はないけど時間はたっぷり――。1960年代後半から70年代にかけて、国内各地の観光地はそんな旅する若者たちであふれ返り、大きなリュックを背負った姿から「カニ族」と呼ばれた。1970年、国鉄（現JR）がディスカバー・ジャパン・キャンペーンを開始すると、やがて若い女性がファッション雑誌を片手に旅行する「アンノン族」も登場、一大旅ブームが起きた（8月27日、倉敷美観地区）

②伯備線の第23西川橋梁を渡る"デゴイチ（D-51型蒸気機関車）"の三重連。消えゆく蒸気機関車（SL）を写真に収めようと空前のSLブームが起こり、山間のスポットにアマチュアカメラマンが殺到（10月3日、新見市西方）

世相・流行・話題

ニクソン・ショック、アンノン族、ホットパンツ、成田空港闘争

音楽

また逢う日まで（尾崎紀世彦）、おふくろさん（森進一）、わたしの城下町（小柳ルミ子）、よこはま・たそがれ（五木ひろし）、青いリンゴ（野口五郎）、イマジン（ジョン・レノン）

映画

「儀式」「ゴジラ対ヘドラ」「ある愛の詩」「ベニスに死す」「小さな恋のメロディ」

出版

「日本人とユダヤ人」（イザヤ・ペンダサン）、「二十歳の原点」（高野悦子）、「戦争を知らない子供たち」（北山修）

テレビ

「天下御免」「おれは男だ!」「仮面ライダー」「新婚さんいらっしゃい!」「スター誕生!」「TVジョッキー」「刑事くん」「天才バカボン」（アニメ）

新商品・ヒット商品

ホンダライフ、VP-1000（Uマチックビデオカセットプレーヤー）、エイトジューク（カラオケ機器）、アメリカンクラッカー、スマイルバッジ、マジックリン、カップヌードル、チェルシー、リッツ

CM

「うーん、マンダム」「ガンバラなくっちゃ」「じゃーにー」「飲んでもらいます」「ふり向かないで―○○の人」

流行語

「脱サラ」「ピース、ピース」「ヘンシーン」「古い奴だとお思いでしょうが」

冥友録

横山エンタツ、内田百閒、平塚らいてう、左卜全、山下清、玉の海正洋、ジム・モリソン、ルイ・アームストロング

この年こんなことも

ザ・タイガースが日本武道館で解散コンサート（1月）／環境庁（現環境省）が発足、マクドナルド日本第1号店オープン（7月）／日清食品がカップヌードル発売（9月）／NHK総合テレビが全放送のカラー化開始（10月）／大映が倒産（12月）

山陽新聞

また旅客機墜落 162人犠牲

全日空727機 史上最大の事故

自衛隊戦闘機が空中衝突

盛岡市西方で訓練中

八十四遺体を発見

札幌発東京行き全日空の旅客機が岩手県雫石の上空で航空自衛隊のジェット戦闘機と空中衝突。全日空機は白煙をあげながら墜落、自衛隊機はバラバラになり、両機とも雫石町付近に落ちた。旅客機の乗客155人と乗員7人の計162人全員が死亡（7月31日付朝刊）

この年のあなたの年齢　　　　　歳　　　　　　　　　　在住

　　　　　在学（　　　年生）・勤務

この年にあなたに起こった出来事

-
-
-
-
-

その出来事に対するあなたの思い

-
-
-

国内・海外の主な出来事

1・24　グアム島で元日本兵の横井庄一元軍曹が発見される
2・3　アジア初の冬季五輪、札幌冬季オリンピックが開幕（日本メダル3個獲得）
2・19　連合赤軍あさま山荘事件
4・16　川端康成が逗子市でガス自殺
5・15　沖縄の施政権が返還され、沖縄県が発足
5・30　日本赤軍がテルアビブ空港で自動小銃を乱射、死者26人
7・16　小結の高見山が外国人力士として初の幕内最高優勝
8・26　ミュンヘン夏季オリンピックが開幕（日本メダル29個獲得）
9・29　田中角栄首相が訪中し、日中国交正常化の共同声明
10・28　ジャイアントパンダ2頭が中国から上野動物園に到着（11月5日公開）

岡山県関係の主な出来事

1・19　県立博物館で県の姿を100年後に伝えるタイムカプセル収納式
3・15　山陽新幹線の新大阪－岡山間が開通
4・16　山陽町（現赤磐市）のマンモス県営団地の入居始まる
5・4　倉敷市民会館が完成
5・7　倉敷市水島地区に初のオキシダント予報と大気汚染注意報発令
5・19　県下10市の県都市公害対策協議会が発足
7・11　豪雨災害で県内の死者16人、全壊270戸
9・19　倉敷市児島唐琴の中池と番東池が相次いで決壊、7棟全壊
9・30　岡山市の石井小学校で火災、木造校舎4棟を全焼
10・22　県知事選挙で長野士郎が初当選

①「ひかりは西へ」をキャッチフレーズに山陽新幹線岡山－新大阪間が3月15日に開業。岡山駅は一時的に西のターミナル駅となり、空前の観光ブームに沸いた。駅舎やバス乗り場、地下街などの整備も進み、都市の玄関口が一新された（岡山駅）
②倉敷市児島稗田の大池の横を走る下津井電鉄のさよなら電車。「下電」の愛称で親しまれた同社の茶屋町－児島間が4月1日、急速なモータリゼーションによるマイカーの普及に太刀打ちできず廃止された（90年12月には児島－下津井間も廃止）

世相・流行・話題
沖縄返還、パンダ（カンカン・ランラン）ブーム、あさま山荘事件、札幌五輪

音楽
女のみち（宮史郎とぴんからトリオ）、喝采（ちあきなおみ）、瀬戸の花嫁（小柳ルミ子）、旅の宿（よしだたくろう）、あの鐘を鳴らすのはあなた（和田アキ子）、学生街の喫茶店（ガロ）、さそり座の女（美川憲一）

映画
「忍ぶ川」「女囚701号／さそり」「約束」「ゴッドファーザー」「時計じかけのオレンジ」「キャバレー」

出版
「恍惚の人」（有吉佐和子）、「日本列島改造論」（田中角栄）、「高校放浪記」（稲田耕三）、「手鎖心中」（井上ひさし）

テレビ
「太陽にほえろ!」「木枯し紋次郎」「パパと呼ばないで」「セサミ・ストリート」「科学忍者隊ガッチャマン」「刑事コロンボ」

新商品・ヒット商品
シビック、カシオミニ、デジタル電子体温計、オロナインH軟膏、梅干茶づけ、ソックタッチ、オールレーズン

CM
「のんびりいこうよ、俺たちは」「さわやか律子さん」「若さだよ、ヤマちゃん!」「ケンとメリーのスカイライン」

流行語
「お客様は神様です」「日の丸飛行隊」「日本列島改造論」「ナウ」「三角大福戦争」「恥ずかしながら」

冥友録
鏑木清方、川端康成、東海林太郎、初代柳家金語楼、伊東深水、中村雨紅、ハリー・S・トルーマン

この年こんなことも
山陽新幹線の高速試験で286km/hの世界最高記録（2月）／高松塚古墳で極彩色壁画を発見（3月）／大阪・千日デパート火災、死者118人（5月）／ミュンヘン五輪で男子バレーが金メダル（9月）／自動車の初心者マーク義務化（10月）／東北自動車道（岩槻IC～宇都宮IC）開通（11月）

日中に善隣友好の新世紀

山陽新聞

田中首相 大任果たしきょう帰国

台湾、断交に憤り

台湾派対策が課題

共同声明 党決議より踏み込む

解散、総選挙含み緊迫

政府 訪中成果に強い自信

日台条約は「終了」

大平外相見解表明 在台公館は閉鎖へ

首相ら上海で交歓

西独も国交

手を振り北京を去る田中首相、左は周首相

29日、田中角栄首相と中国の周恩来首相が北京で日中共同声明に調印。これにより両政府間の国交が正常化した。日本側は過去の戦争で中国国民に重大な損害を与えたことについて「責任を痛感し、深く反省する」と表明、78年には日中平和友好条約を締結（9月30日付朝刊）

この年のあなたの年齢　　　　歳　　　　　　　　　　　在住

在学（　　　年生）・勤務

この年にあなたに起こった出来事

-
-
-
-
-

その出来事に対するあなたの思い

-
-
-

97

国内・海外の主な出来事

1・1　70歳以上の老人医療費の自己負担分が無料に
1・27　パリでベトナム和平協定調印
2・14　円が固定相場制から再び変動相場制に移行
4・12　祝日法改正（振替休日制の導入）
6・4　水産庁が魚介類のPCB汚染を発表
7・25　資源エネルギー庁が発足
8・8　韓国元大統領候補の金大中が東京のホテルで拉致
10・17　第4次中東戦争が勃発し、第1次オイルショックが発生
10・23　江崎玲於奈のノーベル物理学賞受賞が決定
11・1　プロ野球巨人が日本シリーズ9連覇（V9）達成

岡山県関係の主な出来事

2・7　寄島干拓の潮止め工事が着工12年目で完成
2・16　宇野駅構内で貨物列車の脱線転覆事故
4・6　岡山県総合社会福祉センター（現ひらた旭川荘）開所
4・25　岡山国際ホテル開業
8・5　夏まつり・おかやまで歩行者天国（岡山市・柳川一城下間）
9・4　県ふるさと村に「八塔寺」（旧吉永町、現備前市）など6カ所選定
11・1　オイルショックに起因するデマから、各地でトイレットペーパーや洗剤などの買いだめ発生
11・20　瀬戸大橋など本四連絡橋の着工が起工式直前に延期
12・1　岡山スモンの会、損害賠償を岡山地裁に提訴
12・5　ポケットベルのサービス会社、東中国通信サービス創立

①積み木を崩したように線路いっぱいに脱線転覆した貨物列車。2月16日深夜、国鉄（現JR）宇野駅構内で下り貨物列車の34両が脱線し、うち28両が転覆した。岡山鉄道管理局管内では開局以来最大の事故となった（2月17日）
②トイレットペーパーなど紙製品を求める買い物客でごった返すダイエー柳川店（後のトポス柳川店。2004年9月、閉店）。灯油、洗剤の石油関連製品やトイレットペーパーなど日用品が値上がりし、店頭から姿を消した（11月9日）

世相・流行・話題

ベトナム和平、第1次石油危機、省エネ、ツチノコ、同棲時代

音楽

神田川（かぐや姫）、狙いうち（山本リンダ）、恋する夏の日（天地真理）、赤い風船（浅田美代子）、あなた（小坂明子）、恋のダイヤル6700（フィンガー5）

映画

「日本沈没」「恍惚の人」「仁義なき戦い」「ポセイドン・アドベンチャー」「ジャッカルの日」「燃えよドラゴン」

出版

「日本沈没」（小松左京）、「ノストラダムスの大予言」（五島勉）、「不毛地帯」（山崎豊子）、「北ベトナム」（本多勝一）

テレビ

「子連れ狼」「江戸を斬る」「ひらけ！ポンキッキ」「3時にあいましょう」「金曜10時!うわさのチャンネル!!」「ドラえもん」「エースをねらえ！」

新商品・ヒット商品

ランサー、スターレット、エアーポット押すだけ、オセロゲーム、ごきぶりホイホイ、くれ竹筆ぺん、シュガーカット

CM

「ぼくタコの赤ちゃん」「3分間待つのだぞ、腹が減ってもじっとガマンの子であった」「いま、なんどきですか」

流行語

「うちのカミさんがね」「ちょっとだけよ、あんたも好きねえ」

冥友録

大場政夫、杉山登志、大佛次郎、美土路昌一、5代目古今亭志ん生、サトウハチロー、パブロ・ピカソ、ブルース・リー、ジョン・フォード、アベベ・ビキラ

この年こんなことも

東京・渋谷駅のコインロッカーから乳児の死体が発見される（2月）／輪島が初の学生相撲出身の横綱に（5月）／筑波大学開学、太陽神戸銀行（現三井住友銀行）発足（10月）／ヨークセブン（現セブン-イレブン・ジャパン）設立、熊本市大洋デパート火災で死者103人、関門橋が開通（11月）

変動相場制への移行を告げる紙面。市場混乱で2月10日から閉鎖されていた東京外為市場が再開、変動相場制時代に突入した。1ドル＝308円で固定されたスミソニアン体制は1年余りで崩壊。円相場は急騰したが、輸入品の価格はあまり下がらず、消費者は不満を募らせた（2月14日付朝刊）

この年のあなたの年齢　　　　歳　　　　　　　　　　　　在住

　　　　　　　　　在学（　　年生）・勤務

この年にあなたに起こった出来事

・

・

・

・

・

その出来事に対するあなたの思い

・

・

・

99

1974 ｜ 昭和 49 年

第2次田中角栄内閣
三木武夫内閣

国内・海外の主な出来事

1・15　長崎・端島（軍艦島）の炭鉱閉鎖、4月末に無人島に
3・12　小野田寛郎元陸軍少尉が比・ルバング島から30年ぶりに帰国
4・20　東京国立博物館で「モナ・リザ展」開催
5・9　伊豆半島沖地震で死者30人、負傷者102人
8・8　ウォーターゲート事件でニクソン米大統領辞任
8・30　三菱重工本社ビルで時限爆弾が爆発、死者8人
9・1　原子力船むつで放射線漏れ事故
10・8　佐藤栄作のノーベル平和賞受賞が決定
11・18　フォード米大統領来日、現職大統領としては初来日
12・9　金脈問題で田中角栄内閣退陣、三木武夫内閣発足

岡山県関係の主な出来事

3・23　岡山商工会議所ビル落成
4・17　厚生省（現厚生労働省）が岡山市を身体障害者福祉モデル都市に指定
4・25　森永ヒ素ミルク事件の子どもを守る「財団法人ひかり協会」設立
7・1　岡山県地方振興局がスタート
8・24　岡山駅に初の本格的な地下街「岡山一番街」オープン
9・13　県福祉基金を「桃太郎愛のともしび基金」とし1億円の募金開始
10・1　岡山西税務署が開庁
10・27　黒住教が神道山に遷座
12・18　三菱石油水島製油所の重油流出事故で大規模な海洋汚染
12・21　中国縦貫自動車道の美作—落合間が開通

①岡山市の表玄関・岡山駅前に、中・四国初の本格的な地下ショッピングセンター「岡山一番街」（現岡山・駅元町）がオープン。国鉄（現 JR）と地元財界出資の岡山ステーションが40億円をかけて建設したもので、地下1階には東京や大阪の一流専門店など123店が並び、都会流のセンスと最先端のファッションを求める若い女性客などであふれた（8月24日）
② 12 月 18 日夜、倉敷市水島の三菱石油水島製油所の大型タンクに亀裂ができ、約4万3000キロリットルの重油が流出。海上に流れ込んだ重油は黒い帯となって岡山、香川、徳島、兵庫4県の海域を覆った。漁業などに甚大な被害を出し、総額536億円もの損害をもたらした（12月21日、倉敷市下津井）

世相・流行・話題

狂乱物価、便乗値上げ、ベルばら、オカルト、超能力（ユリ・ゲラー）、紅茶キノコ、ハローキティ誕生

音楽

襟裳岬（森進一）、昭和枯れすゝき（さくらと一郎）、うそ（中条きよし）、僕の瞳に小さな太陽（エルトン・ジョン）

映画

「サンダカン八番娼館　望郷」「砂の器」「スティング」「エクソシスト」「エマニエル夫人」「ペーパー・ムーン」「アメリカン・グラフィティ」

出版

「兎の眼」（灰谷健次郎）、「雨やどり」（半村良）、「複合汚染」（有吉佐和子）、「アトラス伝説」（井手孫六）、「かもめのジョナサン」（リチャード・バック）

テレビ

「鳩子の海」「寺内貫太郎一家」「傷だらけの天使」「レッツゴーヤング」「アルプスの少女ハイジ」「宇宙戦艦ヤマト」

新商品・ヒット商品

3ドア冷凍冷蔵庫、コニカ C35EF、幸福行き切符、ゲイラカイト、モンチッチ、蛍光ペン、カップ焼きそばバンバン

CM

「ヒデキ、カンゲキ‼」「あんたら、逃がさへんでぇー」「クイントリックス、あんた英語だーめねー」

流行語

「我が巨人軍は永久に不滅です」「ストリーキング」「さわやかイレブン」

冥友録

山本有三、木村伊兵衛、小唄勝太郎、花菱アチャコ、いわさきちひろ、デューク・エリントン、チャールズ・リンドバーグ

この年こんなことも

徳島・池田高校が部員 11 人で選抜高校野球準優勝、ガッツ石松が WBC 世界ライト級の王座獲得（4月）／北の湖が史上最年少（21歳2カ月）で第 55 代横綱に（7月）／「ベルサイユのばら」が宝塚大劇場で初演（8月）／巨人・長嶋茂雄が引退（10月）／気象庁のアメダス運用開始（11月）

フィリピン・ルバング島に29年1カ月間、第2次世界大戦継続を信じて潜伏していた小野田寛郎元陸軍少尉（51）が、元上官の任務終了と武装解除命令を受け投降、日本政府派遣団本部に到着した。3月12日、帰国。「えらかったのう」——出迎えの父母と涙の対面であった（3月11日付朝刊）

この年のあなたの年齢　　　　　歳　　　　　　　　　　　在住

　　　　　在学（　　　年生）・勤務

この年にあなたに起こった出来事

・

・

・

・

・

その出来事に対するあなたの思い

・

・

・

国内・海外の主な出来事

- 4・4　ビル・ゲイツがマイクロソフト設立
- 4・30　サイゴン陥落によりベトナム戦争終結
- 5・7　エリザベス2世夫妻が訪日（英国の国家元首として初来日）
- 5・16　田部井淳子が女性で世界初のエベレスト登頂に成功
- 6・19　国際婦人年世界会議がメキシコで開催
- 7・5　沢松和子・アン清村組がウインブルドン女子ダブルスで優勝
- 7・17　ソユーズ19号とアポロ18号が初の国際ドッキングに成功
- 7・20　沖縄国際海洋博覧会開幕（～1976年1月18日）
- 9・30　天皇が史上初めてアメリカ合衆国を公式訪問
- 11・15　第1回先進国首脳会議（サミット）が仏・ランブイエ城で開催
- 11・26　国鉄スト権スト実施（～12月4日）

岡山県関係の主な出来事

- 2・11　岡山ターミナルビルがオープン
- 3・10　山陽新幹線岡山―博多間が開業
- 5・1　岡大登山隊がヒマラヤ未踏峰のダウラギリ第5峰の登頂に成功
- 5・31　三菱石油重油流出事故の漁業補償交渉が完了
- 7・14　県立森林公園が奥津町、上齋原村（現鏡野町）にオープン
- 8・11　県内初のバス専用レーンが岡山市に設けられる
- 8・18　三菱石油水島製油所の操業が8カ月ぶりに許可
- 10・16　中国縦貫自動車道吹田―落合間が開通
- 11・12　国勢調査による県人口概数は181万4300人

①日本の原風景を思わせるような、のどかな農村地域を走る備北バスのボンネットバス。高梁市と賀陽町を結んでいた（8月27日、賀陽町西＝現加賀郡吉備中央町西）
②山陽新幹線岡山―博多間（393キロ）が3月10日開業。岡山から東京、九州が完全な1日行動圏に。東京から博多まで全通し、かつて夜行列車が17時間25分かけて結んだ博多―東京間1069キロを、「ひかり」はわずか約7時間で走り抜けた

山陽新聞　（夕刊）　第33200号　昭和50年(1975年)5月17日　土曜日　日刊

女性では初

エベレスト

日本女子隊が登頂成功

女の意地・田部井さん

雪崩での負傷にめげず

女性登山の歩み

エベレスト女子登山隊登頂コース

エベレスト日本女子登山隊（久野英子隊長）の田部井淳子副隊長が、世界最高峰エベレスト（8848メートル、チョモランマ）登頂に女性として初めて成功。最後の350メートルは7時間半かけて登った。30代、1児の母の快挙だった（5月17日付夕刊）
92年に女性初、日本人初の7大陸最高峰登頂も達成。2016年10月、死去

この年のあなたの年齢　　　　歳　　　　　　　　　　　　在住

在学（　　　年生）・勤務

この年にあなたに起こった出来事

・

・

・

・

・

その出来事に対するあなたの思い

・

・

・

1976 昭和51年

三木武夫内閣
福田赳夫内閣

国内・海外の主な出来事

- 2・4 インスブルック冬季オリンピック開幕
- 2・4 米上院公聴会でロッキード社の航空機売り込みをめぐる対日工作が暴露される
- 7・2 ベトナム社会主義共和国成立（南北ベトナム統一）
- 7・4 アメリカ独立宣言200周年
- 7・17 モントリオール夏季オリンピック開幕（日本メダル25個獲得）
- 7・27 ロッキード事件で田中角栄前首相逮捕
- 7・28 中国で唐山地震発生、犠牲者24万人超
- 9・6 ミグ25が函館空港に強行着陸（ベレンコ中尉亡命事件）
- 9・9 毛沢東中国共産党主席が死去。翌月、夫人の江青ら四人組が逮捕される
- 10・11 王貞治が715号本塁打を放ち、ベーブ・ルースの記録を抜く
- 11・10 昭和天皇在位50年式典

岡山県関係の主な出来事

- 3・28 笠岡湾干拓の干陸開始式、排水始まる
- 4・10 第1回「春の岡山桃太郎まつり」開催
- 5・25 岡山大学医学部から薬学を分離、薬学部が設置される
- 7・1 岡山市民文化ホール完成
- 8・1 県に「石油コンビナート防災本部」が発足
- 9・8 台風17号で県内の死者18人、被害総額578億円（〜13日）
- 10・26 日本画家・小野竹喬の文化勲章受章が決まる
- 12・5 ジャスコ岡山店がオープン
- 12・21 ジャンボ宝くじ特設売り場に1万人超が行列

①笠岡市出身の日本画家、小野竹喬が文化勲章受章。11月3日、皇居で文化勲章伝達式が終わり、宮殿東庭で記念撮影。前列中央が竹喬。岡山県出身の文化勲章受章は、仁科芳雄（1946年、原子物理学）、正宗白鳥（1950年、文学）平櫛田中（1962年、木彫）に次いで4人目

②「第126回年末宝くじ」が12月21日、全国で発売開始。1等1000万円40本ということもあり、各地の売り場は大混乱した。岡山県総合グラウンド（岡山・いずみ町）プール入り口の宝くじ特設売り場には、20日午後3時ごろから宝くじを求めて徹夜組が並び始め、午後9時すぎには1300人、当日には1万人が売り場周辺を埋め尽くした。福岡市と長野県松本市では死者も（12月21日）

世相・流行・話題
ロッキード事件、ダウンベスト、レッグ・ウォーマー、ナディア・コマネチ

音楽
山口さんちのツトム君（川橋啓史）、大阪ラプソディー（海原千里・万里）、ペッパー警部（ピンク・レディー）、揺れるまなざし（小椋佳）、東京砂漠（内山田洋とクール・ファイブ）、ホテル・カリフォルニア（イーグルス）、We're all alone（ボズ・スキャッグス）

映画
「犬神家の一族」「愛のコリーダ」「狼たちの午後」「カッコーの巣の上で」「タクシードライバー」「がんばれ!ベアーズ」

出版
「限りなく透明に近いブルー」（村上龍）、「知的生活の方法」（渡部昇一）

テレビ
「桃太郎侍」「赤い運命」「徹子の部屋」「クイズダービー」「キャンディ・キャンディ」「クイズ・ドレミファドン！」

新商品・ヒット商品
アコード、ロードパル、キヤノンAE-1、HR-3300（VHSビデオデッキ）、どん兵衛きつねうどん

CM
「ゆれる、まなざし」「どっちが得か、よーく考えてみよう」「ラッタッタ」

流行語
「記憶にございません」「グワシッ!!」「わかるかなー、わかんねえだろうなー」「みんな悩んで大きくなった」

冥友録
檀一雄、有本芳水、難波仁斎、武者小路実篤、アガサ・クリスティ、ルキノ・ヴィスコンティ、ハワード・ヒューズ、周恩来、毛沢東、ジャン・ギャバン

この年こんなことも
大和運輸（現ヤマト運輸）が「宅急便」開始、日本初の五つ子誕生（1月）／アントニオ猪木対モハメド・アリの異種格闘技戦開催（6月）／東急ハンズ設立（8月）／具志堅用高がWBA世界ジュニアフライ級王者に（10月）／1等1000万円の年末ジャンボ宝くじ発売（12月）

田中角栄前首相逮捕を伝える紙
面。ロッキード社の工作資金を
受け取っていたのは田中角栄前
首相だった——記事書き出しの
一文が語るように、首相経験者
が逮捕されるのは昭和電工疑獄
の芦田均以来2人目だが、その
衝撃は芦田の比ではなかった。7
月27日、東京地検特捜部は外
為法違反容疑で、党内最大派
閥の田中派を擁し政界に強い影
響力を行使していた"目白の闇将
軍"を逮捕（7月27日付夕刊）
その後、一、二審とも懲役4年
の有罪判決を受け、最高裁に上
告中の1993年に死去

この年のあなたの年齢　　　　歳　　　　　　　　　　　在住

　　　　　　在学（　　　年生）・勤務

この年にあなたに起こった出来事

・

・

・

・

・

その出来事に対するあなたの思い

・

・

・

105

1977 昭和52年

福田赳夫内閣

国内・海外の主な出来事

1・27　ロッキード事件「丸紅ルート」初公判（31日、全日空ルート初公判）
2・10　日米漁業協定調印（200カイリ排他的経済水域の設定）
3・15　保母資格が男性でも取得可能になり、保父が正式認可
4・29　全日本柔道選手権で山下泰裕が19歳の史上最年少で初優勝
5・2　大学入試センターが発足
7・1　領海法施行で日本の領海を海岸より12海里と規定
7・14　日本初の気象衛星ひまわり、米ケネディ宇宙センターから打ち上げ
9・3　王貞治が対ヤクルト戦でホームラン世界新記録の756号を達成
9・5　王貞治が初の国民栄誉賞を受賞
9・28　日本赤軍によるダッカ日航機ハイジャック事件が発生

岡山県関係の主な出来事

4・1　ヤングテレホン（青少年の悩み相談電話）開設
4・3　備前市に県備前陶芸会館が開館
4・13　成羽町（現高梁市）の「吹屋ふるさと村」が開村
4・27　総社市の備中総社宮本殿が焼失
5・3　吉備郡真備町（現倉敷市）の「たけのこ村」が開村
5・18　高梁・吹屋地区が国の重要伝統的建造物群保存地区に選定
7・1　岡山ブルーハイウェイ（現岡山ブルーライン）開通
7・21　水玉ハイウェイ（現水玉ブリッジライン）開通
8・1　岡山県を主会場に全国高校総合体育大会（インターハイ）開幕
9・16　県青少年保護育成条例スタート

①8月1日、高校生最大のスポーツの祭典・全国高校総合体育大会（インターハイ）が岡山県総合グラウンド陸上競技場で開幕。午後4時、ファンファーレが高らかに開会を告げると、皇太子夫妻が見守るなか全国から集まった8300人の選手らが入場、最後の47番目に岡山県選手団が入場
②倉敷市の水島と玉島地区を結ぶ水玉ハイウェイ（水島玉島産業有料道路、現水玉ブリッジライン）が着工以来6年ぶりに完成。7月21日、一般開放された。水島料金所で開通式が行われ、白バイに先導されて約60台が通り初めのパレードをし、地元幼稚園児や地区民らが沿道で日の丸の小旗で歓迎

世相・流行・話題

円高、カラオケ、テレビゲーム、電線音頭、平均寿命世界一

音楽

勝手にしやがれ（沢田研二）、津軽海峡・冬景色（石川さゆり）、UFO（ピンク・レディー）、We are the champions（クイーン）、ストレンジャー（ビリー・ジョエル）

映画

「幸福の黄色いハンカチ」「八甲田山」「八つ墓村」「宇宙戦艦ヤマト」「ロッキー」「スター誕生」「ネットワーク」

出版

「泥の川」（宮本輝）、「本居宣長」（小林秀雄）、「間違いだらけのクルマ選び」（徳大寺有恒）、「エーゲ海に捧ぐ」（池田満寿夫）、「ルーツ」（アレックス・ヘイリー）

テレビ

「岸辺のアルバム」「特捜最前線」「地上最強の美女たち―チャーリーズ・エンジェル」「アメリカ横断ウルトラクイズ」

新商品・ヒット商品

チェイサー、シャレード、AppleⅡ、プリントゴッコ、ビックリマンチョコ、チュッパチャプス、サッポロびん生「黒ラベル」、宝焼酎「純」、マイルドセブン

CM

「トンデレラ　シンデレラ」「読んでから見るか、見てから読むか」「ファイト！一発！」

流行語

「たたりじゃー」「天は我々を見放した」「普通の女の子に戻りたい」「話がピーマン」「落ちこぼれ」

冥友録

田中絹代、江田三郎、近衛十四郎、海音寺潮五郎、土師清二、守分十、エルヴィス・プレスリー、ビング・クロスビー、チャールズ・チャップリン、マーク・ボラン、H.A.レイ、マリア・カラス

この年こんなことも

青酸コーラ無差別殺人事件（1月）／樋口久子が全米女子プロゴルフ選手権でアジア人初の優勝（6月）／キャンディーズ引退宣言（7月）／横浜の住宅街に米軍ファントム機が墜落（9月）／白黒テレビ放送が廃止（10月）

9月28日、パリ発東京行き日本航空機がインドのボンベイ（現ムンバイ）空港を離陸後、武装した日本赤軍の5人組にハイジャック。10月1日、福田赳夫首相が「一人の生命は地球より重い」と、日本で拘置服役中の同志9人の釈放と身代金600万ドル（約16億円）の要求を「超法規的措置」として受け入れ。以後、段階的に人質は解放。乗客乗員156人（乗員14人、乗客142人うち日本人乗客85人）は無事解放されたものの、テロに屈したと国内のみならず諸外国からも大きな批判を浴びた（9月29日付朝刊）

この年のあなたの年齢　　　　　歳　　　　　　　　在住

在学（　　　年生）・勤務

この年にあなたに起こった出来事
-
-
-
-
-

その出来事に対するあなたの思い
-
-
-

1978 昭和53年

福田赳夫内閣
第1次大平正芳内閣

国内・海外の主な出来事

- 4・4　キャンディーズが後楽園球場に観衆5万5千人を集めて解散コンサート
- 4・29　植村直己が北極点に犬ぞりによる世界初の単独到達に成功
- 5・20　新東京国際空港（現成田国際空港）開港
- 5・23　初の国連軍縮特別総会開幕
- 7・5　農林水産省が発足（農林省を改称）
- 7・25　イギリスで世界初の体外受精児「試験管ベビー」が誕生
- 8・12　日中平和友好条約調印
- 10・16　青木功がゴルフ世界マッチプレー選手権で初優勝
- 10・17　靖国神社が東条英機らA級戦犯14人を合祀
- 11・21　プロ野球「空白の一日」（江川事件）発生

岡山県関係の主な出来事

- 1・21　岡山スモン訴訟、第一次和解
- 3・31　赤ちゃんの死亡率（昭和52年度）が乳児、新生児、周産期とも全国最低を記録
- 4・＿　県栽培漁業センター（現県農林水産総合センター水産研究所）が牛窓町（現瀬戸内市）に開業
- 8・26　山陽自動車道備前－姫路間起工式
- 9・2　過激派が岡山など4警察施設に発火装置を仕掛ける
- 9・19　本四架橋による損失補償を要求し、旅客船協会が一斉停船
- 9・25　百間川遺跡から弥生中期のガラス工房跡発見
- 10・10　瀬戸大橋着工、鷲羽山と番の州で起工式
- 10・28　中国（縦貫）自動車道北房－三次間開通
- 12・12　倉敷駅前再開発工事地鎮祭

①現在の岡山市北区野田屋町にあったディスコ「オープン・ステージ・ファイブ」で踊る若者たち。映画「サタデー・ナイト・フィーバー」の大ヒットなどにより、日本全国にディスコブームが巻き起こった（9月9日）
②瀬戸大橋のくわ入れ式、起工・祝賀式が鷲羽山展望台に設けられた児島会場で行われた。瀬戸内の新時代を予感させる大きな期待と、騒音や漁業への影響など数々の問題を残したままの不安と戸惑いが混在した起工式であった（10月10日）

世相・流行・話題

ディスコ、サーファールック、ニュートラ・ハマトラ、タンクトップ、サラ金地獄

音楽

君のひとみは10000ボルト（堀内孝雄）、微笑がえし（キャンディーズ）、カナダからの手紙（平尾昌晃・畑中葉子）、いい日旅立ち（山口百恵）、勝手にシンドバッド（サザンオールスターズ）、わかれうた（中島みゆき）、セプテンバー（アース・ウィンド・アンド・ファイアー）

映画

「サード」「野生の証明」「スター・ウォーズ」「未知との遭遇」「サタデー・ナイト・フィーバー」「ワイルド・ギース」

出版

「和宮様御留」（有吉佐和子）、「海を感じる時」（中沢けい）、「不確実性の時代」（ガルブレイス）

テレビ

「西遊記」「熱中時代」「白い巨塔」「吉宗評判記　暴れん坊将軍」「ザ・ベストテン」「24時間テレビ『愛は地球を救う』」

新商品・ヒット商品

ミラージュ、プレリュード、フロントホックのブラジャー、パンパース、ホカロン、赤いきつねうどん、とんがりコーン

CM

「あんたが主役」「ピカピカの1年生」「いい日旅立ち」

流行語

「口裂け女」「嫌煙権」「ナンチャッテおじさん」「フィーバー」「窓際族」

冥友録

花森安治、安田靫彦、柴田錬三郎、水原弘、古賀政男、山岡荘八、大松博文、佐野周二、東郷青児

この年こんなことも

第1回日本アカデミー賞開催、東池袋に60階建ての超高層ビル「サンシャイン60」開館（4月）／郵便貯金がオンライン化、巨人・王貞治が800号本塁打達成（8月）／プロ野球ヤクルトが阪急（現オリックス）を破り球団創立29年目でセ・リーグ初優勝（10月）／俳優の田宮二郎が自宅で猟銃自殺（12月）

英国で7月25日深夜（日本時間26日朝）、帝王切開で世界初の試験管ベビーが誕生。女の赤ちゃんで、体重は2600グラム、母子ともに元気。世論の大勢は「不妊症に悩む女性に希望を与えた。現代科学の奇跡だ」と、試験管ベビーの誕生を歓迎した（7月26日付夕刊）

この年のあなたの年齢　　　　　歳　　　　　　　　　　在住

　　　　在学（　　　年生）・勤務

この年にあなたに起こった出来事

・

・

・

・

・

その出来事に対するあなたの思い

・

・

・

1979 昭和54年

第1～2次大平正芳内閣

国内・海外の主な出来事

1・13　初の国公立大学共通一次試験実施（〜14日）

1・26　三菱銀行（現三菱東京UFJ銀行）人質事件。犯人の梅川昭美、射殺

3・26　エジプトとイスラエルが平和条約に調印

3・28　アメリカのスリーマイル島原子力発電所で放射能漏れ事故

5・4　イギリスでサッチャーが首相に就任（先進国初の女性首相）

6・28　アジア初の先進国首脳会議が東京で開催（東京サミット）

7・11　東名日本坂トンネル事故、死者7人、焼失車両173台

10・7　自民党内で大平首相の退陣要求（40日抗争）始まる

11・18　第1回東京国際女子マラソン開催

12・27　ソ連がアフガニスタンへ侵攻

岡山県関係の主な出来事

3・17　「瀬戸内2001大博覧会」開幕（入場者数133万人）

4・6　岡山市立オリエント美術館開館

4・23　邑久町（現瀬戸内市）に岡山勤労者いこいの村オープン

5・26　県中北部にヒョウが降り、農作物に被害

6・2　高梁市の「石火矢町ふるさと村」開村

8・13　柵原町（現美咲町）の柵原いこいの広場に人工スキー場オープン

10・1　岡山大学歯学部開学

10・19　岡山大山岳会がヒマラヤ未踏峰ガネッシュ・ヒマールII峰（ラプサン・カルボ、7150m）に登頂成功

11・5　岡山県郷土文化財団が発足

①山陽新聞創刊100周年を記念し、「瀬戸内2001大博覧会」が3月17日、現在の岡山市南区藤田で開幕。「光・エネルギー・人との調和」をテーマに、15万平方メートルの会場にレーザー光、エレクトロニクスなど最先端技術を展示。宙返りコースターも人気を呼び、6月17日までの会期中に133万人が入場した（3月17日）
②テーブルにはめ込まれた小さなブラウン管上で、宇宙侵略者と攻防戦——全国の喫茶店という喫茶店にテーブルゲームが置かれ、100円玉をテーブルにつみ上げて「インベーダーゲーム」に熱中する人が続出。若者だけでなくサラリーマン、主婦など幅広い層に爆発的な人気を呼んだ（5月23日）

世相・流行・話題

第2次石油危機、インベーダーゲーム、ダウンジャケット、天中殺、ビニ本

音楽

君の朝（岸田敏志）、舟唄（八代亜紀）、魅せられて（ジュディ・オング）、おもいで酒（小林幸子）、関白宣言（さだまさし）、YOUNG MAN（西城秀樹）、大阪で生まれた女（BORO）、異邦人（久保田早紀）

映画

「復讐するは我にあり」「あゝ野麦峠」「ディア・ハンター」「スーパーマン」「エイリアン」「チャンプ」「蘇える金狼」

出版

「血族」（山口瞳）、「天中殺入門」（和泉宗章）、「四季・奈津子」（五木寛之）、「ジャパン・アズ・ナンバーワン」（エズラ・F・ヴォーゲル）

テレビ

「3年B組金八先生」「必殺仕事人」「西部警察」「ズームイン!!朝!」「ドラえもん（第2作）」「探偵物語」

新商品・ヒット商品

アルト、ウォークマン、キヤノンオートボーイ、超音波美顔器、ぶら下がり健康器、うまい棒

CM

「燃えろいい女」「セクシャル・バイオレットNo.1」「百恵の、赤い靴。」

流行語

「ウサギ小屋」「エガワる」「キャリア・ウーマン」「熟年」「ダサい」「ナウい」

冥友録

小野竹喬、木村毅、大下弘、竹鶴政孝、三遊亭圓生（6代目）、初代水谷八重子、朝永振一郎、平櫛田中、ジョン・ウェイン、ヴァン・マッコイ

この年こんなことも

上越新幹線の大清水トンネル貫通。2万2228mで世界最長（1月）／長谷川恒男がグランド・ジョラス北壁冬季単独初登頂（3月）／近鉄が参入30年目でパ・リーグ初優勝（10月）／リニアモーターカーが宮崎実験線で世界最高速度504キロを記録（12月）

（1）15版　山陽新聞　第34525号　昭和54年（1979）1月29日　月曜日　日刊

人質強盗の梅川逮捕

三菱銀事件　警官が強行突入　そ撃

山陽新聞

機動隊突入し逮捕

人質の25人全員無事救出

42時間ぶり恐怖から解放

首に銃創・9時間後死亡

梅川昭美

9ない16ページ

旭川ダムへ乗用車

大阪市の三菱銀行（現三菱東京 UFJ 銀行）北畠支店に猟銃を持った男が押し入り、客と行員30人以上を人質に立てこもった。行員を楯代わりに並ばせ、警官2人と支店長・行員の計4人を射殺するなど、残忍で異常な犯行は日本の犯罪史上稀に見る大事件であった。犯人の梅川昭美は発生から2日後、大阪府警特殊部隊により射殺された（1月29日付朝刊）

この年のあなたの年齢　　　　歳　　　　　　　　　　　　在住

在学（　　年生）・勤務

この年にあなたに起こった出来事

-
-
-
-
-

その出来事に対するあなたの思い

-
-
-

「1日1本牛乳を」。牛乳の消費拡大運動を受け、出勤前に牛乳を飲むOL(1970.3.10、岡山・内山下)

リヤカーを押して廃品回収に回る小学生。いっぱい集めるよ～(1970.6.5、岡山・田町)

アーカイブ岡山
1970年代
昭和 45 年～昭和 54 年

ベルトコンベヤーで流れてくる靴を手際よく加工してスニーカーに(1970.6.8、岡山・厚生町)

"進学戦争"を反映し、塾はどこも大はやり(1970.6.10、岡山・北方)

岡山市の西川筋は、青空駐車で車が数珠つなぎ(1970.6.11、岡山市

コイン時代到来。百円紙幣が硬貨へ切り替わったのを受け、岡山市内の銀行でも大活躍の硬貨計算機。1分間に百円硬貨約750個を勘定し、自動包装(1970.2.18、岡山・内山下)

網やバケツを片手に、フナやハエを追い回して魚取りに夢中の子どもたち(1970.5.21、岡山市

赤色の大きなタコ山すべり台が名物の西中山下児童公園。元気な子どもの声が響く（1970.6.24、岡山・蕃山町）

児島湖を埋め立てて造り、西日本一の規模といわれた岡山県運転免許試験場（1970.6.30、岡山・郡）

ミニスカートで商店街を闊歩する女性たち（1970.8.12、岡山市）

上向きの鼻、大きな口、ソバカス顔、どう見ても美人とは思えない“アドちゃん人形”が大人気1970.9.28、岡山市）

岡山駅のホーム案内係のレコード・サービス。新婚旅行への旅立ちには「結婚行進曲」も（1970.10.5）

「自分でつけてみないと分からない」。男性用かつら講習会で参加した理容師さん30人が黒髪をバッサリ（1970.9.28、岡山市）

交通量の多い倉敷駅前付近。都市再開発の整備が急がれる（1970.10.17）

黄色い帽子に緑の腕章の婦人交通指導員が子どもや老人の手をとって交通指導（1970.8.18、岡山・柳川）

1970年代 昭和45年〜昭和54年

たばこ屋の店先に置かれた子ども相手の街頭パチンコ。10円で玉が7個もらえ、チンチンジャラジャラ。ただし、景品交換はなし（1970.12.31、岡山・番町）

マネキン警官。グレーの夏服からひと月遅れで真新しい冬服にペンキで衣替え（1970.11.9、岡山・大雲寺町）

寒波襲来で、練炭の付け火になくてはならない木炭が引っ張りだこ（1970.12.1、岡山・内山下）

高島屋岡山店が進出する予定の岡山駅前（1970.12.4）

着工以来7年ぶりに完成した島田の地下道（通称チンチンガード）の開通式（1971.1.26、岡山・島田）

カーステレオの普及で人気のミュージックテープ。ドライバーにとって今や必需品（1971.2.3、岡山市）

黄ヘルメットの作業員約60人が電柱によじ登り、地上約14メートルの高さでアルミ電線に張り替え（1971.1.10、岡山・幸町）

静かなブームを呼んでいる美容・健康器具。デパートやスーパー、運動具店などにお目見え（1971.1.30、岡山市）

櫓こたつにストーブの暖かい部屋で、家族みんな集まってトランプゲーム（1971.2.23、岡山・柳町）

カッコよりも安全！ ヘルメット着用で通学する真備高校（現明誠学院高校）の生徒たち（1971.4.12、岡山市）

新入社員研修で、電話のかけ方や職場での話し方などを講師から学ぶフレッシュマン（1971.3.20、岡山・赤坂台）

ブームはミニスカートからホットパンツに。活動しやすさと着心地のよさで若い女性に大流行（1971.4.11、岡山市）

長髪にアイビールックの若者。脇には定番の紙袋（1971.8.20、岡山・表町）

かつては町でよく見かけた貸本屋さん。高度経済成長期の昭和30年代後半には姿を消しかけていた（1971.4.15、岡山・清輝橋）

顧客データが記入された「理容カルテ」さえあれば、"コックリ、コックリ"居眠りされても大丈夫（1971.7.22、岡山・磨屋町）

名作の呼び声が高いアメリカ映画「ある愛の詩」が封切られるやいなや映画館には連日長蛇の列（1971.7.21、岡山・駅前町）

1970年代 昭和45年〜昭和54年

おしゃれな制服の女子職員。人手確保と企業PRを兼ねて、制服の"ファッション革命"が進行中 (1972.1.19、岡山・野田屋町)

田も山々も雪に覆われた中、紙の原料のミツマタを運ぶ女性たち (1972.1、現美作市)

みんなが待ちに待っている移動図書館。「今日は何を借りようかな」(1972.1.18、岡山・玉柏)

子どもたちの遊具ホッパラー。ツバの上に乗ってバランスをとったりジャンプをしたり……(1971.11.28、岡山市)

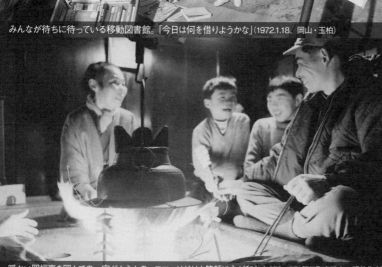

暖かい囲炉裏を囲んでの一家だんらんの一コマ。はじけた笑顔に心が和む (1972.1.25、勝田町木地山=現美作市)

岡山駅南側にあったカバヤ食品と林原モータープール。現在はイオンモール岡山が立つ (1972.2.8、岡山市下石井)

伝統の角帽をかぶり通学する岡山朝日高校の男子生徒 (1972.1.29、岡山市)

アメリカのヒッピー文化などの影響を受け、日本で本格的にジーンズがブームに（1972.5.11、岡山・柳川）

軽快に夏の空の下を歩くミニスカートの女性たち（1972.8.23、岡山駅前）

「もしもし?」。県立児童会館（現人と科学の未来館サイピア）に展示されたテレビ電話に子どもたちは喜んだり驚いたり（1972.8.11、岡山・上伊福）

贈答用の洗濯用洗剤。大きなポリ容器で販売されていた（1972.8.12、岡山市）

高層ビル計画が進む広大な岡山駅前広場一帯（1972.5.25）

険しく細い山道を加茂牛が行く。鉄や食料を運び、かつては人々に欠かせなかった（1972.2、現津山市）

石井小学校で昼火事。4棟33教室を焼く。児童は全員無事

1970年代 昭和45年～昭和54年

昔はすべて手書き。株式市況を掲示板に書き込む大和証券岡山支店の社員（1972.12.5、岡山市）

仕事帰りに、きゅーっと一杯。屋台のおばちゃんと話が弾む（1972.11.23、岡山・田町）

百円硬貨も使える公衆電話が岡山駅と倉敷駅に登場。でも、おつりは出ません（1972.12.8、岡山駅）

ラーメンにうどん、アイスクリーム……いろんな食べ物の自動販売機がズラリと並んだドライブイン（1975.8.19、倉敷・下庄）

いつもいっぱいの人だった岡山駅の公衆電話（1974.4.28）

書店の雑誌コーナーはいつも何重にも人垣ができていた（1975.9.6、岡山・番街）

世界の短波放送をキャッチ！ 中・高生らに大人気のBCLラジオの特設販売コーナー（1975.9.20、岡山市）

ファッションタウン「ジョリー」がオープン。この日だけで3万人の買い物客を記録した（1975.1.25、岡山・中山下）

携帯電話やPHS、ポケットベルもなかった当時、駅の待ち合わせなどで人と人をつないだのは黒板とチョークの「伝言板」(1977.2.3、岡山市)

学生のマイカー通学に頭を悩ませる岡山大。対抗策として構内の速度制限や門の閉鎖などで交通規制 (1978.3.24、岡大津島キャンパス)

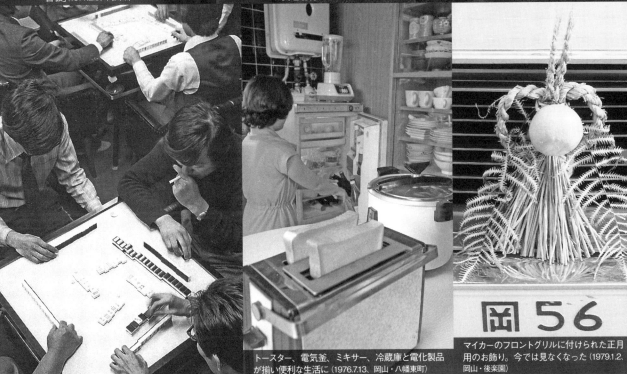

トースター、電気釜、ミキサー、冷蔵庫と電化製品が揃い便利な生活に (1976.7.13、岡山・八幡東町)

マイカーのフロントグリルに付けられた正月用のお飾り。今では見なくなった (1979.1.2、岡山・後楽園)

ジャラジャラと賑やかな雀荘。仕事帰りにマージャンを楽しむ会社員 (1978.2.20、岡山・柳町)

ドライバーの目を引く逆さまの喫茶店。外観だけでなく店内も天井に机がくっついている徹底ぶり (1979.9.29、都窪郡早島町)

全国225試験会場で行われた初の共通一次試験。キッとした表情の受験生 (1979.1.14、岡山大学)

焼けつく真夏の太陽の下、渋川で海水浴を楽しむ水着姿の女性たち (1979.8.4、玉野市)

1980 | 昭和 **55** 年

第2次大平正芳内閣
鈴木善幸内閣

国内・海外の主な出来事

- 1・26　エジプトとイスラエルが国交樹立
- 2・13　レークプラシッド冬季オリンピック開幕（日本メダル1個獲得）
- 5・23　黒澤明監督の「影武者」がカンヌ映画祭でパルム・ドール賞受賞
- 6・1　具志堅用高がJフライ級世界タイトルを12回防衛の世界記録
- 6・12　大平正芳首相の急死で内閣総辞職
- 6・22　初の衆参同日選挙、自民党勝利。翌月、鈴木善幸内閣発足
- 7・19　モスクワ夏季オリンピック開幕、日本など約60カ国が不参加
- 9・17　ポーランドで独立自主管理労働組合「連帯」結成
- 9・22　イラン・イラク戦争勃発
- 12・8　ジョン・レノンがニューヨークの自宅前で射殺される
- 12・12　日本の自動車生産台数が世界1位に

岡山県関係の主な出来事

- 3・6　鯉ヶ窪湿生植物群落が国の天然記念物に指定
- 4・1　県警が「覚せい剤110番」開設
- 4・19　岡山厚生年金休暇センター（現サントピア岡山総社）が総社市に開所
- 5・6　岡山スモン訴訟患者6人が全国初の「推定証明」で和解
- 5・18　県下の難病4団体が連絡協議会を結成
- 6・2　倉敷市の新市庁舎落成式
- 7・27　第18回全国スポーツ少年大会が玉野市で開幕
- 8・4　県下84団体で暴力追放県民会議を結成
- 10・1　国勢調査による県人口187万1023人
- 11・1　くらしきシティプラザが倉敷駅前にオープン

①この年、ハンガリーの建築学者エルノー・ルービックが発明した立体パズル「ルービックキューブ」が日本で発売され大人気に。1個1980円。わずか8カ月で400万個も売れ、翌年の岡山市内の玩具店でもこんな光景がよく見られた（1981年1月13日）②6月2日、倉敷市役所新庁舎（倉敷市西中新田）が完成。手掛けたのは倉敷にゆかりの深い建築家、浦辺鎮太郎。単独で見ると西洋風の外観が白壁の町並みにそぐわなく見えるが、彼が他に手掛けた倉敷アイビースクエア、倉敷中央病院、倉敷市民会館などとともに見ると、新旧の建築物が交じり合い倉敷の魅力を増している

世相・流行・話題

電気・ガス料金大幅値上げ、漫才ブーム、竹の子族、なめ猫、テクノポップ

音楽

ダンシング・オールナイト（もんた&ブラザーズ）、雨の慕情（八代亜紀）、裸足の季節（松田聖子）、大都会（クリスタルキング）、乾杯（長渕剛）、不思議なピーチパイ（竹内まりや）

映画

「影武者」「クレイマー、クレイマー」「地獄の黙示録」「スター・トレック」

出版

「蒼い時」（山口百恵）、「なんとなく、クリスタル」（田中康夫）、「嫉妬」（森瑶子）、「コスモス」（C.セーガン）

テレビ

「ザ・ハングマン」「池中玄太80キロ」「ケンちゃんチャコちゃん」「THE MANZAI」「シルクロード」

新商品・ヒット商品

ゲーム&ウォッチ、ルービックキューブ、チョロQ、ウォシュレット、ポカリスエット、ビオレ洗顔フォーム

CM

「それなりに写ります」「Ride on time」「いまの君はピカピカに光って」「少し愛して、ながーく愛して」

流行語

「赤信号みんなで渡ればこわくない」「カラスの勝手でしょ」「とらばーゆ」「ぶりっ子」「おこっちゃヤーヨ」

冥友録

初代林家三平、大平正芳、嵐寛寿郎、越路吹雪、新田次郎、黒田三郎、アルフレッド・ヒッチコック、ジョン・レノン、スティーブ・マックイーン、ビル・エヴァンス

この年こんなことも

第1回の全国規模のホワイトデー（3月）／静岡駅前地下街のガス爆発で死傷者200人以上、新宿西口バス放火事件（8月）／巨人・長嶋茂雄監督が退任（10月）／山口百恵と三浦友和が結婚、巨人・王貞治が現役引退、神奈川金属バット両親殺害事件（11月）

（1）15版　〔略号〕昭和25年3月27日第3種郵便物認可／昭和24年7月7日会員新聞発送開始第45号　山陽新聞　第35015号　昭和55年（1980年）6月13日　金曜日　日刊　山陽新聞

政局一気に緊迫
後継政権が焦点

大平首相死去

臨時代理に伊東氏
職務執行内閣で事務処理継続

世代交代に拍車
当面は選挙へ全力
自民

サミット派遣決定
外相・蔵相・通産相

内外施策遂行に全力
冠婚葬祭に高
度な決断サク

大平正芳首相急死を報じる紙面。史上初めての衆参同日選期間中に倒れ入院中の大平首相が心筋梗塞で死去した。現職首相の死亡は戦後初めて（6月13日付朝刊）
「弔い合戦」を訴えた自民党が衆院284人（定数511）、参院69人（定数126）当選と圧勝した

この年のあなたの年齢　　　　　歳　　　　　　　　　　　在住

　　　　　　　　　在学（　　　年生）・勤務

この年にあなたに起こった出来事

・

・

・

・

・

その出来事に対するあなたの思い

・

・

・

1981 | 昭和56年

鈴木善幸内閣

国内・海外の主な出来事

- 1・20　ロナルド・レーガンがアメリカ大統領に就任
- 2・23　ローマ法王ヨハネ・パウロ2世が来日
- 3・2　中国残留日本人孤児47人が初の正式来日
- 3・20　神戸市で「ポートピア'81」が開幕（開会式3月19日〜9月15日）
- 3・31　ピンク・レディーが後楽園球場で解散コンサート
- 4・12　アメリカでスペースシャトル「コロンビア」が打ち上げに成功
- 4・18　敦賀原子力発電所で高濃度の放射能漏れ事故
- 6・15　パリで日本人留学生が猟奇殺人事件で逮捕
- 7・29　チャールズ皇太子がダイアナ・スペンサーと結婚
- 8・22　台湾の航空機事故で作家の向田邦子を含む110人が死亡
- 10・19　福井謙一のノーベル化学賞受賞が決定

岡山県関係の主な出来事

- 4・1　吉備高原都市の福祉工場第1号の「吉備松下」で入社式
- 4・6　岡山市と中国・洛陽市が友好都市縁組に調印
- 4・19　第1回「吉備路・山陽マラソン大会（現そうじゃ吉備路マラソン）」が開催される（参加者1100人）
- 5・3　吉備高原都市の起工祝賀式が賀陽町（現吉備中央町）で行われる
- 9・30　20数年ぶりに県議会が苫田ダム建設に同意
- 10・10　岡山勤労身体障害者体育センター完成
- 11・4　倉敷駅ビル建設工事地鎮祭が行われる
- 11・7　初の名誉県民顕彰式。藤原啓、土光敏夫、高畑浅次郎が受賞
- 11・21　新岡山空港設置許可、1988年3月11日開港へ
- 12・9　楯築遺跡（倉敷市矢部）が国の史跡に指定される

①第1回「吉備路・山陽マラソン大会」で、岡山県陸上競技場（現岡山県総合グラウンド陸上競技場）をスタートするランナーたち。県内外から1100人が参加し、35キロ、15キロ、5キロの3コースを疾走（4月19日）
②レンタルレコード店が相次いでオープン。定価の1割ほどで聴きたいレコードを貸してくれるとあって大人気。ほとんどの場合、借りたレコードはテープに録音しているとみられ、レコード店の中には、売り上げがダウンしたところも（5月28日、岡山市内）

世相・流行・話題

校内暴力、トットちゃん、レンタルレコード、ノーパン喫茶

音楽

ルビーの指環（寺尾聰）、セーラー服と機関銃（薬師丸ひろ子）、悪女（中島みゆき）、長い夜（松山千春）、ニューヨーク・シティ・セレナーデ（クリストファー・クロス）

映画

「駅／STATION」「セーラー服と機関銃」「レイダース／失われたアーク（聖櫃）」「郵便配達は二度ベルを鳴らす」

出版

「窓ぎわのトットちゃん」（黒柳徹子）、「もっと遠く!南北両アメリカ大陸縦断記・北米篇」（開高健、水村孝）、「蒲田行進曲」（つかこうへい）、「悪魔の飽食」（森村誠一）、「FOCUS」創刊

テレビ

「北の国から」「クイズ面白ゼミナール」「オレたちひょうきん族」「なるほど！ザ・ワールド」「欽ドン！良い子悪い子普通の子」

新商品・ヒット商品

シティ、フルムーン夫婦グリーンパス、明星中華三昧、もろこし村、雪見だいふく、ガリガリ君、リアルゴールド

CM

「君に、クラクラ」「芸術は爆発だ!」「よろしいんじゃないですか」「フルムーン」

流行語

「えぐい」「クリスタル族」「粗大ゴミ」「ハチの一刺し」「んちゃ」

冥友録

湯川秀樹、宮本常一、市川房枝、伴淳三郎、向田邦子、横溝正史、ボブ・マーリー、ナタリー・ウッド、ビル・ヘイリー

この年こんなことも

マザー・テレサ初来日(4月)／ジョン・マッケンローが全英オープンテニス男子でビョルン・ボルグを破り初優勝、千代の富士が第58代横綱に(7月)／阪神・江本孟紀が「ベンチがアホ」発言で引退(8月)／ロッキード裁判で榎本三恵子が金銭授受を裏付ける証言(10月)／沖縄で新種の鳥「ヤンバルクイナ」発見、ロス銃撃事件(11月)

神戸ポートアイランド博覧会（ポートピア '81）の特集紙面（3月19日付朝刊）
新しい "海の文化都市" の創造をテーマに、神戸港沖の人工島「ポートアイランド」で9月15日まで180日間開かれた。総入場者数は1619万人で、大阪万博に次ぐ規模。約60億円の純益を上げて大成功を収めたことなどから神戸市は神戸株式会社と呼ばれた

この年のあなたの年齢　　　　　歳　　　　　　　　　　　　　　在住

在学（　　　年生）・勤務

この年にあなたに起こった出来事

・

・

・

・

・

その出来事に対するあなたの思い

・

・

・

1982 昭和57年

国内・海外の主な出来事

2・8　ホテルニュージャパン（東京都千代田区）火災、死者33人
2・9　日航機が羽田沖に墜落、乗客24人が死亡
2・28　岡本綾子がゴルフのアメリカLPGAツアーで初優勝
4・2　英国とアルゼンチン間でフォークランド紛争が勃発（6月14日終結）
6・23　東北新幹線大宮－盛岡間開業
7・23　九州北部の集中豪雨で長崎県に大被害、死者・行方不明者299人
7・23　国際捕鯨委員会で1986年からの商業捕鯨が全面禁止に
8・2　台風10号が愛知県に上陸、死者・行方不明者95人
9・14　モナコ公国のグレース・ケリー大公妃が自動車事故死
11・15　上越新幹線大宮－新潟間開業

岡山県関係の主な出来事

1・26　蒜山原一帯（真庭市）で旧石器が多数発見される
3・17　南・北備讃瀬戸大橋南側橋台の7Aケーソン（型枠）えい航
3・30　山陽自動車道竜野西IC（現竜野西IC）－備前IC間開通
4・14　岡山大学歯学部開学式、20日同付属病院で診療開始
5・25　川崎医大付属川崎病院（現川崎医科大学総合医療センター）で
　　　2男2女の四つ子誕生
6・10　児島湖流域下水道浄化センターの第1期工事が着工
7・1　伯備線電化、特急「やくも」登場
9・12　津山市の中学生がパレオパラドキシアの化石発見
10・1　笠岡市立竹喬美術館で完成式、翌日から一般公開
11・28　第1回「人見絹枝杯　山陽女子マラソン」開催

①11月28日、第1回「人見絹枝杯　山陽女子マラソン」（現山陽女子ロードレース）が開催され、招待10人を含む県内外の106選手が岡山県庁前を一斉にスタート。岡山県が生んだ名ランナー・人見絹枝を顕彰し創設され、バルセロナ五輪・アトランタ五輪のメダリスト有森裕子らを輩出
②4月1日、新硬貨五百円玉が登場。表に桐、裏に「500」と打刻された新コインは百円硬貨より一回り大きめのサイズで、25年ぶりの新硬貨発行となった

世相・流行・話題

エアロビクス、森林浴、日航機墜落、ホテルニュージャパン火災、三越事件

音楽

待つわ（あみん）、聖母たちのララバイ（岩崎宏美）、い・け・な・いルージュマジック（坂本龍一・忌野清志郎）、さざんかの宿（大川栄策）、氷雨（佳山明生）、スリラー（マイケル・ジャクソン）

映画

「蒲田行進曲」「鬼龍院花子の生涯」「TATTOO＜刺青＞あり」「E. T.」「炎のランナー」「黄昏」「ランボー」

出版

「佐川君からの手紙」（唐十郎）、「生きて行く私」（宇野千代）、「プロ野球を10倍楽しく見る方法」（江本孟紀）

テレビ

「峠の群像」「久米宏のTVスクランブル」「スター爆笑Q&A」「森田一義アワー 笑っていいとも！」

新商品・ヒット商品

ランナウェイ、カローラⅡ、マーチ、CDP-101（CDプレーヤー）、テレホンカード、PC-9800（パソコン）

CM

「おしりだって、洗ってほしい」「おっとととのおっとっと」「赤道小町ドキッ!」「口紅マジック」

流行語

「逆噴射」「なめたらいかんぜよ」「三語族（ウッソー、ホントー、カワイイー）」「ネクラ・ネアカ」「ルンルン」「なぜだ!」「ほとんどビョーキ」「風見鶏」

冥友録

志村喬、江利チエミ、水原茂、藤村有弘、灰田勝彦、坪田譲治、初代三波伸介、ヘンリー・フォンダ、イングリッド・バーグマン、グレース・ケリー

この年こんなことも

五百円硬貨発行（4月）／徳島・池田高校が全国高校野球選手権大会初優勝、フィリップスが世界初のCD製造（8月）／岡田茂三越社長解任・逮捕（9月）／中央自動車道全線開通（11月）／カード式公衆電話設置とテレホンカード発売（12月）

逆噴射!──悪夢の流行語を生んだ、福岡発羽田行き日航350便墜落事故を報じる紙面（2月10日付朝刊）

着陸寸前に羽田沖の海上に急降下し滑走路手前の東京湾に墜落、乗客乗員174人のうち乗客24人が死亡、多数の重軽傷者を出した。心身症病歴のある機長のエンジン逆噴射、異常な機首下げが原因だった。2020年現在、日本航空の「350便」は欠番

この年のあなたの年齢　　　　歳　　　　　　　　　　在住

在学（　　　年生）・勤務

この年にあなたに起こった出来事

・

・

・

・

・

その出来事に対するあなたの思い

・

・

・

国内・海外の主な出来事

2・13 青木功が日本人初のアメリカPGAツアー優勝
4・15 東京ディズニーランド開園
6・13 愛知県警が戸塚ヨットスクール校長の戸塚宏を逮捕
6・26 参議院議員通常選挙の全国区で比例代表制を初めて導入
7・15 初の死刑囚再審となった「免田事件」で無罪判決
7・22 山陰地方で翌日にかけ豪雨発生、死者・行方不明者117人
8・21 フィリピンのアキノ元上院議員が暗殺される
9・1 大韓航空機撃墜事件で乗客乗員269人全員死亡
10・3 三宅島が大噴火、約400棟が埋没・焼失
10・14 日本で初めて体外受精児誕生
11・12 朝の連続テレビ小説「おしん」が視聴率62.9%を記録

岡山県関係の主な出来事

2・12 児島湾大橋が開通
3・24 中国自動車道が全線開通（吹田JCT－下関IC）
4・1 井原市の田中美術館新館が完成
4・5 岡山市の西川緑道公園が完成
4・8 吉備高原都市の吉備NC能力開発センター開所式
6・1 津山市が財政非常事態宣言。幹部給与、補助金を1割カット
8・30 湯原町（現真庭市）で日教組大会、右翼団体が押しかけ混乱
9・22 白壁風の倉敷駅ビルがオープン
11・3 倉敷市の中央図書館、展示美術館、自然史博物館が開館

①岡山市街と児島半島を結ぶ、児島湾大橋(全長1056メートル)の開通式。岡山・玉野両市関係者ら約400人が出席し、テープカットや渡り初めで開通を喜び合った。児島湾によって分断されていた県道岡山－玉野線が一本に(2月12日)
②硬貨の代わりに磁気カードを使う「カード公衆電話」が中・四国地方に初登場。岡山駅に岡山県のカード利用公衆電話1号機として設置された(11月)

世相・流行・話題
女子大生、男性の化粧・ピアス、ロン・ヤス、カフェ・バー、愛人バンク、おしん

音楽
天国のキッス（松田聖子）、矢切の渡し（細川たかし）、CAT'S EYE（杏里）、君に、胸キュン。（YMO）、初恋（村下孝蔵）、見つめていたい（ポリス）

映画
「家族ゲーム」「楢山節考」「戦場のメリークリスマス」「竜二」「ソフィーの選択」「フラッシュダンス」「トッツィー」

出版
「海よ、巨大な怪物よ オーパ、オーパ!! アラスカ篇」（開高健、高橋昇）、「積木くずし 親と子の二百日戦争」（穂積隆信）、「和田アキ子だ文句あっか!」（和田アキ子）、「東京漂流」（藤原新也）

テレビ
「おしん」「金曜日の妻たちへ」「スチュワーデス物語」「世界まるごとHOWマッチ」「オールナイトフジ」「ふぞろいの林檎たち」「キン肉マン」

新商品・ヒット商品
ワープロ、G-SHOCK、ファミリーコンピュータ、バブ、タンスにゴン、カロリーメイト、パックンチョ、六甲のおいしい水

CM
「泣かせる味じゃん」「タコが言うのよ」「ちゃっぷい、ちゃっぷい、どんとぽっちい」「がんばれ玄さん」

流行語
「頭がウニになる」「おしん・家康・隆の里」「義理チョコ」「ニャンニャンする」

冥友録
寺山修司、片岡千恵蔵、小林秀雄、花登筐、藤原啓、金栗四三、沖雅也、マディ・ウォーターズ、カレン・カーペンター、テネシー・ウィリアムズ

この年こんなことも
老人保健法施行(2月)／徳島・池田高校が選抜高校野球大会で夏春連覇(4月)／日本海中部地震で死者104人(5月)／阪急(現オリックス)・福本豊が盗塁939の世界記録を樹立(6月)／ミスターシービーが史上3頭目の三冠馬(11月)

大韓機 ソ連が撃墜
サハリン西方上空

山陽新聞

領空侵犯で攻撃
邦人27人含め269人乗る

米が公式発表

「照準合わせよ」「撃て」…
ソ連側の交信 日本側が傍受 ミサイル発射か

ソ連名指し避ける
韓国、推定と 日本の協力で対応

撃墜にいらだつ乗客の家族

ニューヨーク発ソウル行きの大韓航空機ボーイング747がサハリン上空でソ連機のミサイルによって撃墜され、乗客乗員269人（日本人28人）全員が死亡（9月2日付朝刊）
国際機関は同機の航法ミスと、ソ連軍による米軍偵察機との誤認が原因と結論付けた。この事件を契機に、翌1984年にシカゴ条約の改正が行われ、領空侵犯の民間航空機の撃墜が禁止されることに

この年のあなたの年齢　　　　　歳　　　　　　　　　　　　　在住

　　　　　　在学（　　　年生）・勤務

この年にあなたに起こった出来事

・
・
・
・

その出来事に対するあなたの思い

・
・
・

127

1984 | 昭和59年

国内・海外の主な出来事

1・9　日経平均株価が初めて1万円の大台を突破
2・8　サラエボ冬季オリンピック開幕（日本メダル1個獲得）
2・13　植村直己が北米マッキンリー（現デナリ）で世界初の冬季単独登頂後に消息を絶つ
3・18　江崎グリコ社長の誘拐・脅迫（グリコ・森永事件の発端）
5・12　NHKが衛星放送の試験放送を開始
7・25　北朝鮮への帰還事業が終了、累計約93300人が帰還
7・28　ロサンゼルス夏季オリンピック開幕（日本メダル32個獲得）
9・6　全斗煥韓国大統領が戦後の韓国元首として初めて日本を訪れる
12・19　イギリスと中国が香港返還合意文書に調印
12・20　日本電信電話公社（現NTT）民営化法案が成立

岡山県関係の主な出来事

1・31　県南で大雪、岡山市15cmの積雪
3・1　岡山市に夢二郷土美術館が開館
5・1　笠岡市に痴呆性老人専門病院「きのこエスポアール病院」開院
6・6　赤坂町（現赤磐市）にワイン工場「岡山ワイナリー」完成、竣工式
7・1　暴騒音規制条例を施行
8・3　吉備高原地域テクノポリスが国の地域指定を受ける
8・4　ロサンゼルス五輪の体操鉄棒で森末慎二が金メダル獲得
10・20　百間川原尾島遺跡（岡山市）で日本最古の製塩炉遺構が出土
11・13　「船上シンポジウム・岡山国際フォーラム21」開催
12・29　岡山臨港鉄道の鉄道部門廃止、さよなら列車運行

① 1983年12月から翌年3月にかけて記録的な豪雪が日本列島を襲った。昭和59年に災害が頻発したことから五九豪雪と呼ばれる。1月31日、岡山市では平野部でも15センチを記録（岡山・表町）
②ロサンゼルス五輪男子体操、種目別の鉄棒決勝で10点満点を叩き出し、金メダルを獲得した岡山市出身の森末慎二がメダルを胸に凱旋。岡山市の奉還町商店街の沿道は約5000人の市民で埋め尽くされた（8月10日、岡山・奉還町）

世相・流行・話題

平均寿命が男女とも世界一（女79.8歳、男74.2歳）、エリマキトカゲ

音楽

桃色吐息（高橋真梨子）、ミス・ブランニュー・デイ（サザンオールスターズ）、長良川艶歌（五木ひろし）、娘よ（芦屋雁之助）、ジャンプ（ヴァン・ヘイレン）

映画

「瀬戸内少年野球団」「お葬式」「風の谷のナウシカ」「Wの悲劇」「愛と追憶の日々」「ゴーストバスターズ」

出版

「てんのじ村」（難波利三）、「金魂巻」（渡辺和博・タラコプロダクション）、「第四の核」（フレデリック・フォーサイス）

テレビ

「不良少女とよばれて」「スクール☆ウォーズ」「うちの子にかぎって…」「ライオンのいただきます」「FNNスーパータイム」

新商品・ヒット商品

MR2、ディスクマン「D-50」、ファイロファックス、禁煙パイポ、バイオ口紅、ハーゲンダッツ、コアラのマーチ

CM

「すぐおいしい　すごくおいしい」「私は、コレで会社を辞めました」「投げたら、アカン」「道は、星の数。」「あんたも発展途上人」

流行語

「くれない族」「ピーターパン症候群」「まる金、まるビ」「ヤッピー」

冥友録

長谷川一夫、大川橋蔵、ちばあきお、児玉誉士夫、糸居五郎、有吉佐和子、三原脩、藤原審爾、トルーマン・カポーティ、フランソワ・トリュフォー

この年こんなことも

長谷川一夫、植村直己に国民栄誉賞（4月）／オーストラリアからコアラ6頭が日本に初上陸、山下泰裕に国民栄誉賞（10月）／新紙幣発行「一万円札福澤諭吉」「五千円札新渡戸稲造」「千円札夏目漱石」、シンボリルドルフが4頭目の三冠馬。無敗の三冠馬は史上初（11月）

近畿で成人誘拐2件

山陽新聞
発行所
山陽新聞社

江崎グリコ社長 保護

監禁の倉庫から脱出

車ごと会社員を

喫茶店で救出 同席の男逮捕

滋賀

主犯難波、倉敷で逮捕

3人組
10億と金塊要求

手首にロープ
2人免

きょうの紙面
グリコ社長無事、妻うれし泣き

グリコ社長無事、妻うれし泣き

天気

3月18日、大手食品メーカー、グリコの江崎勝久社長が自宅で誘拐され、自力で脱出（3月22日付朝刊）
その後、「かい人21面相」を名乗る犯人グループは食品企業を次々と脅迫。劇場型犯罪の走り。大阪府警が発表した似顔絵は「キツネ目の男」と呼ばれた。2000年2月、全ての時効が成立

この年のあなたの年齢　　　　歳　　　　　　　　　　　　在住

在学（　　　年生）・勤務

この年にあなたに起こった出来事

-
-
-
-
-

その出来事に対するあなたの思い

-
-
-

129

国内・海外の主な出来事

2・27	田中角栄元首相が入院、政界の第一線から退く
3・11	ソ連・ゴルバチョフ政治局員兼書記が書記長に就任
3・17	国際科学技術博覧会（科学万博つくば '85）開幕（～9月16日）
4・1	日本電信電話（NTT、旧日本電信電話公社）と日本たばこ産業（JT、旧日本専売公社）がスタート
5・17	男女雇用機会均等法が成立
8・7	初の日本人宇宙飛行士に土井隆雄、内藤（現向井）千秋、毛利衛の3人
8・12	日航ジャンボ機が群馬県御巣鷹山に墜落、死者520人、4人生存
9・22	ニューヨークでG5による為替レートに関する合意（プラザ合意）
10・11	政府が1987年4月1日付で国鉄（現JR）の分割・民営化を正式決定
11・19	レーガン大統領とゴルバチョフ書記長がジュネーブで初会談

岡山県関係の主な出来事

1・4	環境庁の名水百選に塩釜の冷泉（真庭市）、雄町の冷泉（岡山市）が選定
1・28	県古代吉備文化財センター（岡山市）が開所
3・14	山陽本線高島駅が開業
4・5	県バイオテクノロジー研究所（現県生物科学総合研究所）が開設
5・9	岡崎嘉平太と川崎祐宣両氏の名誉県民顕彰式が岡山・後楽園で行われる
7・25	「燃えろ岡山」県民運動推進大会が開かれる
8・17	岡山スモン訴訟、最後の1人和解成立
10・1	テレビせとうちが開局
10・29	吉備高原ニューサイエンス館（2009年3月31日閉鎖）が吉備高原都市に開館
11・24	元関脇・鷲羽山が引退、年寄境川を襲名
12・16	ハンセン病療養施設のある長島（瀬戸内市）と本土を結ぶ邑久長島大橋着工

①岡崎嘉平太（左から2人目）と川崎祐宣両氏の名誉県民顕彰式（5月9日、岡山・後楽園）。岡崎嘉平太は丸善石油や全日空の社長を歴任する一方で日中経済協力拡大、親善に尽力した。川崎祐宣は岡山医大を卒業後、社会福祉法人旭川荘や川崎医科大などを創設するなど、心身障害児や医学教育の振興などに尽くした

②岡山、香川両県を放送エリアとする民放テレビ局「テレビせとうち」が開局。岡山県下では3局目で、岡山・香川地区は民放テレビ5局体制が実現した。民放テレビ5局体制は東京、大阪、名古屋に次いで全国4番目であった（10月1日）

世相・流行・話題

内需拡大、DCブランド、写真週刊誌、おニャン子クラブ、阪神ファン、いじめ問題

音楽

ミ・アモーレ（中森明菜）、恋におちて（小林明子）、Romanticが止まらない（C-C-B）、雨の西麻布（とんねるず）、We are the World（USA for Africa）

映画

「ビルマの竪琴」「それから」「乱」「アマデウス」「バック・トゥー・ザ・フューチャー」「グーニーズ」「ターミネーター」

出版

「過越しの祭」（米谷ふみ子）、「演歌の虫」（山口洋子）、「豊臣秀長：ある補佐役の生涯」（堺屋太一）、「ベッドタイムアイズ」（山田詠美）、「アイアコッカ ― わが闘魂の経営」（リー・アイアコッカ）

テレビ

「毎度おさわがせします」「スケバン刑事」「夕やけニャンニャン」「天才・たけしの元気が出るテレビ!!」「アッコにおまかせ!」「ニュースステーション」「花へんろ」

新商品・ヒット商品

ハンディカム、一太郎、ミノルタα-7000、スーパーマリオブラザーズ、いちご大福（大角玉屋）、のど飴（ロッテ）

CM

「カエルコール」「投げたらアカン」

流行語

「うざったい」「金妻」「実年」「新人類」「ダッチロール」「フォーカスされる・FFされる」「トラキチ」「イッキ!イッキ!」

冥友録

中野好夫、たこ八郎、小池朝雄、笠置シヅ子、坂本九、夏目雅子、白洲次郎、川口松太郎、井上有一、マルク・シャガール、ユル・ブリンナー、ロック・ハドソン、オーソン・ウェルズ

この年こんなことも

豊田商事会長刺殺事件、大鳴門橋が開通（6月）／ユニバーシアード神戸大会開催（8月）／夏目雅子が急性骨髄性白血病で死去（9月）／国勢調査で日本の人口が約1億2100万人に、阪神が21年ぶりにセ・リーグ優勝（10月）

日航ジャンボ機 墜落炎上

8月12日18時12分、大阪に向けて羽田空港を飛び立った日航123便は、同日18時56分に群馬県の山中の御巣鷹の尾根に墜落。歌手の坂本九を含む乗客乗員524人中520人が死亡。1機では世界最大級の航空事故となった（8月13日付朝刊）

この年のあなたの年齢　　　　歳　　　　　　　　　　　　在住

　　　　　　　在学（　　　年生）・勤務

この年にあなたに起こった出来事

・

・

・

・

・

その出来事に対するあなたの思い

・

・

・

131

国内・海外の主な出来事

1・28　米スペースシャトル・チャレンジャー号が空中爆発、乗組員7人全員死亡
2・25　コラソン・アキノがフィリピン大統領に就任
4・1　男女雇用機会均等法が施行
4・8　アイドル歌手の岡田有希子が新宿で飛び降り自殺
4・15　アメリカがテロ報復を理由にリビア爆撃
4・26　露チェルノブイリ原子力発電所で大規模な爆発事故
5・4　第12回先進国首脳会議（東京サミット）開催
5・8　イギリス・チャールズ皇太子とダイアナ妃が来日
7・6　史上2回目の衆参同日選挙、自民党圧勝
9・6　土井たか子が社会党党首に就任（日本初の女性党首）
11・15　伊豆大島の三原山が噴火、全島民が島外に避難（21日）

岡山県関係の主な出来事

1・30　金融会社「神戸協和会」が事実上倒産
5・8　中国・西安市に吉備真備記念碑を建立
5・30　第3セクターによる智頭鉄道（現智頭急行）創立総会
7・6　衆参同日選挙、衆院岡山1区で社会党が議席を失う
7・22　第3次中曽根内閣で橋本龍太郎が運輸相、加藤六月が農相に就任
9・30　三井金属鉱業日比製煉所が閉鎖、50年の歴史に幕
11・10　苫田ダム建設に関する補償交渉で契約1号が出る
11・28　新岡山空港の滑走路2500m化が計画に組み込まれる
11・30　第3セクターによる井原鉄道創立総会

①この年、CDの国内生産数がLPレコードを上回り、コンパクトCDプレーヤーが大人気。まず音楽業界がデジタル化への洗礼を受け、以後、出版業界、映画業界へと広がっていく（2月6日）
②第3次中曽根内閣で、橋本龍太郎が運輸相、加藤六月が農相に。「大臣就任を祝う会」が岡山市内のホテルで開かれた。会場には長野知事をはじめ、県下の自民党衆参議員、政財界の代表ら豪華な顔触れ（8月31日）

世相・流行・話題
円高不況、新人類、ダイアナファッション、葬式ごっこ（いじめ）

音楽
CHA-CHA-CHA（石井明美）、DESIRE－情熱－（中森明菜）、BAN BAN BAN（KUWATA BAND）、天城越え（石川さゆり）、時の流れに身をまかせ（テレサ・テン）

映画
「火宅の人」「海と毒薬」「子猫物語」「コブラ」「植村直己物語」「天空の城ラピュタ」「トップガン」

出版
「極道の妻たち」（家田荘子）、「耳の物語」（開高健）、「井上成美」（阿川弘之）、「塀の中の懲りない面々」（安部譲二）

テレビ
「男女7人夏物語」「あぶない刑事」「世界ふしぎ発見!」「志村けんのバカ殿様」「ミュージックステーション」

新商品・ヒット商品
スープラ、テラノ、写ルンです、ドラゴンクエスト、モルツ、カラムーチョ

CM
「しあわせってなんだっけ」「亭主元気で留守がいい」「飲みすぎたのはあなたのせいよ」「街の遊撃手」

流行語
「家庭内離婚」「究極」「定番」「土地転がし」「プッツン」「激辛」

冥友録
梅原龍三郎、石坂洋次郎、杉原千畝、笑福亭松鶴（6代目）、黒田寿男、福武哲彦、円地文子、東京ぼん太、宮脇紀雄、ケーリー・グラント

この年こんなことも
東京・中野区の中学生が葬式ごっこのいじめが原因で自殺（2月）／広島・衣笠祥雄が日本プロ野球界初の2000試合連続出場を達成（6月）／車のシートベルト着用が原則義務化（11月）／余部鉄橋列車転落事故、タレントのビートたけしら12人が講談社の「フライデー」編集部を襲撃（12月）

米スペースシャトル・チャレンジャー号の爆発事故を報道する紙面。打ち上げ直後に爆発、7人の乗組員全員が死亡（1月30日付朝刊）

この年のあなたの年齢　　　　　歳　　　　　　　　　　　　在住

　　　　　　　　在学（　　　年生）・勤務

この年にあなたに起こった出来事

・

・

・

・

・

その出来事に対するあなたの思い

・

・

・

1987 昭和62年

国内・海外の主な出来事

1・1	中国・北京の天安門広場で学生ら約4000人がデモ
2・21	先進5カ国蔵相・中央銀行総裁会議（G5）と同7カ国会議（G7、22日）がパリで開催
4・1	国鉄が分割・民営化され、JRグループ11法人と国鉄清算事業団が発足
4・__	日本の外貨準備高が西ドイツを抜いて世界一へ
5・3	朝日新聞阪神支局が襲撃され、記者1人死亡、1人重傷
6・13	広島・衣笠祥雄が連続試合出場2131の世界記録を樹立
10・12	利根川進のノーベル医学生理学賞が決定
10・19	ニューヨーク株式市場が大暴落、世界同時株安に陥る
11・6	竹下登内閣発足
11・29	大韓航空機爆破事件発生
12・8	米ソが中距離核戦力全廃条約（INF全廃条約）に調印

岡山県関係の主な出来事

3・1	岡山市で売上税導入反対の県民集会開催
3・26	備前焼作家の山本陶秀が人間国宝に認定される
4・1	岡山鉄道管理局が西日本旅客鉄道（JR西日本）岡山支社に
8・7	岡山地裁が新成羽川ダム訴訟で損害賠償請求を棄却
8・12	南備讃瀬戸大橋の最終ボルト締結、本州－四国地続き
10・28	倉敷市出身の日本画家・池田遙邨が文化勲章決定
12・6	奥津町長に苫田ダム反対派の日笠大二が当選
12・6	井原線の工事が7年ぶりに再開される

※倉敷音楽祭（3月）、津山国際総合音楽祭（9月）の第1回を開催

①新風営法の施行された60年の夏ごろから、岡山市内を中心にデートクラブが目立ち始め、歓楽街の電話ボックスはピンクビラで埋め尽くされた。はがしてもすぐに張りつけるイタチごっこが続いた（2月23日）
②「売上税導入・マル優制度廃止反対県民集会」が岡山市の岡山武道館で開かれた。集会には県総評、県同盟、県生協連など10団体から約3000人が参加した（3月1日）

世相・流行・話題

財テク、地価高騰、ワンレン・ボディコン、チッチョリーナ、エイズ、朝シャン

音楽

人生いろいろ（島倉千代子）、愚か者（近藤真彦）、SHOW ME（森川由加里）、ラ・バンバ（ロス・ロボス）

映画

「マルサの女」「ハチ公物語」「私をスキーに連れてって」「ゆきゆきて、神軍」「プラトーン」

出版

「サラダ記念日」（俵万智）、「ノルウェイの森」（村上春樹）、「文学部唯野教授」（筒井康隆）、「ビジネスマンの父より息子への30通の手紙」（G・キングスレイ・ウォード）

テレビ

「ママはアイドル！」「パパはニュースキャスター」「朝まで生テレビ！」「関口宏のサンデーモーニング」

新商品・ヒット商品

Be-1、静御前、携帯電話、ファイナルファンタジー、通勤快足、アタック、アサヒスーパードライ

CM

「音が進化した　人はどうですか」「しば漬け食べたい！」「鉄棒するネコを見たら思い出してください」

流行語

「マルサ」「懲りない○○」「ゴクミ」「花キン」「バブル」「ワンフィンガー　ツーフィンガー」「ジャパンバッシング」

冥友録

梶原一騎、鶴田浩二、石原裕次郎、岸信介、澁澤龍彦、アンディ・ウォーホル、ダニー・ケイ、フレッド・アステア

この年こんなことも

NTT株が上場（2月）／安田火災海上保険（現損保ジャパン日本興亜）がゴッホの「ひまわり」を53億円で購入（3月）／中嶋悟が日本人初のフルタイムF1ドライバーデビュー（4月）／衣笠祥雄に国民栄誉賞（6月）／東京・銀座で1坪1億円を突破（7月）／マイケル・ジャクソンが初来日公演（9月）

山　陽　新　聞　　第37443号　　昭和62年(1987年)4月1日　　水曜日　　日刊

新生JRスタート

鉄道マニアの熱い視線を浴びて出発するJR九州のメッセージ列車＝東京駅9・10番ホーム

前途に課題抱え

国鉄 115年の歴史閉じる

国鉄を分割・民営化した六旅客会社など十一の民間会社・法人（JRグループ）が一日、スタートを切った。新生JRは、国鉄から約二十万人の職員を引き継ぎ、地域密着が著しい鉄道事業の再生を目指す。経営の基本は、着実なサービス向上、経営の効率化、多角的事業展開が柱となるが、国鉄時代に培った親方日の丸意識の使命を断つ、新規事業進出をめぐる中小企業などとの調整、労使関係の改善などは解決しなければならない課題が多い。

十一日、JR発足の日に向けた、十二の大研究所、新幹線保有機構の計詰めの移行作業に追われて各、JR会社に法人。

（4、18、19面に関連記事）

山陽新聞社

発　行　所
山陽新聞社
岡山市柳町2丁目1番23号
郵便番号 700　電話 (0862)
総務局 ☎3210　人事局 ☎3455
販売局 ☎2200　広告局 ☎3771
事業局 ☎3230　出版局 ☎3439
郵便振替口座　岡山3-5270

山陽新聞社新聞製作センター
岡山市浜倉敷町1丁目1番18号
郵便番号 700　電話 (0862)

© 山陽新聞社1987

広島の酒
亀齢
キレイ
広島・西条
岡山発売元 ㈱中野商会

きょう20ページ
5 4 3 2

国鉄が分割・民営化されてJR東日本、同西日本など11の新法人と清算事業団が発足。国鉄は115年の歴史に幕を閉じ、鉄道発祥の地である東京の汐留駅では、国鉄総裁が国鉄終幕を告げ、運輸省（現国土交通省）がJR発足の汽笛を鳴らした（4月1日付朝刊）

この年のあなたの年齢　　　　　歳　　　　　　　　在住

在学（　　年生）・勤務

この年にあなたに起こった出来事

・
・
・
・
・

その出来事に対するあなたの思い

・
・
・

1988 | 昭和 63 年　竹下登内閣

国内・海外の主な出来事

1・1　ソ連・ゴルバチョフ書記長主導でペレストロイカ開始
3・13　海底トンネルとして世界最長の青函トンネル（53.85km）が開通
4・14　ソ連がアフガニスタンからの撤退に合意
7・23　釣り船と自衛隊の潜水艦「なだしお」が衝突、死者 30 人
8・20　イラン・イラク戦争停戦協定が結ばれる
9・17　ソウル夏季オリンピックが開幕（日本メダル 14 個獲得）
9・19　天皇陛下が吐血重篤、祭事・イベントの中止や自粛相次ぐ
11・8　アメリカ大統領選挙でジョージ・ブッシュが当選
12・9　リクルート疑惑で宮沢喜一蔵相が辞任
12・24　消費税と関連法案が成立

岡山県関係の主な出来事

3・1　山陽自動車道早島 IC — 福山東 IC 間が開通
3・11　2000 m 滑走路を持つ新岡山空港が開港
3・18　岡山県立美術館が開館
3・20　「瀬戸大橋博 '88・岡山」が開幕
4・9　JR 宇高連絡船が終航、78 年の歴史に幕
4・10　世界最長の道路・鉄道併用橋、瀬戸大橋が開通
5・9　国立ハンセン病療養所のある長島と本土を結ぶ邑久長島大橋が開通
8・14　上齋原村（現鏡野町）の旧ウラン鉱山捨て石堆積場で放射能汚染問題が明らかに
9・26　チボリ公園の誘致が本決まりとなり、基本契約に調印
10・30　県知事選で長野士郎が県政初の 5 選

①瀬戸大橋開通直前の 4 月 3 日、「ブリッジウオーク」が開催され、全国から参加した 10 万の人々の鎖が本州と四国をつないだ。交通大動脈の完成で、岡山と四国の結び付きが一気に強まった
②ハンセン病療養所の長島愛生園と邑久光明園のある長島が邑久長島大橋により本土と結ばれた。一番狭い所でわずか 30 メートルだが、入所者の前に立ちはだかり、差別と偏見を助長してきた隔絶の海峡。それをひとまたぎする橋を渡り切り、感慨無量の面持ちの入所者たち。療養所は約 1400 人の入所者の歓喜で包まれた（5 月 10 日）

世相・流行・話題

地方博、渋カジ、カラオケボックス、遠赤外線、DINKS

音楽

Runner（爆風スランプ）、パラダイス銀河（光 GENJI）、MUGO・ん…色っぽい（工藤静香）、ANGEL（氷室京介）、Look Away（シカゴ）

映画

「敦煌」「となりのトトロ」「異人たちとの夏」「ラストエンペラー」「危険な情事」「優駿 ORACIÓN」「八月の鯨」

出版

「TUGUMI」「キッチン」「哀しい予感」（吉本ばなな）、「ダンス・ダンス・ダンス」（村上春樹）、「ノーライフキング」（いとうせいこう）

テレビ

「とんぼ」「教師びんびん物語」「とんねるずのみなさんのおかげです」「クイズ世界は SHOW　by　ショーバイ!!」

新商品・ヒット商品

シーマ、セフィーロ、メガドライブ、ドラゴンクエストⅢ、リンプー、ファイブミニ

CM

「帰ってくるあなたが最高のプレゼント」「5 時から男」「くうねるあそぶ」

流行語

「ペレストロイカ」「アグネス論争」「おたく族」「オバタリアン」「カウチポテト」「しょうゆ顔・ソース顔」

冥友録

宇野重吉、桑原武夫、山本健吉、小沢栄太郎、土光敏夫、草野心平、三木武夫、大岡昇平、池田遙邨、イサム・ノグチ、レイモンド・カーヴァー

この年こんなことも

東京ドームが完成、中国の上海列車事故で修学旅行中の私立高知学芸高校の生徒 27 人と教諭 1 人が死亡（3 月）／川崎市助役への利益供与疑惑がリクルート事件へと発展、牛肉・オレンジの輸入自由化決定（6 月）／日米協定による観光ビザ免除協定が発効、民放版「ゆく年くる年」が終了（12 月）

夕刊 山陽新聞 ３月２５日(金曜日) 第37794号

先生と生徒26人が死亡

高知学芸高 上海で列車事故

193人巻き込まれる

海外修学旅行 最大の惨事

けが47人

停止信号無視し衝突

社電

原形とどめぬ車両

足場悪く救出作業進まず

竹内教育長を決定

県教委 来月1日付で発令

パンダ 早くも人気者

池田動物園 三大珍獣展が開幕

あすのお天気

修学旅行で訪中していた私立高知学芸高校（高知市）の生徒らを乗せた列車が、上海市近郊で対向列車と衝突。一行193人のうち生徒27人と教諭1人が死亡する惨事となった（3月25日付夕刊）

この年のあなたの年齢　　　　歳　　　　　　　　　　　在住

　　　　　　　　　在学（　　　年生）・勤務

この年にあなたに起こった出来事
-
-
-
-
-

その出来事に対するあなたの思い
-
-
-

1989 | 昭和64年 平成元年

竹下登内閣
宇野宗佑内閣
第1次海部俊樹内閣

国内・海外の主な出来事

1・7 昭和天皇崩御。皇太子明仁親王が即位し、翌日「平成」と改元（2月に大喪の礼）
2・1 相互銀行の普通銀行転換が始まり、第二地方銀行に
2・13 東京地検がリクルート創業者の江副浩正を贈賄容疑で逮捕
4・1 消費税（3％）スタート
6・2 リクルート献金疑惑で竹下登内閣総辞職
6・4 中国当局が天安門広場に集結した民主化を求める学生・市民を武力弾圧（天安門事件）
6・24 美空ひばりが死去、女性初の国民栄誉賞受賞
7・23 参院選で自民党が惨敗、社会党が第一党に
11・10 ベルリンの壁崩壊
11・21 総評解散し、「連合」（日本労働組合総連合会）が発足
12・3 米ソ首脳がマルタ島で会談、冷戦の終結を宣言

岡山県関係の主な出来事

3・23 王子ファンシーランド（現おもちゃ王国）が玉野市滝にオープン
4・1 山陽相互銀行が第二地方銀行に転換し、トマト銀行の名称に
6・1 岡山市が市制100周年を迎える
7・23 参院選で自民党の片山虎之助、社会党の森暢子の両新人が当選
8・2 全国高校総合文化祭が開幕
10・29 奥津町長に苫田ダム阻止派の森元三郎が当選
11・18 4年制県立大学の建設地が総社市窪木地区に決定
11・22 美星町（現井原市）が光害防止条例を制定
12・27 県内の交通事故死者217人（27日時点）、過去10年間で最悪

①昭和天皇崩御。号外を手にするサラリーマン（1月7日、JR岡山駅地下改札口）
②山陽相互銀行が新生普通銀行としてスタート。くす玉を割り「トマト銀行」誕生を祝う行員ら（4月1日、岡山・番町のトマト銀行本店）

世相・流行・話題

自粛ムード、内外価格差、イタリアンファッション、Hanako現象、ランバダ、ベルリンの壁崩壊、一杯のかけそば、リクルート事件

音楽

川の流れのように（美空ひばり）、Diamonds（プリンセス・プリンセス）、淋しい熱帯魚（Wink）、ランバダ（カオマ）

映画

「黒い雨」「どついたるねん」「魔女の宅急便」「レインマン」「ダイ・ハード」「ブラック・レイン」

出版

「孔子」（井上靖）、「『NO』と言える日本」（盛田昭夫・石原慎太郎）

テレビ

「君の瞳に恋してる！」「ダウンタウンのガキの使いやあらへんで！」「筑紫哲也NEWS23」「平成名物TV いかすバンド天国」「ママハハ・ブギ」

新商品・ヒット商品

ロードスター、レガシィ、ゲームボーイ、テトリス、クイックル、おとなのふりかけ

CM

「24時間戦えますか」「ジングルベルを鳴らすのは、帰ってくるあなたです」「それ それ 鉄骨飲料」

流行語

「セクハラ」「オバタリアン」「濡れ落ち葉」「こんなん出ましたけど〜」「イカ天」「ツーショット」「お局さま」「山が動いた」「ほたる族」「デューダする」

冥友録

手塚治虫、松下幸之助、美空ひばり、松田優作、開高健、岡崎嘉平太、田河水泡、殿山泰司、古関裕而、森敦、色川武大、サルバドル・ダリ、ヘルベルト・フォン・カラヤン

この年こんなことも

女子高生コンクリート詰め殺人事件（3月）／宮﨑勤が幼女連続誘拐殺人事件を自供（8月）／千代の富士が通算967勝の最多記録、国民栄誉賞受賞（9月）／東証平均株価が3万8915円87銭の史上最高値（12月）

昭和天皇崩御と新元号「平成」を告げる号外（いずれも１月７日付）

この年のあなたの年齢　　　　　歳　　　　　　　　　　　　　在住

　　　　　　　　在学（　　　年生）・勤務

この年にあなたに起こった出来事

・

・

・

・

・

その出来事に対するあなたの思い

・

・

・

岡山県消費者生活センターが主催した「グリルオーブンレンジ研究会」。1台で煮る、焼く、蒸すができるとあって、大勢の主婦が詰め掛けた（1980.1.9、岡山・石関町）

三門小学校の家庭科の授業。男の子も先生に教えてもらいながら、ミシンをカタカタ（1980.2.6、岡山市）

アーカイブ岡山
1980年代
昭和55年〜平成元年

「かわいいー」。暴走族風の身なりをした猫のキャラクター「なめ猫」が大人気（1981.11.29、岡山市）

中国銀行の新人研修風景。緊張しながら模造紙を使ってお札の勘定（1980.3.7、岡山・丸の内）

ダイエー柳川店。全面改装し3月1日からトポス柳川店としてスタート（1980.1.28、岡山・中山下）

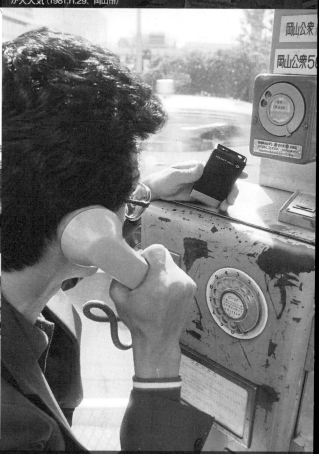

「ゆとりの時間」を使って深柢小学校の児童が屋上で元気に乾布摩擦（1980.5.9、岡山・中山下）

ポケットベル。呼び出しベルが鳴れば急いで公衆電話ボックスへ（1980.5.20、岡山市

区画整理のため建物の取り壊しが進む笠岡駅貨物広場（1980.4、笠岡市）

女性に大ヒットのミニバイク。店頭にはカラフルな原付バイクが勢ぞろい（1980.6.12、岡山市）

持ち運びができ、ステレオ並みに音質が良くなったラジカセが若者を中心に人気（1980.4.4、岡山市）

天満屋岡山店内に設けられた喫煙所。禁煙運動が高まってはいたが、まだ時代は喫煙者に寛容であった模様（1980.6.28、岡山市）

岡山駅ホームで「こんにちは」と声をかけるのは、非行防止に活躍するママポリス（1980.6.14）

新京橋の旭川河岸に駐車しているマイカー通勤の車の列（1980.6.25、岡山市）

無人販売　すいか南瓜のいられるお方はお金を入れておいて下さい値段は書いてある１玉600 通りです。

県道沿いの無人スイカ売り場。たくさんのスイカにドライバーもびっくり？（1980.8.2、現瀬戸内市牛窓町地区）

昭和40年代半ばの交通戦争のさなかから、道端で安全運転に目を光らせてきた警察人形。この時代には珍しくなった（1980.8、現瀬戸内市牛窓町地区）

新岡山港の岸壁は、朝早くからママカリ釣りを楽しむ家族づれで超満員（1980.9.7、岡山・新岡山港）

空前の中国語ブームで、書店の書棚の一角には中国語の入門書がずらり（1980.9.17、岡山市）

1980年代 昭和55年～平成元年

潮干狩りシーズン。大潮の休日には家族連れがどっと繰り出し大賑わいの牛窓沖の黒島 (1981.5)

ジョン・レノンが凶弾に倒れた12月9日〈日本時間〉、全国的に最新アルバム「ダブル・ファンタジー」の売り切れ店続出 (1980.12.13、岡山市)

大寒の朝、長ネギの出荷に精を出す農家の人たち。冷たい水にネギの白さがひときわさえる (1981.1.20、岡山・竹田)

ヨーヨーが再ブーム。一本の糸を巧みに操ってコマを自在に躍らせるのが魅力だとか (1981.5.9、岡山市)

かつて岡山市の海の玄関口として賑わった京橋の船着き。この時代には小串からの定期船で運ばれる鮮魚や野菜のミニ市がわずかにその名残をとどめるだけに (1981.8.3、岡山市)

岡山市の番町と東方を結ぶ跨線橋の朝の通勤ラッシュ (1981.6.3)

小学生から中・高校生までアニメが大ブーム。とりわけ「機動戦士ガンダム」が大人気 (1981.7.6、岡山市)

ミニバイクにまたがりノーヘルでさっそうと走る女性。ヘルメット着用義務は1986年から（1981.8.29、岡山・柳川）

洗面器にタオルと石けんを入れて「カタカタ」と銭湯に。自家風呂の普及で年々利用者が減少（1981.8.29、岡山・大供）

50ccの原付免許で運転できる1人乗り「ウルトラ・ミニカー」が店頭にお目見え。乗り心地はいかがかな？（1981.8.31、岡山市）

絵の出るレコード、鮮明な画面と音質、見たい場面すぐに——80年代注目の家電製品「レーザーディスク」（1981.11、岡山市）

歌手・松田聖子のデビュー当時の髪型「聖子ちゃんカット」が大流行。若い女性はこぞってこの髪型に（1982.3.17、岡山大学）

「寒さなんかへっちゃら！」。大寒の日、高島第一保育園では、園児が上半身真っ裸でマラソンに挑戦（1982.1.20、岡山市）

岡山の電信・電話のシンボルとして半世紀の風雪に耐えた岡山電話局の取り壊し風景（1982.5.11、岡山・中山下）

若者たちにトレーナーファッションが流行。ミニスカート、パンツなどと合わせ、おしゃれを楽しむ女性たち（1982.3.24、岡山市）

ミニスカート、復活近し。ギャザーやフレアをたっぷり取った、ゆったりした感じのミニスカートが流行りだとか（1982.6.17、岡山市）

1980年代 昭和55年～平成元年

ローラースケートで踊るディスコブームに乗ってか、若者たちにローラースケートが大人気（1982.10.5、県総合グラウンド）

ＳＦ映画で人気の「Ｅ.Ｔ.」。一見グロテスクな人形が大人気（1982.12.5、岡山市）

岡山南高校の川相昌弘が読売ジャイアンツに入団決定（1982.12.6、岡山市）

瀬戸大橋時代にふさわしい倉敷の表玄関に。白壁風のしゃれた姿の倉敷駅ビルが完成（1983.9.2、倉敷市）

夏の到来を告げるかんぴょう干し。農家の庭先にすだれのように垂れたかんぴょうはどこか涼しげ（1983.7.2、岡山、甘屋）

いつでもどこでも気軽に音楽を楽しめる"ウォークマン"。渋川海水浴場でもヘッドフォン姿の若者が（1982.7.18、玉野市）

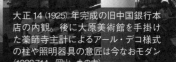

大正14（1925）年完成の旧中国銀行本店の内観。後に大原美術館を手掛けた薬師寺主計によるアール・デコ様式の柱や照明器具の意匠は今なおモダン（1983.11、岡山、大の春）

クリスマス間近のおもちゃ売り場は子ども連れで大賑わい。テレビゲーム、ラジコンが人気（1983.12.13、岡山市）

師走の山間部で、かつてはよく見られた炭焼き風景。窯の焚き口を土でふさいで焼き上げると、1週間ほどで真っ黒な炭が（1983.12、井原市美星町上高末）

倉敷川の河口付近の寒ブナ漁。肌をさす寒風をついて白い投網をサーッとさし込むと、20〜30センチの脂の乗った寒ブナが勢いよくはねながら上がってくる（1984.1.25、岡山・藤田）

「雪にも負けないぞ」。鳥取県境に近い奥津町（現鏡野町）の羽出小学校泉源分校（1984年廃校）の4人の子どもたち（1984.1.20）

現岡山市北区青江に移転する前の旧岡山赤十字病院（1984.5.15、岡山・内山下）

岡山赤十字病院跡地に移転が決まった日銀岡山支店。現在はルネスホールに（1985.9、岡山・内山下）

アメリカで人気を呼んだ「キャベツ畑人形」が日本に上陸。人形を求めて行列が（1984.2.10、岡山市）

かつてイベント会場でよく見かけたミニSL。ポッポーッ。子どもたちを乗せて奉還町商店街を走る（1984.6.3、岡山市）

高梁家畜市場に設けられた直径約8メートルの円形の人のセリ場（1985.2.5、高梁市）

1980年代 昭和55年～平成元年

完成間近の岡山赤十字病院（1985.2.22、岡山・青江）

岡山県立美術館建設のため58年の歴史を閉じ、取り壊しが始まった旧岡山東署庁舎（1985.4、岡山・天神町）

屋上にテニスコートのあるユニークな格技場が岡山市立旭中学校（1999年閉校）に完成（1986.5.26、岡山・蕃山町）

鳥取から一番列車で、日本海の捕れたての鮮魚をどっさり持って行商に（1985.6.6、因美線高野駅）

学生臨時列車が法界院駅に到着。5両編成の車両から岡山理大付属高校生が吐き出され、長いホームに高校生たちがあふれる（1985.4.26、岡山市）

泥田の中でのレンコン掘り風景。立派なレンコンを手にすると思わず顔がほころぶ（1985.8.29、旧灘崎町）

岡山県最西端の木造駅舎の野馳駅（現新見市哲西町）。駅舎の中の売店では列車を待つ間、おしゃべりに花が咲く（1985.10.4）

土曜閉庁がスタート。公務員も週休二日制の時代に
(1989.4.8、岡山市)

男子高校生の間で、人気歌手を
真似た短く刈り上げた髪型が流行
(1986.10.8、岡山市)

天皇陛下、崩御。岡山県庁の屋上に掲揚された弔
旗 (1989.1.7、岡山市)

「天皇陛下 崩御」のニュースが流れた1月7日、営業を
自粛する店が相次いだ (1989.1.7、岡山・表町)

岡山駅西口駅舎の改装工事が完成。屋根にステンドグラスの塔が設置されるなど、
メルヘンチックな外観に (1988.3.10)

「さあ、出発だ」。自転車の前かごに新聞を積み込んで出発。眠
さをこらえ新聞を配る少年少女たち (1989.10.6、岡山・平井)

煙を上げて岡山─総社─倉敷間を走るSL「吉備路号」。JR岡山支
社がJR発足2周年を記念して走らせた (1989.4.29、岡山・足守)

「何して遊ぶ?」。給食の後は元気に運動場へ。遊具などで遊ぶ鹿田小学校の子
どもたち (1989.10.17、岡山・大供表町)

国内・海外の主な出来事

- 1・13 第1回大学入試センター試験実施（14日まで）
- 1・18 本島等長崎市長が右翼団体幹部に狙撃され重傷
- 3・15 ソ連が一党独裁を放棄、ゴルバチョフが初代大統領に就任
- 4・1 大阪で「国際花と緑の博覧会」開幕（〜9月30日）
- 6・29 礼宮文仁親王と川嶋紀子さんが結婚、秋篠宮家を創設
- 8・2 イラクがクウェートに侵攻
- 10・1 東証株価が2万円割れに急落（バブル経済崩壊）
- 10・3 東西両ドイツが国家統一
- 10・16 臨時国会で政府の国連平和協力法案を審議、廃案に
- 11・12 天皇即位の礼が皇居宮殿で挙行

岡山県関係の主な出来事

- 1・28 県総評と県同盟が解散、連合岡山が発足
- 3・15 笠岡湾干拓事業が完成、1191ヘクタールの農地が誕生
- 6・22 倉敷市が背景保全条例を制定
- 9・18 台風19号による豪雨で死者10人、浸水約7900戸超の被害
- 10・9 岡山市議会がチボリ問題で百条委員会を設置、調査
- 11・18 英田町（現美作市）にTIサーキット・英田（現岡山国際サーキット）がオープン
- 12・5 森元奥津町長がダム阻止から建設前提に方針転換
- 12・27 岡山―札幌間の直行空路便を開設
- 12・27 交通死者が昨年同期を上回る250人（27日時点）、過去15年間で最悪
- 12・31 下津井電鉄の軽便鉄道が77年の歴史に幕を閉じる

①台風19号で泥の海になった瀬戸内市付近の千町平野。高架は岡山ブルーライン（9月19日）
②下津井電鉄の軽便鉄道（倉敷市児島―下津井間、約6.3キロメートル）の廃止を惜しみ、倉敷市の下津井駅に押し掛けたたくさんの鉄道ファン（12月30日）

世相・流行・話題

バブル経済、女子高生スタイル、ティラミス、ダイヤルQ2、東西ドイツ統一

音楽

おどるポンポコリン（B. B. クィーンズ）、真夏の果実（サザンオールスターズ）、さよなら人類（たま）、情熱の薔薇（THE BLUE HEARTS）、少年時代（井上陽水）、愛は勝つ（KAN）、浪漫飛行（米米CLUB）、今すぐKissMe（リンドバーグ）

映画

「天と地と」「あげまん」「少年時代」「病院へ行こう」「ゴースト ニューヨークの幻」「プリティ・ウーマン」「ドライビング Miss デイジー」

出版

「愛される理由」（二谷友里恵）、「レベル7」（宮部みゆき）、「恋愛論」（柴門ふみ）、「わが性と生」（瀬戸内寂聴）

テレビ

「ちびまる子ちゃん」「渡る世間は鬼ばかり」「マジカル頭脳パワー!!」「世にも奇妙な物語」「EXテレビ」

新商品・ヒット商品

スーパーファミコン、ナロンエース、オーザック、キリン一番搾り生ビール

CM

「もっと端っこ歩きなさいよ」「ちちんブイブイ、ダイジョーブイ」「日本を休もう」

流行語

「ファジィ」「オヤジギャル」「アッシーくん」「イタめし」「成田離婚」

冥友録

土門拳、奥村土牛、栃錦清隆、池波正太郎、藤山寛美、高峰三枝子、浜口庫之助、サラ・ヴォーン、グレタ・ガルボ、エドウィン・O・ライシャワー

この年こんなことも

世界ヘビー級王者のマイク・タイソンがKO負け、ローリング・ストーンズが初来日公演（2月）／小中学校での日の丸掲揚・君が代斉唱を義務化（4月）／秋山豊寛がソユーズTM-11で日本人初の宇宙飛行、田村（現谷）亮子（中3）が福岡国際女子柔道 48kg級で初出場優勝（12月）

東西ドイツの統一を報ずる紙面。第2次世界大戦後45年に及んだ分断の歴史に幕が下ろされた（10月4日付朝刊）

この年のあなたの年齢　　　　　　歳　　　　　　　　　　　　　　　　在住

　　　　　　　　在学（　　　年生）・勤務

この年にあなたに起こった出来事

・

・

・

・

・

その出来事に対するあなたの思い

・

・

・

149

国内・海外の主な出来事

1・17	多国籍軍のイラク空爆により湾岸戦争勃発
4・6	イラクが国連安保理の停戦勧告を受諾
4・24	自衛隊のペルシャ湾への掃海艇派遣を決定（初の自衛隊海外派遣）
5・14	千代の富士が引退表明、史上1位1045勝達成
6・3	雲仙普賢岳で大火砕流発生、死者・行方不明者43人
6・15	1998年冬季オリンピック開催地が長野に決定
7・23	大阪地検がイトマンの河村良彦や許永中ら6人を逮捕
7・31	米ソ首脳が第1次戦略兵器削減条約（START I）に調印
10・14	ミャンマーのアウン・サン・スー・チーにノーベル平和賞
12・26	ソ連最高会議がソ連消滅を宣言

岡山県関係の主な出来事

1・16	倉敷市在住の小川洋子が「妊娠カレンダー」で芥川賞受賞
3・15	全国ワースト5の汚染改善に「児島湖環境保全条例」成立
3・31	同和鉱業柵原鉱業所が終掘、75年にわたる採掘を終える
5・2	岡山市に大規模総合展示場「コンベックス岡山」オープン
6・3	岡山と韓国・ソウルを結ぶ国際定期航空便が就航
6・30	柵原町（現美咲町）と備前市を結ぶ片上鉄道が廃線
7・19	安宅敬祐岡山市長がチボリ事業から撤退、倉敷市で推進
9・19	倉敷市出身の辰吉丈一郎がWBCバンタム級王者に
9・23	音楽専用ホールを備えた「岡山シンフォニーホール」が開館
11・1	岡山市が「ごみ非常事態宣言」

①さよなら片上鉄道、68年の歴史に終止符。最後の片上鉄道の運行を撮影する鉄道ファン（6月30日、和気郡和気町）
②岡山シンフォニービル界隈のビフォーアフター。写真左は完成時（1991年8月22日）。写真右は1985年10月7日撮影

世相・流行・話題

紺ブレ、PKO、若貴ブーム、ヘアヌード、湾岸戦争、ジュリアナ東京

音楽

ラブ・ストーリーは突然に（小田和正）、SAY YES（CHAGE & ASKA）、しゃぼん玉（長渕剛）、どんなときも。（槇原敬之）、それが大事（大事MANブラザーズバンド）、流恋草（香西かおり）

映画

「息子」「おもひでぽろぽろ」「あの夏、いちばん静かな海。」「八月の狂詩曲」「羊たちの沈黙」「ダンス・ウィズ・ウルブズ」「髪結いの亭主」

出版

「Santa Fe」（篠山紀信）、「諸葛孔明」（陳舜臣）、「もものかんづめ」（さくらももこ）、「IT」（スティーヴン・キング）

テレビ

「東京ラブストーリー」「101回目のプロポーズ」「たけし・逸見の平成教育委員会」「ライオンのごきげんよう」

新商品・ヒット商品

カルピスウォーター、mova、PC-9801NC、Windows3.0、ビート

CM

「バザールでござーる」「きんは100歳、ぎんも100歳。ダスキン呼ぶなら100番100番」「生ビールが〜あるじゃないか〜」「世の中、バカが多くて疲れません?」

流行語

「僕は死にましぇーん」「……じゃあーりませんか」「火砕流」「損失補填」

冥友録

井上靖、安倍晋太郎、ディック・ミネ、本田宗一郎、上原謙、マイルス・デイビス、フレディ・マーキュリー

この年こんなことも

東京23区の電話番号が10桁に（1月）／新幹線300系が最高時速325.7キロを記録（2月）／育児休業法が成立（1992年4月施行）、信楽高原鉄道列車衝突事故、ジュリアナ東京オープン（5月）／世界初のウェブサイト開設（8月）／SMAPがCDデビュー（9月）

多国籍軍 イラク空爆

戦略拠点 波状的に

延べ千機投入 制空権握る

イラク空軍 壊滅状態

ミサイル イスラエル攻撃阻止
陣地破壊

イラク戦車
50両が降伏

自衛隊機派遣も検討

政府

武力行使を全面的支持

米軍を中心とする多国籍軍がイラクに対する軍事行動を開始。ペルシャ湾岸危機はついに戦争に突入した（1月18日付朝刊）

この年のあなたの年齢　　　　歳　　　　　　　　在住

在学（　　年生）・勤務

この年にあなたに起こった出来事

・
・
・
・
・

その出来事に対するあなたの思い

・
・
・

151

国内・海外の主な出来事

2・8　アルベールビル冬季オリンピック開幕
3・14　東海道新幹線に「のぞみ」登場
5・2　国家公務員の完全週休2日制スタート
5・22　細川護熙前熊本県知事が中心となり日本新党結成
6・3　環境と開発に関する国連会議（地球サミット、ブラジル）開幕
6・15　PKO協力法成立、自衛隊のPKO参加が可能に
7・25　バルセロナ夏季オリンピック開幕
8・27　金丸信自民党副総裁が東京佐川急便献金疑惑で辞任
9・12　毛利衛がスペースシャトル「エンデバー」で宇宙へ出発
10・23　天皇・皇后両陛下が初の中国訪問
11・3　ビル・クリントンがアメリカ大統領選挙に当選

岡山県関係の主な出来事

5・22　倉敷市文化振興財団設立、理事長に三浦朱門
7・10　山陽町（現赤磐市）の住宅団地で短銃乱射事件、3人死亡
7・18　岡山県が完全週休2日制を実施
7・26　将棋第十五世名人の大山康晴が死去、69歳
8・1　有森裕子がバルセロナ五輪女子マラソンで銀メダル
8・19　国立岡山病院（現国立病院機構岡山医療センター）で県下初の生体肝移植手術を実施
10・25　長野士郎が岡山県知事選で6選を果たす
10・27　三幸実業と中山商事が倒産、負債額1540億円
12・18　中国横断自動車道落合JCT─江府IC間が開通

①釧路や高知など有名朝市が初めて岡山に集まった「全国朝市フェア」。この頃、対面販売が魅力の朝市が各地で開催され、ちょっとした朝市ブーム（5月3日、岡山・京橋）
②バルセロナ五輪女子マラソン銀メダリストの有森裕子がふるさと岡山で凱旋パレード。メダルを胸に、オープンカーから笑顔で手を振る有森選手（8月13日、岡山・丸の内）

世相・流行・話題

茶髪、バスケットシューズ・ウエア、だぼだぼルック、就職氷河期

音楽

私がオバさんになっても（森高千里）、君がいるだけで（米米CLUB）、涙のキッス（サザンオールスターズ）

映画

「シコふんじゃった。」「紅の豚」「青春デンデケデケデケ」「ミンボーの女」「愛人／ラマン」「氷の微笑」「JFK」

出版

「火車」（宮部みゆき）、「さるのこしかけ」（さくらももこ）、「磯野家の謎」（東京サザエさん学会）、「SEX by MADONNA─マドンナ写真集」（スティーヴン・マイゼル）

テレビ

「ウゴウゴルーガ」「進め！電波少年」「美少女戦士セーラームーン」「クレヨンしんちゃん」「タモリのボキャブラ天国」「ずっとあなたが好きだった」

新商品・ヒット商品

ミニディスク(MD)、スーパーマリオカート、グッドアップブラ、日清ラ王

CM

「うまいんだな、これが」「ねェ、チューして」「具が大きい」「あなたと話したい競馬があります」「hungry？」

流行語

「冬彦さん」「ほめ殺し」「どたキャン」「バツイチ」「今まで生きてきた中で一番幸せです」「こけちゃいました」

冥友録

尾崎豊、大山康晴、大杉勝男、岡田嘉子、長谷川町子、松本清張、中村八大、若山富三郎、マレーネ・ディートリヒ、ジョルジュ・ドン

この年こんなことも

貴花田が大相撲初場所で史上最年少優勝。父子2代Vの快挙（1月）／ハウステンボス開業（3月）／故長谷川町子が国民栄誉賞受賞、山形新幹線開業（7月）／夏の高校野球で松井秀喜が5打席連続敬遠（8月）／チェッカーズ解散（12月）

自衛隊の海外派遣へ本格的に道を開くPKO協力法が成立。翌年5月、岡山県警の高田晴行警視がカンボジアでPKO活動中に銃撃され殉職した（6月16日付朝刊）

この年のあなたの年齢　　　　　歳　　　　　　　　　　　在住

　　　　　　　　在学（　　　年生）・勤務

この年にあなたに起こった出来事

-
-
-
-
-

その出来事に対するあなたの思い

-
-
-

1993 平成5年

宮沢喜一内閣
細川護熙内閣

国内・海外の主な出来事

- 1・3 米ロ首脳が第2次戦略兵器削減条約（START II）に調印
- 1・27 曙が外国人力士として初の横綱（第64代）昇進
- 3・6 金丸信前自民党副総裁と元秘書を脱税容疑で逮捕
- 5・15 日本プロサッカー・Jリーグ開幕
- 6・9 皇太子徳仁親王と小和田雅子さんが結婚
- 7・12 北海道南西沖地震発生、奥尻島で死者・行方不明者230人
- 7・18 第40回衆院選で、自民党が過半数割れ、社会党は惨敗。新生、日本新党、さきがけなどは躍進。55年体制終わる
- 8・9 細川護熙内閣発足、自民党が38年ぶりに政権離脱
- 10・28 サッカーW杯アジア予選最終戦で日本敗退（ドーハの悲劇）
- 11・1 単一通貨導入を目指す欧州連合条約が発効
- 12・11 屋久島、白神山地、法隆寺、姫路城が日本初の世界遺産登録

岡山県関係の主な出来事

- 4・3 岡山市など8市17町で完全週休2日制
- 4・15 岡山県立大学が総社市に開学、入学式が行われる
- 5・4 高田晴行県警警視がカンボジアでPKO活動中に殉職
- 7・8 吉備高原都市の前期事業竣工
- 7・18 衆院選で無所属の石田美栄（岡山2区）が初当選
- 11・28 大山名人杯倉敷藤花戦で林葉直子五段が初代栄冠を獲得
- 12・16 山陽自動車道岡山IC—備前IC間が開通、県内ルート全通

※この年、冷夏・長雨の影響で県の米生産が戦後最低水準の不作

①カンボジアでの日本人文民警察官殺傷事件で殉職した岡山県警出身の高田晴行警視の遺体が倉敷市の実家に無言の帰宅。写真は日の丸と国連旗に包まれて実家へ向かう高田警視のひつぎ（5月7日）
②将棋の女性プロ棋士公式タイトル戦・第1期大山名人杯倉敷藤花戦の決勝戦が倉敷市芸文館で行われ、林葉直子五段（左）が斎田晴子二段を破り、初代倉敷藤花位の栄冠を手にした（11月28日）

世相・流行・話題

政権交代、Jリーグ、ナタデココ、ワイン、異常気象（冷夏・長雨）、米不足

音楽

負けないで（ZARD）、YAH YAH YAH（CHAGE & ASKA）、慟哭（工藤静香）、ロマンスの神様（広瀬香美）

映画

「月はどっちに出ている」「まあだだよ」「ソナチネ」「ジュラシック・パーク」「ボディガード」「許されざる者」

出版

「マークスの山」（高村薫）、「生きるヒント」（五木寛之）、「完全自殺マニュアル」（鶴見済）、「マーフィーの法則」（アーサー・ブロック）、「マディソン郡の橋」（ロバート・ジェームズ・ウォラー）

テレビ

「ひとつ屋根の下」「NHKニュースおはよう日本」「料理の鉄人」「高校教師」「ダブル・キッチン」「どうぶつ奇想天外！」「天才てれびくん」

新商品・ヒット商品

ワゴンR、タイ米、形状記憶ワイシャツ、サンキストのど飴

CM

「アルシンドになっちゃうよ」「そうだ京都、行こう。」「勉強しまっせ引越のサカイ」「ゼロゼロイチバンKDD」

流行語

「ブルセラ」「サポーター」「規制緩和」「聞いてないよォ」「不良債権」「清貧」「コギャル」「リストラ」「天の声」

冥友録

安部公房、田中角栄、笠智衆、井伏鱒二、藤山一郎、ハナ肇、服部良一、オードリー・ヘプバーン

この年こんなことも

山形で中1生いじめマット窒息死、貴ノ花と宮沢りえが婚約解消会見（1月）／故服部良一に国民栄誉賞（2月）／土井たか子が女性初の衆議院議長に、レインボーブリッジ開通（8月）／マイケル・ジョーダンが引退会見、ネルソン・マンデラにノーベル平和賞決定（10月）／逸見政孝が死去（12月）

自民党政権の継続か交代かが問われた第40回衆院選挙。即日開票の結果、自民党は過半数に届かず結党以来最低の敗北を喫した。また社会党も過去最低の議席数を記録し、自社両党を中心とした55年体制は終幕を告げた（7月19日付朝刊）

この年のあなたの年齢　　　　　歳　　　　　　　　　　　　　　在住

　　　　　　　　在学（　　　年生）・勤務

この年にあなたに起こった出来事

・

・

・

・

・

その出来事に対するあなたの思い

・

・

・

1994 | 平成 **6** 年

国内・海外の主な出来事

2・5　ボスニア紛争でサラエボの市場に砲撃、死者68人

2・12　リレハンメル冬季オリンピック開幕

4・26　中華航空機が名古屋空港で着陸失敗、264人死亡

5・10　ネルソン・マンデラが南アフリカ共和国初の黒人大統領に

6・27　オウム真理教による松本サリン事件が発生

6・30　村山富市内閣発足。自民、社会、新党さきがけの三党連立

7・8　北朝鮮の金日成国家主席が死去、後継者に金正日

7・8　日本人初の女性宇宙飛行士・向井千秋が宇宙へ

9・20　イチローが史上初の1シーズン200本安打を記録

10・13　大江健三郎のノーベル文学賞受賞が決定

12・10　新生党、公明党などが新進党を結成

岡山県関係の主な出来事

4・14　ＴＩサーキット英田（現岡山国際サーキット）でＦ1世界選手権を初開催

4・22　人間国宝の備前焼作家・山本陶秀が死去、87歳

4・25　奈義町に町立初の「現代美術館」が開館

8・7　岡山市と久世町（現真庭市）で観測史上初の39度超え、39.3度を記録

8・29　苫田ダム着工へ。奥津（現鏡野町）・鏡野両町と、国・県が協定調印

9・16　チボリ公園計画を公表、デンマーク側と合意文書に調印

11・4　成羽町美術館（現高梁市成羽美術館）が開館

12・3　智頭線が開業、特急は新大阪―大原間1時間50分

※この年の夏、猛暑・渇水で県南では時間断水、水島工業地帯で工業用水輸入

①日照り続きで池の水がなくなり、大きくひび割れた国指定天然記念物の鯉が窪湿原(8月6日、現新見市哲西町矢田)
②苫田ダムが建設される旧奥津町(現鏡野町)久田下原付近。右山あいの堰手前に第1堰堤が造られる(8月29日)

戦後世代を代表する作家として日本の文学界をリードしてきた大江健三郎のノーベル文学賞受賞が決まった。戦後民主主義表現が評価された（10月14日付朝刊）

この年のあなたの年齢　　　　歳　　　　　　　　　　　　　在住

　　　　　　　　　在学（　　　年生）・勤務

この年にあなたに起こった出来事

・

・

・

・

・

その出来事に対するあなたの思い

・

・

・

157

国内・海外の主な出来事

1・17　阪神・淡路大震災が発生。観測史上初の M7.3 を記録
2・13　野茂英雄のロサンゼルス・ドジャース入団が決定
3・20　オウム真理教による地下鉄サリン事件発生、死者 13 人、重軽傷者約 5550 人
4・9　統一地方選で青島幸男東京都知事と横山ノック大阪府知事が誕生
4・19　東京外為市場で 1 ドル 79 円 75 銭の戦後最高値を記録
8・5　アメリカとベトナムが国交樹立
10・21　米兵女子小学生暴行事件に抗議する沖縄県民総決起大会に約 8 万 5000 人集結
12・8　高速増殖原型炉「もんじゅ」のナトリウム漏洩事故が発覚
12・14　オウム真理教に破壊活動防止法の団体規制（解散の指定）を適用

岡山県関係の主な出来事

1・8　勝北町議選で不正投票、半数の町議が逮捕される
1・17　阪神・淡路大震災被災地へ県内からの支援活動の輪が広がる
3・5　倉敷スポーツ公園マスカットスタジアムがオープン
4・1　県工業技術センター・テクノサポート岡山がオープン
4・5　倉敷芸術科学大学で第 1 回入学式
6・15　東粟倉村議会が「愛の森」設定条例を可決、施行
6・24　岡山国際交流センターがオープン
10・14　倉敷チボリ公園が着工
11・14　「'95 おかやま国際貢献 NGO サミット」開催

①マスカットスタジアム（倉敷市中庄）がオープンし、開幕戦広島―西武でジェット風船を飛ばして盛り上がるスタンド（3 月 5 日）
② 21 世紀に向けた岡山県の国際化拠点となる岡山国際交流センターが開館し、テープカットが行われた（6 月 24 日、岡山・奉還町）

世相・流行・話題

金融破綻、超円高、へそ出しルック、コギャル、ダウンジャケット、ロングブーツ、阪神・淡路大震災、オウム

音楽

ロビンソン（スピッツ）、LOVE LOVE LOVE（ドリームズ・カム・トゥルー）、TOMORROW（岡本真夜）、蒼いうさぎ（酒井法子）

映画

「午後の遺言状」「耳をすませば」「フォレスト・ガンプ／一期一会」「マディソン郡の橋」

出版

「鉄道員」（浅田次郎）、「パラサイト・イヴ」（瀬名秀明）、「星の輝き」（シドニィ・シェルダン）

テレビ

「愛していると言ってくれ」「星の金貨」「ためしてガッテン」「出没！アド街ック天国」

新商品・ヒット商品

Windows 95、PHS、やせる石鹸、防災用品、たれぱんだ、液晶搭載デジタルカメラ QV-10

CM

「変わらなきゃ」「わたし、脱いでもすごいんです」「見た目で選んで、何が悪いの!」

流行語

「がんばろうKOBE」「ああ言えば上祐」「マインドコントロール」「NOMO（野茂英雄）」「官官接待」「無党派」「ライフライン」

冥友録

前畑秀子、城達也、土井勝、山田康雄、福田赳夫、山口瞳、川谷拓三、テレサ・テン、ディーン・マーティン

この年こんなことも

公立学校の第2土曜日に加え第4土曜日休業（4月）／札幌と東京で PHS サービス開始、九州自動車道が全線開通（7月）／村山富市首相が「戦後50周年の終戦記念日にあたって」（村山談話）を発表（8月）／野茂英雄が大リーグで新人王、米マイクロソフト社のWindows95日本語版が発売（11月）

兵庫中心に烈震

山陽新聞社

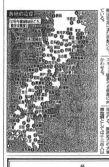

死者・不明1000人超す
家屋倒壊や道路崩落

神戸、洲本 震度6

橋脚の根元部分から倒れてしまった阪神高速道路＝17日午前9時15分、神戸市東灘区深江

松岡良明 本社相談役 前社長 の社葬

喪主　松岡 天平
葬儀委員長　佐々木 勝美

1月17日午前5時46分、阪神・淡路大震災が発生。死者6434人、行方不明者3人。東日本大震災が起きるまで戦後日本最大の天災となった。約2カ月後に起きたオウム真理教の地下鉄サリン事件とともに、日本全土が世紀末感に覆われた（1月17日付夕刊）

この年のあなたの年齢　　　　　歳　　　　　　　　　　　　在住

在学（　　　年生）・勤務

この年にあなたに起こった出来事

・
・
・
・
・

その出来事に対するあなたの思い

・
・
・

国内・海外の主な出来事

- 2・16　薬害エイズ問題で菅直人厚相が HIV 訴訟の原告らに直接謝罪
- 4・1　「らい予防法」が廃止される
- 5・31　2002 FIFAワールドカップの日本と韓国の共同開催が決定
- 7・13　堺市で病原性大腸菌 O157 による大規模集団食中毒が発生
- 7・19　アトランタ夏季オリンピック開幕（日本メダル 14 個獲得）
- 8・29　薬害エイズ事件で安部英前帝京大学副学長を逮捕
- 9・10　国連総会で包括的核実験禁止条約（CTBT）が採択される
- 9・28　民主党結成、代表に菅直人と鳩山由紀夫
- 10・20　初の小選挙区比例代表並立制で衆院選が行われるも史上最低の投票率に
- 12・17　ペルー日本大使公邸人質事件発生、翌年 4 月 22 日解決

岡山県関係の主な出来事

- 1・11　総社市出身の橋本龍太郎が首相に就任
- 4・1　岡山市が政令市に準じた権限を持つ中核市に移行
- 5・10　藤原雄が備前焼の国指定重要無形文化財保持者（人間国宝）に認定
- 5・12　吉永町議会のリコールが成立（産業廃棄物処分場問題）
- 5・29　邑久町（現瀬戸内市）の幼稚園・小学校で O157 による集団食中毒
- 7・28　有森裕子がアトランタ五輪女子マラソンで銅メダル
- 10・27　石井正弘が岡山県知事に初当選
- 12・3　北房町長が町職員採用試験をめぐる収賄容疑で逮捕
- 12・12　岡山空港の滑走路 3000 m化が決定
- 12・26　大気汚染をめぐる四大訴訟の一つ、倉敷公害訴訟が和解

①バルセロナ五輪の銀メダルに続き、アトランタ五輪では銅メダルと、2 大会連続のメダル獲得となった有森裕子。ゴール後のインタビューでの「自分で自分をほめたい」はこの年の流行語に（7 月 28 日、写真提供：共同通信社）②テレビアニメ「爆走兄弟レッツ＆ゴー‼」でブームに火が付き、子どもたちの間でミニ四駆が爆発的に流行。イベント会場などでは白熱したレースが展開された（11 月 28 日）

世相・流行・話題

国内ウェブサイト増加、携帯電話・PHS契約者数急増、アムラーファッション、ナマ足、ルーズソックス、プリクラ、O157、食中毒

音楽

DEPARTURES（globe）、LA·LA·LA LOVESONG（久保田利伸 with NAOMI CAMPBELL）、チェリー（スピッツ）、I'm proud（華原朋美）

映画

「Shall we ダンス？」「キッズ・リターン」「ミッション：インポッシブル」「セブン」

出版

「不夜城」（馳星周）、「蛇を踏む」（川上弘美）、「蒼穹の昴」（浅田次郎）、「神々の指紋」（グラハム・ハンコック）

テレビ

「ロングバケーション」「ナースのお仕事」「王様のブランチ」「SMAP×SMAP」「めちゃ×2イケてるッ!」

新商品・ヒット商品

ステップワゴン、NINTENDO64、ポケットモンスター赤・緑、たまごっち

CM

「液晶パスポートサイズ」「ペプシマン」「さらりとした梅酒」

流行語

「自分で自分をほめたい」「メークドラマ」「援助交際」「アムラー」「チョベリバ／チョベリグ」

冥友録

岡本太郎、三橋美智也、司馬遼太郎、渥美清、藤子・F・不二雄、遠藤周作、柏戸剛、秋田貞夫、星野道夫、横山やすし、ジーン・ケリー

この年こんなことも

若田光一が米スペースシャトル「エンデバー」で宇宙へ（1月）／羽生善治が史上初となる将棋の七冠独占を達成（2月）／「Yahoo! JAPAN」サービス開始（4月）／海の日施行（7月）／沖縄で米軍基地の整理・縮小などの賛否を問う県民投票実施（9月）／プロ野球でオリックスが初の日本一に（10月）／原爆ドームと厳島神社が世界文化遺産に（12月）

橋本内閣が発足

山陽新聞

発行所
山陽新聞社

（1）　16版　明治25年3月17日第3種郵便物認可　山陽新聞　第40564号　1996年（平成8年）1月12日　金曜日　日刊

橋本新内閣の顔ぶれ

1996年1月11日発足　経歴欄の丸数字は当選回数　（初）は初入閣

2年半ぶり自民首相

重厚な実務内閣

官房 梶山
大蔵 久保（副総理 兼任）
外務 池田氏

職	氏名	年齢
総理	橋本竜太郎	58
副総理（初） 大蔵	久保　亘	
法務（初）	長尾立子	62
外務	池田行彦	58
文部	奥田幹生	67
厚生（初）	菅　直人	49
農水相	大原一三	71
通産	塚原俊平	48
建設	中尾栄一	65
自治（初）	倉田寛之	57
官房	梶山静六	69
総務（初）	中西績介	57
北海道沖縄	岡部三郎	69
防衛（初）	臼井日出男	57
経企	田中秀征	55
科学	中川秀直	51

首相指名選挙結果

＜衆院＞ 投票総数251票（過半数126）	
橋本竜太郎	158票
小沢　一郎	69票
不破　哲三	14票
矢田部　理	3票

＜参院＞ 投票総数489票（過半数245）	
橋本竜太郎	288票
小沢　一郎	167票
不破　哲三	15票
海江田万里	5票
矢田部　理	2票
笹野　貞子	2票

清酒 金陵 きんりょう

橋本首相誕生

第135回臨時国会で、自民党総裁の橋本龍太郎衆議院議員が首相に指名。戦後初の岡山県出身の首相誕生に、倉敷市では市民や支持者ら約5000人が参加してちょうちん行列で祝った（1月12日付朝刊）

この年のあなたの年齢　　　　歳　　　　　　　　　　　　在住

在学（　　　年生）・勤務

この年にあなたに起こった出来事

・
・
・
・
・

その出来事に対するあなたの思い

・
・
・

国内・海外の主な出来事

1・2	島根県隠岐島沖でロシアタンカー「ナホトカ」沈没、大量の重油流出
4・1	消費税率が3％から5％に
4・22	ペルー日本大使公邸に特殊部隊突入、人質全員解放
5・2	イギリスで労働党のトニー・ブレアが首相に就任
6・17	臓器移植法が成立（10月16日施行）
6・28	神戸連続児童殺傷事件（酒鬼薔薇事件）の犯人の少年逮捕
7・1	香港がイギリスから中国に返還
7・2	タイ通貨バーツが変動相場制に移行、暴落からアジア通貨危機に
8・31	ダイアナ元英皇太子妃、パリで事故死
11・16	サッカー日本代表がW杯（フランス大会）初出場を決める
12・1	地球温暖化防止京都会議開幕。11日、京都議定書採択

岡山県関係の主な出来事

3・15	岡山自動車道が全線開通
4・16	備中松山城の本丸復元工事完了
6・25	岡山労災病院でO157による集団食中毒が発生
7・18	倉敷チボリ公園がJR倉敷駅北にオープン
10・16	臓器移植法施行でドナーカードの配布開始
11・26	JR宇野線（瀬戸大橋線）の高架事業着工

※この年、岡山県の財政危機深刻化
※この年、岡山城築城400年記念イベントが相次ぐ
※この年、総社市の古代山城・鬼ノ城で次々に新発見

①天守が現存する山城では日本一高い備中松山城（高梁市内山下）の本丸復元工事が完了。櫓をバックに板倉氏の家紋の入った陣幕などで飾られた本丸内で復元落成式が行われた（4月16日）
②オープンを目前に控えた倉敷チボリ公園（6月24日）。写真上部中央の建物はJR倉敷駅。2008（平成20）年12月31日の閉園までの11年半の間に延べ1800万人の人が訪れた

世相・流行・話題

「消費税5％」「山一證券破綻」「大阪ドーム・ナゴヤドーム完成」「臓器移植法施行」「ワールドカップ」

音楽

CAN YOU CELEBRATE?（安室奈美恵）、硝子の少年（KinKi Kids）、ひだまりの詩（Le Couple）、幸せな結末（大滝詠一）、マイ・ハート・ウィル・ゴー・オン（セリーヌ・ディオン）

映画

「もののけ姫」「うなぎ」「失楽園」「イングリッシュ・ペイシェント」「タイタニック」「エアフォース・ワン」

出版

「レディ・ジョーカー」（高村薫）、「少年H」（妹尾河童）、「家族シネマ」（柳美里）、「芸人」（永六輔）

テレビ

「ラブジェネレーション」「踊る大捜査線」「スーパーJチャンネル」「踊る!さんま御殿!!」「ポケットモンスター」

新商品・ヒット商品

プリウス、ハイパーヨーヨー、WEGA、ビオレメイク落としふくだけコットン、キシリトールガム

CM

「アワまでうまい。」「キン、キン、キンチョウリキッド」「ねるじぇら（アイス）」

流行語

「失楽園」「パパラッチ」「ガーデニング」「マイブーム」「日本版ビッグ・バン」「チャイドル」「ビジュアル系」

冥友録

藤沢周平、萬屋錦之介、杉村春子、三船敏郎、勝新太郎、伊丹十三、星新一、ダイアナ・スペンサー、マザー・テレサ

この年こんなことも

カンヌ国際映画祭で今村昌平監督「うなぎ」がパルムドール賞受賞（5月）／ベネチア国際映画祭で北野武監督「HANA-BI」が金獅子賞受賞（9月）／長野新幹線開業（10月）／北海道拓殖銀行と山一證券が相次ぎ経営破綻（11月）／東京湾アクアライン開通、介護保険法制定（12月）

（1）　16版　明治25年3月17日第3種郵便物認可　　山　陽　新　聞　　第41017号　1997年(平成9年)4月24日　木曜日　日刊

強行突入 人質71人救出

山陽新聞

発行所　山陽新聞社

ペルー大使公邸事件

24邦人全員無事

判事と兵士
3人犠牲 ゲリラすべて死亡

127日目に解決

特殊部隊が強行突入した日本大使公邸から救出される日本人の人質＝22日午後3時55分、リマ市（共同）

政府、

1996 年 12 月 17 日に発生したリマの日本大使公邸人質事件は、ペルー軍と国家警察の特殊部隊による強行突入、武装グループとの銃撃戦の末に 127 日目に解決。日本人人質 24 人と日系人全員を含む 71 人全員が救出された（4月 24 日付朝刊）

この年のあなたの年齢　　　　　歳　　　　　　　　　　　　在住

　　　　　　　在学（　　　年生）・勤務

この年にあなたに起こった出来事

・

・

・

・

・

その出来事に対するあなたの思い

・

・

・

1998 平成 IO 年

国内・海外の主な出来事

- 2・7　長野冬季オリンピック開幕（日本メダル10個獲得）
- 3・6　奈良・明日香村のキトラ古墳で白虎図や天文図を発見
- 4・1　改正外為法施行、日本版ビッグバンスタート
- 4・5　明石海峡大橋が開通
- 5・27　若乃花が横綱に昇進、貴乃花と史上初の兄弟横綱が誕生
- 6・10　FIFAワールドカップ・フランス大会に日本初出場、全敗
- 7・12　参院選自民党惨敗で橋本首相退陣へ
- 7・25　和歌山・毒物カレー事件発生、死者4人、中毒63人
- 10・5　戦後最悪の不況で東証平均株価12000円台に
- 11・19　自民党と自由党が連立政権樹立で合意
- 12・1　特定非営利活動促進法（NPO法）施行

岡山県関係の主な出来事

- 2・8　産廃処分場建設をめぐる吉永町（現備前市）の住民投票で97.95％が反対
- 6・30　岡山—上海航空定期便が就航
- 7・3　岡山—グアム航空定期便が就航
- 9・3　県警幹部の接待不祥事で警視3人を含む関係者25人を処分
- 9・8　2005（平成17）年岡山国体秋季主会場が県総合グラウンドに決定
- 10・18　台風10号で県下大被害、奇跡の子牛「元気君」が話題に
- 10・28　岡山大医学部付属病院で国内初の生体部分肺移植
- 11・6　イトーヨーカドー岡山店オープン、大規模店の出店ラッシュ本格化

※この年、県財政が危機的状況、財政再建団体転落のおそれが強まる

①岡山大医学部付属病院で、重い気管支拡張症の24歳の女性患者に、母親と妹から肺の一部を移植する国内初の本格的な生体部分肺移植手術が行われた。写真は手術を無事終えて笑顔で手術室から出る医師団（10月28日）
②岡山市中心部では19年ぶりの大型店進出となった総合スーパー「イトーヨーカドー」がオープン。開店前から買い物客の長蛇の列が続き、初日だけで約5万人の人出を記録した（11月6日）

世相・流行・話題

キャミソールスタイル、カメラブーム、ヴィジュアル系バンドブーム、CD生産額・生産枚数が国内史上最高、世界の平均気温が観測史上1位

音楽

Automatic（宇多田ヒカル）、誘惑（GLAY）、my graduation（SPEED）、長い間（Kiroro）、HONEY（L'Arc～en～Ciel）

映画

「HANA-BI」「愛を乞うひと」「踊る大捜査線 THE MOVIE」「リング」「ディープ・インパクト」「アルマゲドン」

出版

「大河の一滴」（五木寛之）、「ダディ」（郷ひろみ）、「小さいことにくよくよするな！」（リチャード・カールソン）

テレビ

「GTO」「眠れる森」「ショムニ」「FNNスーパーニュース」「情熱大陸」

新商品・ヒット商品

キューブ、Windows98、iMac、バイオノート505、ドリームキャスト、ゲームボーイカラー、麒麟淡麗〈生〉、なっちゃん

CM

「アソブ、ハコブ、キューブ誕生」「桃の天然水はなんだかヒューヒューです」

流行語

「ハマの大魔神」「凡人・軍人・変人」「だっちゅーの」「キレる」「貸し渋り」「老人力」「モラル・ハザード」

冥友録

福井謙一、石ノ森章太郎、高橋竹山、高田浩吉、吉田正、村山実、黒澤明、淀川長治、フランク・シナトラ

この年こんなことも

郵便番号の7桁化（2月）／サッカーくじ法成立（5月）／金融監督庁発足（6月）／夏の高校野球決勝戦で横浜高校・松坂大輔がノーヒット・ノーラン達成（8月）／プロ野球・横浜ベイスターズが38年ぶり2度目の日本一、日本長期信用銀行（現新生銀行）を一時国有化（10月）／日本債券信用銀行（現あおぞら銀行）を一時国有化（12月）

第18回冬季五輪長野大会が開幕。冬季五輪では最多の72カ国・地域から選手2339人が集まった。この大会は20世紀最後を飾る冬季五輪であり、21世紀への懸け橋として「さらなる平和と友好」への願いを全世界に向けて発信する大会となった（2月8日付朝刊）

この年のあなたの年齢　　　　　歳　　　　　　　　　　　　　　　在住

　　　　　　　　　　在学（　　　年生）・勤務

この年にあなたに起こった出来事

・

・

・

・

・

その出来事に対するあなたの思い

・

・

・

国内・海外の主な出来事

1・1　欧州連合加盟 11 カ国が単一通貨としてユーロを導入
1・29　地域振興券の交付が全国で開始される
2・28　臓器移植法に基づく初の脳死移植を実施
3・24　コソボ紛争でＮＡＴＯ軍がユーゴスラビアを空爆
4・11　石原慎太郎が東京都知事に当選
5・24　周辺事態法が成立。自衛隊の日本領土外での活動が可能に
6・15　男女共同参画社会基本法が成立
8・9　国旗は日章旗、国歌は君が代とする国旗国歌法が成立
9・30　茨城県東海村の核燃料施設で国内初の臨界事故、被ばく者2人死亡
10・1　介護保険制度で要介護認定の申請受け付け開始
10・5　自自公連立の小渕再改造内閣発足

岡山県関係の主な出来事

1・11　井原鉄道井原線（総社―清音―神辺）が開業
1・31　岡山市長に萩原誠司が当選
4・1　備中町平川（現高梁市）の郷地区で大規模陥没発生、以降も続発
4・8　全国初の市町村立の中高一貫校・岡山市立岡山後楽館中学・高校で入学式
6・9　厚生省（現厚労省）が吉永町（現備前市）の産廃処分場建設計画で業者の行政不服審査請求を棄却
6・16　苫田ダム着工、構想から 42 年目
8・21　全国高校野球選手権大会で岡山理大付属高校が準優勝
11・21　山口衛里（天満屋）が東京国際女子マラソンで国内最高記録で優勝

※この年、ケイ・エス・ケイ・カード、吉本組、中鉄商事など大型倒産が相次ぐ

①第3セクター・井原鉄道井原線（総社市―広島県神辺町、41.7 キロメートル）が開業。総社行きの一番列車を、小旗を振って歓迎する岡山県真備町立箭田小（現倉敷市立箭田小）の児童ら（1月11日）②4月1日から大規模な陥没穴・地盤沈下が発生している岡山県備中町平川地区（現高梁市）で新たに最大級の陥没穴（深さ 10 メートル、約4メートル四方）が発生。稲荷神社下にぽっかりと大きな穴が口を開け、本殿が地下に落下寸前に（5月6日）

国内初の臨界事故

茨城・東海村ウラン加工会社

社員4人被ばく2人が重症

放射能漏れ、160人避難

政府が
対策本部

10キロ圏屋内退避要請

9月30日午前10時35分ごろ、茨城県東海村の核燃料加工会社JCOの施設で臨界事故が発生。作業員ら100人が被ばくし、付近住民31万人に避難勧告。のち社員2人が死亡（10月1日付朝刊）

この年のあなたの年齢　　　　歳　　　　　　　　　　　在住

　　　　在学（　　年生）・勤務

この年にあなたに起こった出来事

-
-
-
-
-

その出来事に対するあなたの思い

-
-
-

167

旭川下流で進む岡南大橋の橋脚工事。完成すれば旭川で分断されていた岡山市の江並地区と海岸通地区とが結ばれる（1990.1.12、岡山市）

新見女子高校（現岡山県共生高校）で裁縫の寒げいこ。室温2度の中、手を動きやすく摩擦して基本の運針に挑戦（1990.1）

アーカイブ岡山
1990年代
平成 2 年〜平成 11 年

天満屋ハピータウン岡南店にゴジラ来襲⁉　実は高さ5メートル、重さ1.2トンの、機械仕掛けで動く"サイボット"ゴジラ（1990.1.4、岡山・築港新町）

安全な食物は国産で。国民食料と農林業を守る県労農会議が集会後、3台のトラクターを先頭にデモ行進（1990.1.24、岡山・平和町）

コードレス電話機。「自分の好きな場所で電話ができる」と大人気（1990.2.27、岡山・幸町）

1991年9月完成に向け、工事が急ピッチで進む岡山シンフォニービル（1990.2.5、岡山市）

見て、読み、聴く「CDブック」が書店の一角に登場（1990.2.2、岡山・中山下）

都市近郊休養林として現岡山市中区
祇園に整備が進められてきた「龍ノ
ログリーンシャワー公園」がオープン
（1990.4.11）

電話ボックスの壁や電話機にびっしり張られたピンクビラ
（1990.5.31、岡山・柳町）

世界で初めてカブトガニをテーマにした「笠岡市立カ
ブトガニ博物館」がオープン（1990.3.16、笠岡市横島）

東京ドームで私大入試。グラウンドに設営されたマ
ンモス会場で約4000人の受験生が挑戦（1990.2.8、
東京・後楽園）

長い歴史を持つ手織り機で、1本1本上
質のイ草を選んで差し込み、織り上げて
いく花むしろ（1990.7.13、都窪郡早島町）

木造校舎が岡山市内で唯一残っていた曽根小学校。夏休
み中に取り壊される予定で、終業式の日に校舎に別れを
告げる児童（1990.7.19、岡山・曽根）

京橋朝市会場の上をゆうゆうと泳ぐこいのぼり。不
要になったこいのぼりの提供を呼び掛けたところ、
約130匹が市民から寄せられた（1990.5.6、岡山市）

毎週日曜日開催の「うしまど朝市」。市価より2、3
割安で即売される新鮮な瀬戸内の魚介類を求めて大
賑わい（1990.7、現瀬戸内市牛窓地区）

第6回旭川手づくりイカダぷかぷかラリー。県内の職場や町内会グループが
趣向を凝らした手作りいかだ33基で旭川をのんびり川下り（1990.8.5、岡山市）

宇喜多秀家時代の侍屋敷跡が発見された中国銀行本店の建設現場。井戸やご
み穴30基余りから当時の城郭を知る貴重な遺物がぞくぞく（1990.7、岡山・丸の内）

1990年代 平成2年～平成11年

一休さんがいっぱい？ 午前6時、小僧さんの衣装（腰衣）で神妙に座禅を組む子どもたち（1990.8、勝田郡勝央町・東光寺）

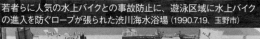

若者らに人気の水上バイクとの事故防止に、遊泳区域に水上バイクの進入を防ぐロープが張られた渋川海水浴場（1990.7.19、玉野市）

ユニークな手作りいかだが出場した日生みなとまつりの名物行事「ドンガメレース」（1990.8.13、現備前市日生町地区）

男子も家庭科が必修に。慣れないエプロン姿で親子どんぶりづくりに挑戦する久世高校の男子生徒たち（1990.11、現真庭市）

三菱石油水島製油所でアスファルト製造装置のブローンアスファルトタンクが爆発炎上（1990.10.23、倉敷市）

1991年5月の開館を目指し、急ピッチで工事が進む大規模総合展示施設「CONVEX岡山」（1990.12.10、岡山・大内田）

旧制第六高等学校の創立90周年記念祭・前夜祭で、全国から駆け付けた同窓生約700人が岡山朝日高校から表町商店街までの約1キロをちょうちん行列

瀬戸大橋線のマリンライナーの通過便が多かった早島駅で開催され

上之町商店街（表町商店街）がオランダ街の雰囲気を持つ「アムスメール上之町」に変身（1991.4.6、岡山市）

改正車庫法施行で、青空駐車と長時間駐車の県下一斉取り締まり（1991.7.2、岡山・西古松）

新緑を背に、旭川をまたいで川風に泳ぐ50匹のこいのぼり（1991.4.21、建部町＝現岡山市北区建部町）

岡山市の玄関口に当たる、JR岡山駅前から城下交差点までの桃太郎大通りシンボルロードの完成式（1991.7.20）

「あったかいね〜」。標高560メートルにある千屋小学校にストーブがお目見え。ストーブを囲んで暖をとる児童ら（1991.11.7、新見市）

沙美海岸周辺でアナジャコ釣りが盛ん。アナジャコの尾にわらすべを結び付けて友釣り（1992.5、倉敷市）

橋げた架設工事が終わった岡南大橋。当初は一般有料道路だったが、2006年4月1日に無料化に（1991.12.11、岡山市）

約2年がかりで建設していた中国銀行本店ビルが完成。3月9日に完工式が行われた（1992.3.9、岡山市）

1990年代 平成2年～平成11年

カヌーブーム到来。ライフジャケットとヘルメットを身に着け、気持ちよくパドルを操るカヌー愛好者（1992.12、岡山・牟佐）

土曜閉庁のお知らせ
岡山市は、四月から毎週土曜日が閉庁となりました。本日は休みですのでよろしくお願いいたします。
岡山市

完全土曜閉庁が始まった岡山市役所（1993.4.3、岡山・大供）

バルセロナ五輪女子マラソンの銀メダリスト・有森裕子が郷土入り。岡山駅―県庁間で祝賀パレード（1992.8.13、岡山市）

大井野中学校（2006年閉校）では、教師も生徒も自作のわら草履で授業。頭がすっきりすると、好評だとか（1992.7.13、現新見市）

葉たばこ畑に整然と並んだ奇妙な白い三角帽子。これは葉たばこの苗を霜から守る油紙製の苗キャップ（1993.4、成羽町＝現高梁市成羽町）

6月9日、皇太子と雅子さまの「結婚の儀」が執り行われ、天満屋岡山店のテレビ画面前にはパレードの映像を熱心に見入る買い物客でいっぱい（1993.6.9、岡山市）

奉祝 皇太子殿下、雅子さま御成婚おめでとうございます

皇太子と雅子さまの「結婚の儀」を記念し、岡山電気軌道が走らせた「奉祝電車」（1993.6.8、岡山市）

井原市内から湯原温泉までの約110キロを、たすきリレーで夜通し走り抜きゴールする「井原走ろう会」のメンバー（1993.6.26、真庭市）

「おかやま芸術フェスティバル」の催しの一つとして、路面電車に設けたステージで落語を披露。往復約40分間の寄席を楽しむ乗客（1993.9.4、岡山市）

今では珍しいちんどん屋を脱サラ男性ら3人が結成。旗揚げで奉還町商店街を練り歩くちんどん屋（1993.10）

「おばちゃん、これちょうだい」。昔ながらの店構えで地域の子に愛されて営まれる駄菓子店。軒先には懐かしい駄菓子がいっぱい（1993.12.4、倉敷市本町）

学校を"一日デパート"にする県内高校では初の試みの岡山東商業高校の「東商デパート」。大勢の客でにぎわった（1993.12.6、岡山・東山）

過酷な暑さが続き、水不足が深刻化。貯水のすべてを失い、亀の甲羅状に干上がった新成羽川ダムの湖底（1994.8.4、成羽町＝現高梁市成羽町）

青空のもと、牧草を刈り取って円筒状にまとめてロールベールラップにする作業が続く笠岡湾干拓地（1993.10）

「いらっしゃーい」と、のれんをくぐると店主の温かい声。低料金と家庭的な雰囲気が魅力の屋台村（1993.12、岡山市）

王子が岳で発生した大規模な山火事。330ヘクタールを焼き、約56時間後に鎮火（1994.8.11、玉野市）

1990年代 平成2年〜平成11年

ありがとうございました
本日で終ります。
十三日　岡山市東山プール

渇水のため使用中止となった市営東山プール。岡山市が初の給水制限を打ち出すほどの異常渇水だった（1994.8.15、岡山・赤坂本町）

異常渇水で16時間断水し、水筒を持参する玉野市の職員（1994.8.25）

高梁川水系の県南市町村では異常渇水が続き、給水車代わりの市の巡回入浴車まで出動。入浴車から水を運ぶ玉野市の老人ホームの入所者（1994.8.25）

イトーヨーカ堂などが進出する日本たばこ産業岡山工場跡地（1997.12.5、岡山市）

男女共学校として初めて女子生徒21人を迎えた岡山高校の入学式（1997.4.8、岡山・箕島）

澄み切った青空、農家の軒先に鮮やかな色の玉すだれが広がる干し柿づくり（1994.11、現津山市加茂町地区）

「僕の車、見て」と嬉しそうにミニ四駆を友だちに見せる少年。愛車や改造パーツは専用ケースに保管（1996.11、岡山市）

神郷中学校 (2016年閉校) の冬季寄宿舎「自啓寮」の入舎式。積雪で通学困難となる県境の生徒9人が約2カ月間の共同生活をスタート (1998.1.8、現新見市)

ロサンゼルス五輪体操金メダリストの森末慎二が、沿道の声援に応えながら長野冬季五輪の聖火をリレー (1998.1.13、岡山市・桃太郎大通り)

1998年の台風10号の直撃で、津山市内の牧場から吉井川を流された牛窓沖で救助された「奇跡の子牛」(1998.10.21、現瀬戸内市邑久町地区)

1998年の台風10号が中四国を直撃し、旭川の河川敷には流された車が (1998.10.18、岡山市)

高さ100メートル (地上21階、地下2階) のNTTクレド岡山ビルが完成 (1999.2.26、岡山市)

男性向け発毛剤「リアップ」発売。発売前から反響が大きく岡山県内のほとんどの店で夕方までに売り切れた (1999.6.4、岡山市)

西暦2000年まであと3週間。「2000年に何が起こるか!?」。書店では関連本も人気 (1999.12.9、岡山市)

話しかければ言葉を覚える、アメリカ生まれのファービー人形が大人気。日本語版ファービーを手に入れ喜ぶ買い物客 (1999.5.29、岡山市)

2000 | 平成 **12** 年

国内・海外の主な出来事

2・6	大阪府知事に太田房江が当選、日本初の女性知事誕生
4・1	介護保険制度スタート
5・3	西日本鉄道の高速バスを17歳の少年が乗っ取り。1人刺殺、5人重軽傷
6・13	韓国・金大中大統領と北朝鮮・金正日総書記の両首脳が会談
7・21	九州・沖縄で主要国首脳会議（九州・沖縄サミット）開催
9・2	三宅島・雄山の噴火で全島民が本土へ避難開始
9・15	シドニー夏季オリンピック開幕（日本メダル18個獲得）
10・10	白川英樹のノーベル化学賞受賞が決定
11・19	イチローのシアトルマリナーズ入団が決定

※この年、携帯電話台数が5000万台を超え、固定電話を抜く

岡山県関係の主な出来事

3・21	岡山相互、岡山、玉野の3信用金庫が合併、おかやま信金が誕生
4・1	岡山市に吉本興業の定期公演拠点「三丁目劇場」オープン
6・21	高校3年生が野球部後輩と母親を金属バットで殴打し、母親を殺害
9・24	シドニー五輪女子マラソンで山口衛里が7位入賞
10・6	鳥取西部地震が発生、新見市千屋地区で甚大な被害
10・22	岡山県知事に現職の石井正弘が再選
11・15	天皇・皇后両陛下が地方視察で来岡
11・18	雑貨専門店ロフトを核とする「ロッツビル」が開店
12・5	森改造内閣で県選出国会議員3人（平沼赳夫、橋本龍太郎、片山虎之助）が同時に入閣、史上初

※この年、岡山後楽園築庭300年で多彩なイベントが繰り広げられる

① 1974（昭和49）年、東京－岡山間でお目見えして以来、長年親しまれてきた東海道・山陽新幹線の食堂車が、この年の3月10日ですべての列車から姿を消した。新幹線のスピードアップの陰で、旅の情緒が一つ失われた（3月3日）
②岡山・邑久バット事件で、県警牛窓署の捜査本部が殺人未遂と傷害容疑で指名手配していた少年が7月6日、秋田県内で逮捕され、牛窓署に移送された。写真は詰め掛けた大勢の報道陣の間を通り牛窓署に入る少年を乗せたワゴン車（7月6日）

ミュール、Gジャン、キックスケーター、腰パン、パラパラ、iモード、加藤の乱、17歳事件、パラサイト・シングル

音楽

TSUNAMI（サザンオールスターズ）、桜坂（福山雅治）、地上の星（中島みゆき）、Everything（MISIA）、慎吾ママのおはロック（慎吾ママ）、SEASONS（浜崎あゆみ）

映画

「ホワイトアウト」「雨あがる」「バトル・ロワイアル」「ミッション：インポッシブル2」「グラディエーター」

出版

「だから、あなたも生きぬいて」（大平光代）、「話を聞かない男、地図が読めない女」（A・ピーズ、B・ピーズ）、「ハリー・ポッターと秘密の部屋」（J・K・ローリング）

テレビ

「Beautiful Life」「やまとなでしこ」「オヤジぃ。」「クイズ$ミリオネア」

新商品・ヒット商品

Windows2000、PlayStation 2、PS one、ムースポッキー、DAKARA、キリン 生茶

CM

「ピアノ売ってちょーだい！電話してちょーだい！」

流行語

「おっはー」「IT革命」「Qちゃん」「ジコチュー」「ミレニアム」「めっちゃ悔しい!」「最高で金、最低でも金」

冥友録

鶴岡一人、中田喜直、小渕恵三、山村聰、竹下登、香淳皇后、青江三奈、ミヤコ蝶々、加藤武徳、秋山登、チャールズ・M・シュルツ

この年こんなことも

ハッピーマンデー制度が初めて成人の日に適用、新潟少女監禁事件発覚（1月）／淡路花博開催（3月）／雪印集団食中毒事件発覚（6月）／新紙幣二千円札発行（7月）／少年法改正案成立、ストーカー規制法施行（11月）／BSデジタル放送開始、世田谷一家殺害事件発生（12月）

（1）　16版　　明治25年3月17日第3種郵便物認可　　　山　陽　新　聞　　　第42238号　2000年（平成12年）10月7日　土曜日　日刊

鳥取県西部 震度6強

新見、小豆島など震度5強

55人けが　活断層横ずれ

阪神大震災超すM

山陽新聞

10月6日午後1時半ごろ、鳥取県西部を震源地とする強い地震が発生。震度5強を観測した新見市千屋地区では至る所で道路や田畑に亀裂が生じ、家屋の全壊6棟、半壊24棟、一部損壊271棟と、家屋被害は地区の全世帯の約8割に及んだ（10月7日付朝刊）

この年のあなたの年齢　　　　歳　　　　　　　　　　　　在住

在学（　　年生）・勤務

この年にあなたに起こった出来事

-
-
-
-
-

その出来事に対するあなたの思い

-
-
-

国内・海外の主な出来事

1・6　中央省庁が1府22省庁から1府12省庁へ再編統合

1・20　ジョージ・W・ブッシュがアメリカ大統領に就任

2・9　宇和島水産高校の実習船「えひめ丸」が米原潜と衝突、沈没

3・31　ユニバーサル・スタジオ・ジャパン（USJ）が開園

4・26　小泉純一郎内閣が発足

6・8　大阪教育大学付属池田小学校で児童殺傷事件、8人が死亡

9・4　東京ディズニーシー開園

9・10　日本国内初の狂牛病（BSE）感染牛を発見

9・11　アメリカで同時多発テロが発生

10・10　野依良治のノーベル化学賞受賞が決定

12・1　敬宮愛子内親王が誕生

岡山県関係の主な出来事

2・27　第3セクターの岡山空港開発が経営破綻

3・12　総社市の採石場の山が崩落、死者2人、行方不明1人

3・25　春の選抜高校野球に岡山学芸館と関西の2校が出場

7・24　岡山地裁の瀬戸内ハンセン病国賠訴訟で第1回和解が成立

7・29　参院選で自民現職の片山虎之助が3選

8・12　世界陸上女子マラソンに天満屋の松尾和美、松岡理恵が出場

10・4　岡山空港の3000m滑走路の使用開始

10・29　備前焼の人間国宝藤原雄が69歳で死去

12・7　岡山県信用組合が債務超過で経営破綻

①3月12日午前10時15分ごろ、総社市下倉の採石場の山が高さ約230メートル、幅約150メートルにわたり崩落。従業員ら3人が生き埋めとなり、2人の遺体が見つかった ②岡山空港（岡山・日応寺）の3000メートル滑走路が使用開始となり、直行運航が可能になった米・ロサンゼルスへ向けて飛び立つ記念チャーター便。都道府県管理の第3種空港としては全国初（10月4日）

世相・流行・話題

小泉旋風、抵抗勢力、ローライズジーンズ、ブロードバンド（インターネット）、ロングマフラー、ドメスティック・バイオレンス

音楽

天体観測（BUMP OF CHICKEN）、PIECES OF A DREAM（CHEMISTRY）、波乗りジョニー（桑田佳祐）

映画

「千と千尋の神隠し」「ウォーターボーイズ」「GO」「ハリー・ポッターと賢者の石」「ハンニバル」「A.I.」「パール・ハーバー」「トゥームレイダー」

出版

「模倣犯」（宮部みゆき）、「世界の中心で、愛をさけぶ」（片山恭一）、「声に出して読みたい日本語」（齋藤孝）

テレビ

「HERO」「ラブ・レボリューション」「明日があるさ」「ザ!世界仰天ニュース」「中居正広の金曜日のスマたちへ」

新商品・ヒット商品

フィット、iPod、ニンテンドーゲームキューブ、爆転シュートベイブレード

CM

「明日があるさ」「LOVE　BEER?」「三井・住友・VISAカード!」

流行語

「小泉語録（米百俵、聖域なき改革、骨太の方針など）」「狂牛病」「塩爺」「ヤだねったら、ヤだね」

冥友録

並木路子、三波春夫、團伊玖磨、山田風太郎、古今亭志ん朝、藤原雄、緑川洋一、木村睦男、ジョージ・ハリスン、ペリー・コモ、トーベ・ヤンソン

この年こんなことも

芸予地震発生（3月）／情報公開法施行、DV防止法公布（4月）／兵庫・明石花火大会歩道橋事故発生（7月）／新宿歌舞伎町ビル火災で死者44人（9月）／JR東日本がIC乗車カード「Suica」のサービス開始、イチローがア・リーグの首位打者・盗塁王・新人王・最優秀選手を獲得（11月）

1　17版☆　明治25年3月17日第3種郵便物認可　　　山　陽　新　聞　　第42566号　2001年(平成13年)9月12日 水曜日　日刊

米中枢に同時テロ

山陽新聞

NYビル 国防総省に航空機突入

全土に厳戒態勢 イスラム過激派か

数千人死傷

11日朝、航空機が激突し、崩壊するニューヨークの世界貿易センタービルの1棟〔AP＝共同〕

きょうの紙面

広島そごう前社長逮捕〔31面〕

読者センター
☎086-244-3903
http://www.sanyo.oni.co.jp/

米国内線の旅客機4機が乗っ取られ、2機がニューヨークの世界貿易センターのツインタワービルに突入、2棟とも炎上して崩落。死亡者は3000人近くに達した（9月12日付朝刊）

この年のあなたの年齢　　　　歳　　　　　　　　　　　　　在住

在学（　　　年生）・勤務

この年にあなたに起こった出来事

-
-
-
-
-
-

その出来事に対するあなたの思い

-
-
-
-
-

2002 平成 14 年

第1次小泉純一郎内閣

国内・海外の主な出来事

1・1　ヨーロッパ12カ国で単一通貨「ユーロ」流通開始
1・29　ブッシュ米大統領が北朝鮮、イラク、イランを「悪の枢軸」と非難
4・1　学校が完全週5日制、「ゆとり教育」開始
5・8　北朝鮮亡命者が中国・瀋陽の日本国総領事館に駆け込む事件が発生
5・13　トヨタ自動車の経常利益が日本企業として初めて1兆円突破
5・31　2002FIFA ワールドカップが日本と韓国で開幕（日本ベスト16）
8・5　住民基本台帳ネットワーク稼働
9・17　小泉純一郎首相が日本首相として初訪朝。日朝平壌宣言調印
10・8　小柴昌俊のノーベル物理学賞決定。翌日、田中耕一のノーベル化学賞も
10・15　日本人拉致被害者5人が北朝鮮から帰国
11・15　中国で胡錦涛を総書記とする新指導部が発足

岡山県関係の主な出来事

1・2　岡山大病院で初の脳死肺移植
6・3　津山市で主婦が行方不明、8日公開捜査を開始
6・23　新見市長・市議選で全国初の電子投票
7・1　岡山空港東京線が全日空と日本航空のダブルトラックに
7・9　第60回国民体育大会（2005年）の開催地が岡山県に正式決定
7・25　玉野市の製錬所で耐火れんがが崩落、死者5人
9・27　NKKと川崎製鉄が経営統合し、「JFE グループ」が誕生
12・4　JR岡山駅西口の駅元町地区で再開発第2工区ビルの建設に着手
※この年、ＮＨＫ大河ドラマ「武蔵　MUSASHI」で大原町（現美作市）が観光ブーム

①6月3日、津山市内の主婦が行方不明となり、県警は8日、公開捜査を始め、津山署に捜査本部を設置。写真は、新見市や周辺の山中を捜索する機動隊員ら＝新見市哲西町地区（8月20日）
②急速に普及するカーナビゲーション。音楽やテレビなど、多機能化が進むカーナビが並ぶ売り場＝倉敷市（8月14日）

世相・流行・話題

北朝鮮拉致問題、失業率過去最悪、ダブルボトム、ソフトモヒカン、ニット帽、タマちゃん、W杯

音楽

H（浜崎あゆみ）、ワダツミの木（元ちとせ）、亜麻色の髪の乙女（島谷ひとみ）、Life goes on（Dragon Ash）

映画

「たそがれ清兵衛」「猫の恩返し」「模倣犯」「ロード・オブ・ザ・リング」「オーシャンズ11」「スパイダーマン」

出版

「海辺のカフカ」（村上春樹）、「半落ち」（横山秀夫）、「老いてこそ人生」（石原慎太郎）、「運命の足音」（五木寛之）

テレビ

「大改造‼劇的ビフォーアフター」「空から降る一億の星」「ごくせん」「相棒」「行列のできる法律相談所」

新商品・ヒット商品

バウリンガル、Xbox、ムービー写メール、キリン・アミノサプリ

CM

「ボス、いつもそばにいてね」「くぅ〜ちゃん」

流行語

「貸し剥がし」「真珠夫人」「ダブル受賞」「内部告発」「ムネオハウス」「Godzilla」「ベッカム様」

冥友録

半村良、高橋圭三、村田英雄、山本直純、草柳大蔵、室田日出男、ナンシー関、エリザベス皇太后、ルー・テーズ、ビリー・ワイルダー

この年こんなことも

奈良県明日香村のキトラ古墳で東アジア最古の獣頭人身像の壁画発見、雪印食品の偽装牛肉事件が発覚（1月）／ソルトレークシティー冬季五輪（2月）／東京都千代田区で全国初の歩きたばこ禁止条例成立（6月）／ナスダック日本撤退、多摩川にアゴヒゲアザラシの「タマちゃん」が現れ人気に（8月）／株価バブル後最安値（8303円）を記録（11月）

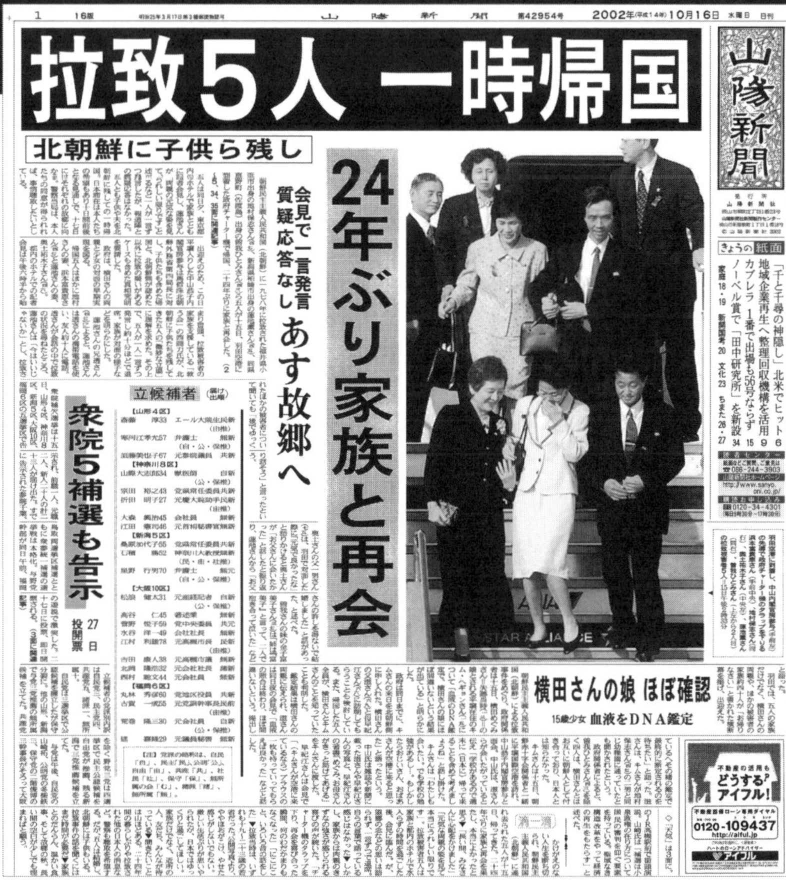

1　16版　山陽新聞　第42954号　2002年(平成14年)10月16日　水曜日　日刊

山陽新聞

拉致5人 一時帰国

北朝鮮に子供ら残し

24年ぶり家族と再会

会見で一言発言 質疑応答なし あす故郷へ

衆院5補選も告示 27日投開票

立候補者

横田さんの娘 ほぼ確認

15歳少女 血液をDNA鑑定

きょうの紙面

「千と千尋の神隠し」北米でヒット

地域企業再生へ整理回収機構を活用

カブレラ 1番で出場も56号ならず

ノーベル賞で「田中研究所」を新設

朝鮮民主主義人民共和国（北朝鮮）に1978年に拉致された福井県小浜市出身の地村保志、新潟県柏崎市出身の蓮池薫の夫婦2組と、同県真野町（佐渡島）出身の曽我ひとみの5人が15日午後、羽田空港に到着する政府チャーター機で帰国。24年ぶりに家族と再会した（10月16日付朝刊）

この年のあなたの年齢　　　　歳　　　　　　　　　　　　在住

在学（　　　年生）・勤務

この年にあなたに起こった出来事

・

・

・

・

・

その出来事に対するあなたの思い

・

・

・

2003 平成 15 年

国内・海外の主な出来事

2・1 米スペースシャトル・コロンビア号が空中分解、乗員7人全員死亡

3・20 米英軍がバグダッドを攻撃、イラク戦争勃発

3・23 「千と千尋の神隠し」がアカデミー賞受賞

4・16 WHO が新型肺炎（重症急性呼吸器症候群＝ SARS）の原因はコロナウイルスの新種と断定し、「SARS ウイルス」と命名

5・9 小惑星探査機「はやぶさ」が打ち上げ

5・23 個人情報保護法が成立

6・6 有事法制関連3法が成立

8・27 北朝鮮の核問題について解決策を話し合う6カ国協議スタート

9・24 民主党と自由党が合併し、新「民主党」が発足

11・29 イラク北部で日本人外交官2人が殺害される

12・24 日本政府が米国産牛肉の輸入を禁止（BSE 問題）

岡山県関係の主な出来事

2・9 東粟倉村（現美作市）の山中で、姉妹が不明18日目に凍死体で発見

4・1 世界最大規模のJFEスチール西日本製鉄所が開業

7・26 国体に向けて県陸上競技場が全面改修オープン

9・15 星野仙一監督率いる阪神が18年ぶりにリーグ優勝

9・16 日生町長ら4人を詐欺と背任容疑で逮捕

11・9 衆院選で県内5つの小選挙区は自民が独占

11・21 岡山大法科大学院が認可され、翌年4月開校が決定

※この年、合併特例法期限（2005年3月）をにらみ、市町村合併議論が加速

※この年、武蔵ブームで大原町（現美作市）に年間約80万人が訪れる

①2月9日午後、岡山県西粟倉村の実家に帰省し、1月23日から行方不明になっていた姉妹が隣の東粟倉村（現美作市）野原の山中で遺体で見つかった。遺体発見現場周辺の実況見分に向かう捜査員（2月10日）

②1985年以来18年ぶりのセ・リーグ優勝を決め、胴上げされる阪神・星野仙一監督（9月15日、写真提供／共同通信社）

世相・流行・話題

イラク戦争、SARS、アシンメトリースカート、ヌーブラ、レッグウォーマー、背中見せファッション、スローライフ

音楽

世界に一つだけの花（SMAP）、さくら（独唱）（森山直太朗）、Choo Choo TRAIN（EXILE）

映画

「踊る大捜査線 THE MOVIE2 レインボーブリッジを封鎖せよ!」「壬生義士伝」「ファインディング・ニモ」「パイレーツ・オブ・カリビアン」

出版

「バカの壁」（養老孟司）、「13歳のハローワーク」（村上龍）、「キャッチャー・イン・ザ・ライ」（J.D. サリンジャー、村上春樹訳）

テレビ

「GOOD LUCK!!」「白い巨塔」「Dr. コトー診療所」「エンタの神様」「吉田類の酒場放浪記」

新商品・ヒット商品

ななめドラム式洗濯乾燥機、へぇボタン、暴君ハバネロ、ヘルシア緑茶、ヱビス〈黒〉

CM

「燃焼系、燃焼系、アミノ式」

流行語

「毒まんじゅう」「なんでだろう～」「マニフェスト」「勝ちたいんや!」「コメ泥棒」「へぇ～」「バカの壁」

冥友録

深作欣二、秋山庄太郎、黒岩重吾、4代目松田華山、古尾谷雅人、小林千登勢、バーブ佐竹、白井義男、グレゴリー・ペック、チャールズ・ブロンソン

この年こんなことも

横綱貴乃花引退、朝青龍が第68代横綱に昇進（1月）／米大リーグ、ヤンキースの松井秀喜が日本人17人目の大リーガーとしてデビュー（3月）／日本郵政公社発足（4月）／十勝沖地震発生（9月）／日本産のトキが絶滅（10月）／関東、中京、近畿の3大都市圏で地上デジタルテレビ放送が開始（12月）

1 16版 明治25年3月17日第3種郵便物認可 山陽新聞 第43105号 2003年(平成15年)3月21日 金曜日 B刊

米英、イラク攻撃

フセイン大統領標的

地上戦開始へ準備命令

2油田炎上 破壊工作か

3月20日午前5時半すぎ、米軍がトマホーク巡航ミサイルなどでイラク・バグダッド近郊を爆撃。ブッシュ米大統領は国際社会の反対を押し切り、英国などとの連合による軍事作戦をスタートさせた（3月21日付朝刊）

この年のあなたの年齢　　　　歳　　　　　　　　　　　　在住

在学（　　　年生）・勤務

この年にあなたに起こった出来事

-
-
-
-
-

その出来事に対するあなたの思い

-
-
-

国内・海外の主な出来事

- 1・12　山口県の養鶏場で鳥インフルエンザ発生
- 1・19　自衛隊のイラク派遣開始
- 2・8　陸上自衛隊本隊第1陣がイラク南部サマワに到着
- 4・8　イラクで日本人ボランティア3人が人質
- 5・22　小泉首相が北朝鮮を再訪問、拉致被害者の家族帰国
- 6・28　連合国暫定当局がイラク暫定政府に主権を移譲
- 8・13　アテネ夏季オリンピック開幕（日本メダル過去最多37個）
- 10・21　台風23号が列島縦断、死者・行方不明者90人超
- 10・23　新潟県中越地震が発生、死者46人
- 11・2　プロ野球パ・リーグに東北楽天ゴールデンイーグルスが新規参入
- 12・26　スマトラ島沖地震が発生、死者・行方不明者30万人以上

岡山県関係の主な出来事

- 7・11　参院選岡山選挙区で民主党の江田五月が当選
- 8・22　アテネ五輪女子マラソンで天満屋の坂本直子が7位入賞
- 9・3　津山市で小学3年生の女児が自宅で殺害される
- 9・29　備前焼作家・伊勢崎淳が人間国宝に認定
- 10・1　平成の大合併で新高梁市と吉備中央町が誕生
- 10・24　岡山県知事選で石井正弘が3選
- 11・1　平成の大合併で邑久郡3町による瀬戸内市が発足
- 11・28　苫田ダムの完成式が行われる
- ※三菱自動車の業績不振で水島製作所の生産台数が激減
- ※この年、県内に7つの台風が来襲、死者8人、重軽傷者63人

①ドラマ「冬のソナタ」を契機にした韓流ブームで、書店の棚には韓流雑誌がズラリ（7月9日、岡山市北区中山下の紀伊国屋書店）
② 11月28日、奥津町（現苫田郡鏡野町）の吉井川上流に国が建設した苫田ダムが完成。建設構想の表面化から47年、地元のダム阻止運動を経てのことだった。同ダムは県内3番目の規模となる総貯水容量8410万トン、総事業費は約2040億円（12月17日）

世相・流行・話題

自然災害、政治家年金未納問題、韓流ブーム、お笑いブーム、オレオレ詐欺（振り込め詐欺）、鳥インフルエンザ

音楽

瞳をとじて（平井堅）、メリクリ（BoA）、栄光の架橋（ゆず）、ハナミズキ（一青窈）、花（ORANGE RANGE）、マツケンサンバ（松平健）

映画

「半落ち」「スウィングガールズ」「誰も知らない」「世界の中心で、愛をさけぶ」「着信アリ」「ハウルの動く城」「ミスティック・リバー」

出版

「アフターダーク」（村上春樹）、「電車男」（中野独人）、「人のセックスを笑うな」（山崎ナオコーラ）、「頭がいい人、悪い人の話し方」（樋口裕一）、「ダ・ヴィンチ・コード」（ダン・ブラウン）

テレビ

「プライド」「僕と彼女と彼女の生きる道」「砂の器」「報道ステーション」

新商品・ヒット商品

マークX、ニンテンドーDS、PlayStation Portable、伊右衛門

CM

「あなたも私もポッキー」

流行語

「チョー気持ちいい」「気合いだー!」「サプライズ」「自己責任」「…残念!!○○斬り!」「冬ソナ」

冥友録

いかりや長介、三ツ矢歌子、芦屋雁之助、三橋達也、金田一春彦、レイ・チャールズ、マーロン・ブランド

この年こんなことも

金原ひとみ（20歳）と綿矢りさ（19歳）が史上最年少で芥川賞受賞（1月）／沖縄国際大学敷地内に米軍ヘリコプター墜落、夏の高校野球で駒大苫小牧高校が北海道勢として初優勝（8月）／大リーグのイチローがシーズン最多安打262本の新記録樹立（10月）／新紙幣発行（11月）

12月26日、インドネシアのスマトラ島沖でマグニチュード9.1の巨大地震が発生、30万人以上の死者・行方不明者という未曾有の被害となった（12月27日付朝刊）

この年のあなたの年齢 　　　　歳 　　　　　　　　　在住

　　　　在学（　　　年生）・勤務

この年にあなたに起こった出来事

・

・

・

・

・

その出来事に対するあなたの思い

・

・

・

2005 | 平成 17 年

第2～3次小泉純一郎内閣

国内・海外の主な出来事

- 3・25 日本国際博覧会（愛知万博）「愛・地球博」が開幕（～9月25日）
- 4・9 北京で1万人規模の反日デモ
- 4・25 ＪＲ福知山線で脱線事故、死者107人の大惨事
- 5・6 プロ野球初のセ・パ交流戦開始
- 7・7 ロンドンで同時爆破テロ発生、以降世界各地で大規模テロ
- 8・8 参議院で郵政民営化関連法案否決、衆議院を解散（郵政解散）
- 8・29 アメリカ南部にハリケーン「カトリーナ」再上陸、死者1500人超
- 9・11 衆院選で自民党が296議席を獲得し歴史的大勝
- 10・14 郵政民営化関連法案が成立
- 10・26 普天間飛行場の移設先が名護市の辺野古崎で日米基本合意

岡山県関係の主な出来事

- 1・23 佐伯町長、町議会のリコールが成立、以降リコール運動が相次ぐ
- 5・5 三越倉敷店が閉店、11月30日にはダイエー岡山店閉鎖
- 8・27 ＪＲ岡山駅西口にリットシティビルがオープン
- 9・9 第60回国民体育大会「晴れの国おかやま国体」夏季大会が開幕
- 9・11 衆院選で県内の小選挙区で民主が2議席を奪取、自民独占が崩壊
- 10・9 岡山市長にチボリ・ジャパン前社長の高谷茂男が初当選
- 10・22 「晴れの国おかやま国体」秋季大会が開幕
- 12・25 全国高校女子駅伝で興譲館高校が初優勝
- 12・25 男子フィギュアスケートの高橋大輔がトリノ五輪に出場決定
- ※この年、平成の大合併が加速し、県内の合併がピークを迎える
- ※三井造船玉野事業所などでアスベスト被害が明らかに

①5月5日、三越倉敷店（倉敷市阿知）が閉店。四半世紀の歴史に幕を閉じた。ビル屋上の三越の看板の文字も消えた。この年の11月30日にはダイエー岡山店（岡山・駅前町）も閉店。県内二大都市の"顔"が姿を消した（5月6日）
②女子第17回全国高校駅伝で、興譲館（岡山）が1時間6分54秒で初優勝。エース新谷が1区で日本人初の3年連続区間賞を奪うと、その後も堅実な走りで1度も先頭を譲らずアンカー高島がゴール。創部7年目で初の頂点を射止め、岡山勢として男女を通じて初の快挙を成し遂げた（12月25日、京都市の西京極陸上競技場）

世相・流行・話題

郵政民営化、韓国・中国反日、少女漫画、音楽ダウンロード、人口自然減

音楽

青春アミーゴ（修二と彰）、さくら（ケツメイシ）、粉雪（レミオロメン）、四次元 Four Dimensions（Mr.Children）

映画

「ALWAYS 三丁目の夕日」「パッチギ!」「NANA」「ミリオンダラー・ベイビー」

出版

「東京タワー オカンとボクと、時々、オトン」（リリー・フランキー）、「国家の品格」（藤原正彦）、「生協の白石さん」（白石昌則、東京農工大学の皆さん）、「さおだけ屋はなぜ潰れないのか?」（山田真哉）

テレビ

「電車男」「エンジン」「女王の教室」「花より男子」「みのもんたの朝ズバッ!」「リンカーン」「1リットルの涙」

新商品・ヒット商品

レクサス、iMac G5、iPod nano、Xbox 360、iTunes Music Store（現 iTunes Store）、もっと脳を鍛える大人のDSトレーニング、EZ「着うたフル」、リセッシュ、のどごし〈生〉

CM

「小野伸二、バーモント育ち。」「あなたのカゼは、どこから?」

流行語

「小泉劇場」「想定内（外）」「クールビズ」「ちょい不良（ワル）」「ヒルズ族」「フォー!」「萌え～」

冥友録

丹下健三、本田美奈子、貴ノ花利彰、中内功、後藤田正晴、石津謙介、アーサー・ミラー、ヨハネ・パウロ2世

この年こんなことも

京都議定書発効（2月）／福岡県西方沖地震発生、島根県議会で「竹島の日」条例成立（3月）／クールビズがスタート、アスベスト（石綿）が原因とみられる多数の死者を公表（6月）／知床が世界自然遺産に（7月）／競馬でディープインパクトが三冠達成（10月）／建築設計事務所による耐震強度偽装が発覚（11月）

山陽新聞 第43852号 2005年（平成17年）4月26日 火曜日 日刊

JR脱線 57人死亡

尼崎・福知山線

マンションに激突

けが441人、速度超過か

4月25日午前9時18分ごろ、兵庫県尼崎市のJR福知山線で上り快速電車が脱線。1、2両目が線路脇のマンションに激突し、乗客ら107人が死亡、約550人が重軽傷を負うJR史上最悪の惨事となった。国土交通省などは速度超過が主因と断定（4月26日付朝刊）

この年のあなたの年齢　　　　歳　　　　　　　　　　在住

在学（　　　年生）・勤務

この年にあなたに起こった出来事

-
-
-
-

その出来事に対するあなたの思い

-
-
-

2006 平成18年

国内・海外の主な出来事

- 1・23　ライブドアの堀江貴文社長らを証券取締法違反で逮捕
- 2・10　トリノ冬季オリンピックが開幕（日本メダル1個獲得）
- 3・3　第1回ワールド・ベースボール・クラシック（WBC）が開幕（日本優勝）
- 7・14　日本銀行がゼロ金利政策の解除を決定
- 8・21　夏の高校野球決勝戦は引き分け再試合の末、早稲田実業が優勝
- 9・6　秋篠宮家に男子誕生、悠仁さまと命名
- 9・26　安倍晋三内閣が発足
- 10・9　北朝鮮が地下核実験、国連による制裁
- 10・23　福島県前知事が収賄容疑で逮捕、以降和歌山、宮崎県前知事逮捕
- 12・15　改正教育基本法、防衛庁「省」昇格関連法が成立

岡山県関係の主な出来事

- 2・28　笠岡市出身の加藤六月元農相が死去
- 6・28　東大阪集団暴行殺人事件で主犯ら9人全員が逮捕
- 7・1　総社市出身の橋本龍太郎元首相が死去
- 9・13　岡山市が2009年の政令市移行を表明
- 10・15　JR岡山駅橋上駅舎がオープン
- 10・27　かな書家の高木聖鶴が文化功労者に決定
- 11・2　宇和島徳洲会病院の医師の弟が県内で病気腎摘出に関与
- 11・19　JR津山線で脱線事故、25人が重軽傷
- 12・1　岡山、香川で地上デジタル放送がスタート
- 12・5　長野士郎元知事が死去

①岡山市下牧（現岡山市北区下牧）のJR津山線玉柏一牧山間で、津山発岡山行きの始発普通列車が脱線、乗客25人が重軽傷を負った。大きく傾いたJR津山線の列車（11月19日）②岡山市の新玄関となるJR岡山駅橋上駅舎が10月15日オープン。駅の東西をつなぐ連絡通路や、飲食、服飾など50店が並ぶ「サンステーションテラス岡山」（さんすて岡山）は終日人波が絶えず、上々の滑り出し

世相・流行・話題

格差社会、高機能インナーウエア、ケータイ小説、自殺、大雪被害

音楽

千の風になって（秋川雅史）、Real Face（KAT-TUN）、抱いてセニョリータ（山下智久）、純恋歌（湘南乃風）、三日月（絢香）

映画

「ゲド戦記」「フラガール」「ダ・ヴィンチ・コード」「硫黄島からの手紙」「武士の一分」

出版

「永遠の0」（百田尚樹）、「女性の品格　装いから生き方まで」（坂東眞理子）、「陰日向に咲く」（劇団ひとり）、「えんぴつで奥の細道」（大迫閑歩著・伊藤洋監修）、「美しい国へ」（安倍晋三）

テレビ

「西遊記」「マイ☆ボス　マイ☆ヒーロー」「14才の母」「のだめカンタービレ」「涼宮ハルヒの憂鬱」「情報ライブ　ミヤネ屋」「アンフェア」

新商品・ヒット商品

PlayStation 3、Wii、あえるパスタソースたらこ、黒烏龍茶

CM

「日本の女性は、美しい。」「このろくでもない、すばらしき世界。」

流行語

「イナバウアー」「品格」「エロカッコイイ（エロカワイイ）」「ハンカチ王子」「チョット、チョット、チョット」

冥友録

橋本龍太郎、加藤六月、白川静、今村昌平、丹波哲郎、灰谷健次郎、岸田今日子、青島幸男、岩城宏之、吉行理恵、ポール・モーリア

この年こんなことも

トリノ五輪女子フィギュアスケートで荒川静香が金メダル(2月)／国税調査で65歳以上が世界最高、15歳未満は世界最低に(6月)／冥王星を惑星から格下げ(8月)／YS -11が日本国内定期路線から引退(9月)／携帯電話の番号ポータビリティ制度開始(10月)

米大リーグの選手が本格的に
参加して初めて開催された野球
のワールド・ベースボール・クラ
シック（WBC）は、サンディエゴ
のペトコ・パークで決勝を行い、
王貞治監督が率いる日本が10
―6でアテネ五輪優勝のキュー
バを破り、初代世界一に輝い
た。最優秀選手（MVP）には
決勝の先発を含め3勝無敗の
松坂大輔（西武）が選ばれた（3
月22日付朝刊）

この年のあなたの年齢　　　　　　歳　　　　　　　　　　　在住

　　　　　　　　在学（　　年生）・勤務

この年にあなたに起こった出来事

・

・

・

・

・

その出来事に対するあなたの思い

・

・

・

2007 | 平成 19 年

第1次安倍晋三内閣
福田康夫内閣

国内・海外の主な出来事

- 1・21　宮崎県知事に東国原英夫が当選
- 5・14　憲法改正の手続きを定める国民投票法が成立
- 5・20　ゴルフの石川遼が最年少（15歳8カ月）でツアー優勝
- 6・20　教育改革3法が成立、教員免許更新制度を導入
- 7・16　新潟県中越沖地震、柏崎刈羽原発で放射能漏れと火災発生
- 7・29　参院選で自民党惨敗、民主党が第一党に
- 9・12　安倍首相が辞意表明
- 9・25　福田康夫内閣が発足
- 10・1　民営郵政が本格始動
- 12・17　「ねんきん特別便」の発送開始

岡山県関係の主な出来事

- 1・8　全国高校サッカー選手権で作陽高校が準優勝
- 1・27　高梁市で鳥インフルエンザが発覚
- 7・29　参院選で自民党の片山虎之助が破れ、岡山で議席を失う
- 8・18　高梁市で同日の全国最高気温となる39.0℃を記録
- 8・29　全国高校軟式野球選手権で新見高校が初出場初優勝
- 10・14　総社市の出直し市長選挙で片岡聡一が初当選
- 10・18　元五輪競泳選手の木原光知子が死去
- 11・20　旧岡山会館ビルに家電量販店のビックカメラがオープン
- 12・21　岡山市の政令市移行時の区の数を4区にすることで決定
- ※「釣りバカ日誌18」など県内ロケの映画が上映され、話題に

①第85回全国高校サッカー選手権で県勢初となる準優勝を成し遂げた作陽高サッカー部の祝賀パレード。会場のアルネ・津山（津山市新魚町）周辺には子どもからお年寄りまで大勢の市民が押し寄せ、死闘を繰り広げたイレブンに惜しみない拍手を送った（1月13日）
②第52回全国高校軟式野球選手権大会決勝「富山商-新見」（兵庫県明石市・明石公園野球場）で、試合を決めマウンドに集まる新見ナイン。初出場初優勝し、全国482校の頂点に。岡山勢初の快挙に喜びを爆発させた（8月29日）

世相・流行・話題
年金記録問題、偽装・不正、オネエブーム、ウィニー情報流出

音楽
花の名（BUMP OF CHICKEN）、蕾（コブクロ）、きよしのソーラン節（氷川きよし）、Love so sweet（嵐）、明日晴れるかな（桑田佳祐）

映画
「HERO」「それでもボクはやってない」「東京タワー ～オカンとボクと、時々、オトン～」「ボーン・アルティメイタム」「バベル」

出版
「のぼうの城」（和田竜）、「ホームレス中学生」（田村裕）、「ゴールデンスランバー」（伊坂幸太郎）、「夢をかなえるゾウ」（水野敬也）、「鈍感力」（渡辺淳一）、「ルイジアナの青い空」（キンバリー・ウィリス・ホルト）

テレビ
「華麗なる一族」「ハケンの品格」「ガリレオ」「世界の果てまでイッテQ！」

新商品・ヒット商品
Windows Vista、iPod touch、ビリーズブートキャンプ、ホワイトプラン、メガマック、コカ・コーラゼロ、花畑牧場生キャラメル

CM
「白戸家」

流行語
「どげんかせんといかん」「ハニカミ王子」「そんなの関係ねぇ」「どんだけぇー」

冥友録
小田実、安藤百福、城山三郎、植木等、宮沢喜一、阿久悠、黒川紀章、稲尾和久、オスカー・ピーターソン

この年こんなことも
第1回東京マラソン開催（2月）／伊藤一長・長崎市長が狙撃され死亡、熊本市で赤ちゃんポスト設置認可（4月）／白鵬が第69代横綱昇進（5月）／石見銀山遺跡が世界文化遺産に認定（6月）／大リーグオールスター戦でイチローが日本人初のMVP（7月）／プロ野球・中日が53年ぶり日本一（11月）

190

山陽新聞

2007年（平成19年）7月30日　月曜日

自民惨敗　民主第一党

与野党逆転も首相続投

参院選

年金、失言　政権不信招く

公、共、社は退潮

解散含み　政局緊迫

7月29日に行われた第21回参議院選挙で民主党が圧勝、参議院の第1党へ。岡山選挙区では、姫井由美子が4選を目指した自民前職の片山虎之助を抑えて初当選した（7月30日付朝刊）

この年のあなたの年齢　　　　　歳　　　　　　　　　　　　在住

在学（　　　年生）・勤務

この年にあなたに起こった出来事

・

・

・

・

・

その出来事に対するあなたの思い

・

・

・

2008 | 平成 20 年

福田康夫内閣
麻生太郎内閣

国内・海外の主な出来事

- 1・30　中国製冷凍ギョーザによる食中毒、有機リン系殺虫剤を検出
- 2・19　千葉県野島崎沖で海上自衛隊イージス艦が漁船に衝突
- 4・1　後期高齢者医療制度がスタート
- 5・12　中国四川省で大地震、死者約 6 万 9000 人
- 7・7　北海道・洞爺湖町で主要国首脳会議開催
- 8・8　北京夏季オリンピック開幕（日本メダル 25 個獲得）
- 9・1　福田康夫首相が退陣表明、24 日麻生太郎内閣が発足
- 9・15　アメリカ大手証券会社リーマン・ブラザーズが経営破綻
- 10・7　南部陽一郎、小林誠、益川敏英のノーベル物理学賞受賞が決定
- 10・8　下村脩のノーベル化学賞受賞が決定
- 11・4　アメリカ大統領選で民主党のバラク・オバマが当選

岡山県関係の主な出来事

- 3・11　岡山空港が 20 周年を迎える
- 3・25　JR 岡山駅で少年が男性を突き落として死亡させる
- 4・13　瀬戸大橋 20 周年記念イベント開催
- 8・26　倉敷チボリ公園の閉園が決定
- 10・10　麻生内閣が岡山市の政令指定都市移行を閣議決定
- 10・26　岡山県知事選で石井正弘が 4 選を果たす
- 12・1　サッカーのファジアーノ岡山が J 2 に昇格
- 12・31　倉敷チボリ公園が閉園

※景気後退で自動車や鉄鋼メーカーなど県内企業に打撃

①岡山市役所本庁舎（岡山市北区大供）に掲げられた政令市移行決定を知らせる懸垂幕。10 月 10 日、岡山市の政令指定都市移行が閣議決定され、翌年 4 月 1 日、中四国地方では広島市に次いで 2 番目、全国では 18 番目となる政令市誕生へ。岡山市は 2005 年に御津、灘崎町、07 年に建部、瀬戸町と合併し、指定の目安である人口 70 万人のハードルをクリアした

② 2008 年大晦日、閉園日の倉敷チボリ公園にはカウントダウンイベントなどに 3 万人を超える入場者が集まった。1997 年の開園から閉園までの 11 年半、訪れた人は延べ 1800 万人。華々しい約 3000 発の花火とともに、たくさんの人の思いを乗せて幕を閉じた

世相・流行・話題

リーマン・ショック、景気後退、ねじれ国会、ゲリラ豪雨、だて眼鏡、蟹工船

音楽

Truth/ 風の向こうへ（嵐）、キセキ（GReeeeN）、羞恥心（羞恥心）、愛のままで…（秋元順子）、Ti Amo（EXILE）

映画

「崖の上のポニョ」「容疑者Xの献身」「おくりびと」「ノーカントリー」

出版

「告白」（湊かなえ）、「そうか、もう君はいないのか」（城山三郎）、「ルポ貧困大国アメリカ」（堤未果）、「反貧困」（湯浅誠）、「オシムの言葉」（木村元彦）

テレビ

「CHANGE」「ラスト・フレンズ」「コード・ブルー -ドクターヘリ緊急救命 -」「VS 嵐」「ナニコレ珍百景」

新商品・ヒット商品

ブルーレイ・ディスクレコーダー、iPhone 3G、Wii Fit、フリクションボール、スープ de おこげ

CM

「はじめサクサク、あともっちり。」「ケ〜ロリン、ケ〜ロリン」

流行語

「アラフォー」「グ〜!」「居酒屋タクシー」「名ばかり管理職」「あなたとは違うんです」

冥友録

緒形拳、市川崑、川内康範、赤塚不二夫、フランク永井、筑紫哲也、遠藤実、片岡球子、水野晴郎、イヴ・サン＝ローラン、ポール・ニューマン

この年こんなことも

トヨタ自動車が GMを抜き '07年の生産台数実績世界一に（2 月）／フィギュアスケート世界選手権で浅田真央が初優勝（3 月）／東京・秋葉原で無差別殺傷事件（6 月）／松下電器産業がパナソニックに社名変更（10 月）／東京・日比谷公園に「年越し派遣村」開設（12 月）

1　3版　第45058号　明治25年3月17日第3種郵便物認可　山陽新聞（夕刊）　20

米リーマン破たん

史上最大 負債64兆円
バンカメはメリル救済

【ニューヨーク15日共同＝増田和則】経営危機に陥っていた米証券大手リーマン・ブラザーズは、官民による救済協議が不調に終わり十五日、米連邦破産法一一条（日本の民事再生法に相当）の適用を申請し、経営破たんした。負債総額は六千百三十億ドル（約六十四兆円）で米史上最大。一方、米銀大手バンク・オブ・アメリカ（バンカメ）は同日、経営が悪化していた証券大手メリルリンチを株式交換により五百億ドル（約五兆三千億円）で買収すると発表。事実上の救済合併で、シティグループを抜き米最大の金融機関となる。（5、7面に関連記事）

サブプライム住宅ローン問題による金融混乱は、米国経済の中核を担う大手金融機関の淘汰と大型再編に発展。株式・為替市場の動揺など危機は拡大する様相をみせており、日米欧をはじめ世界経済へ深刻な打撃となりそうだ。

ポールソン財務長官ら米政府・金融当局者と民間金融機関首脳は、リーマン救済策を十四日まで三日続けてニューヨーク連邦準備銀行で協議。同社を優良資産と不良資産部門に分割した上で、優良部門は売却。不良資産の損失に備えて金融界が資金を拠出する案などを検討したとされる。

優良部門の有力買収候補にはバンカメと、英銀大手バークレイズが挙がっていた。

両行は買収条件として、救済支援や将来の損失などのために公的資金の活用をはじめとする政府側の関与を強く要請。しかし政府側がこれを一貫して拒否したため断念し、バンカメは、リーマン同様サブプライム関連の損失拡大に苦しむメリルの電撃的買収に転じた。

ポールソン長官は十五日の記者会見で「公的資金投入が適切であるとは一度も考えなかった」と述べ、政府が救済する考えは一切なかったことを強調した。

リーマンは声明で、今後も商業不動産部門や資産運用部門の売却交渉を続けることを明らかにした。

リーマンは昨夏以降、サブプライム関連の損失を計百四十億ドル超計上。経営不安の高まりで株価は九日に前日比で約45％も急落。十日には六－八月期の決算見通しを前倒しで発表、資産売却など再建策も明らかにしたが具体的な追加増資策を

ニューヨーク・マンハッタンのリーマン・ブラザーズ本社＝12日（共同）

ズーム リーマン・ブラザーズ　米証券4位。リーマン3兄弟が1850年に創業。本社はニューヨーク。ニューヨーク、ロンドン、東京を3大拠点と位置付け、二十数カ国に展開。東京支店は1986年に開設。従業員は世界で約2万5千人。2008年6－8月期決算見通しは純損失が39億2700万ドル。赤字は2四半期連続で、1994年の株式上場以来最大。

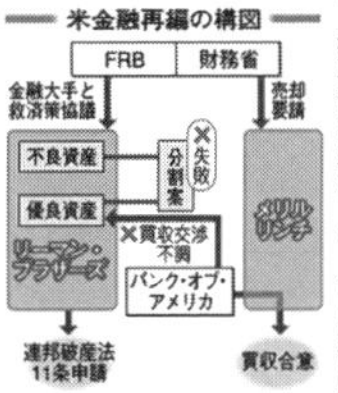

日銀 1.5兆円緊急供給

日銀は十六日午前、一兆五千億円の資金を短期金融市場に即日で供給する公開市場操作（オペ）を実施した。米証券大手リーマン・ブラザーズの経営破たんによる国内の市場混乱を防ぐのが狙い。米欧の中央銀行は十五日に緊急の資金供給や供給策の拡充に踏み切っており、日銀も足並みをそろえた。

日銀の白川方明総裁は十六日「最近の米国金融機関をめぐる情勢とその影響を注視しつつ、引き続き、適切な金融市場調節の実施などを通じて、円滑な資金決済と金融市場の安定確保に努めていく方針だ」との談話を発表、市場関係者に冷静な対応を呼び掛けた。

日銀が即日のオペを通知するのは通常、午前九時二十分だが、十六日は九時すぎに通知し、金利上昇を抑える姿勢を鮮明にした。短期金融市場は先週末まで落ち着いていたため、即日の供給オペ実施は二カ月半ぶりとなる。

東証急落618円安
世界的な株安連鎖

十六日午前の東京株式市場は、米証券リーマン・ブラザーズの経営破たんを受け、日経平均株価（225種）の午前終値が前週末終値比六一八円安となり、アジアの主要株式市場も下落して始まった。前日の欧州株が大幅下落、ニューヨーク株式市場も史上六番目の下げ幅を記録するなど世界的な株安連鎖が続いた。

外国為替市場でも円が三円以上上昇して一ドル＝一〇四円台となるなどユーロ、円に対してドル安が加速、米サブプライム住宅ローン問題を発端とした米国発の金融不安による世界の市場の動揺が強まった。

十六日午前の東京株式市場の平均株価は、年初来安値を更新し、取引時間中としては二〇〇五年七月上旬以来、約三年二カ月ぶりの安値水準。

午前終値は、前週末終値比六一八円六七銭安の一万一五九六円〇九銭。全銘柄の値動きを示す東証株価指数（TOPIX）も六六・二八ポイント安の一一一〇・九二。出来高は約十一億四千九百万株。

取引開始直後から金融関連株に売り注文が殺到、世界的な景気の先行き不安が強まって、全業種が売られた。

NY株は504ドル安に

【ニューヨーク15日共同＝美濃口正】週明け十五日のニューヨーク株式市場のダウ工業株三十種平均は、米証券大手リーマン・ブラザーズの破たんなどで信用不安が強まったためほぼ全面安となり、前週末比五〇四・四八ドル安の一万〇九一七・五一ドルで取引を終え、年初来安値となった。

下げ幅は史上六番目で、米中枢同時テロ後初の取引となった二〇〇一年九月十七日に約六八五ドル下落して以来。

終値が一万一〇〇〇ドルを割り込むのは二カ月ぶり。〇六年七月下旬以来、ほぼ二年二カ月ぶりの安値水準に落ち込んだ。

米証券大手のリーマン・ブラザーズの経営破たんを伝える紙面。負債総額は6130億ドル（約64兆円）で米史上最大であった（9月16日付夕刊）

前年からの米住宅バブル崩壊によるサブプライムローン焦げ付き問題が、この年のリーマン・ブラザーズ破たんをきっかけに金融危機、さらには世界不況へと発展。「100年に一度の経済危機」とまでいわれた

この年のあなたの年齢　　　　歳　　　　　　　　在住

在学（　　　年生）・勤務

この年にあなたに起こった出来事

・

・

・

・

・

その出来事に対するあなたの思い

・

・

・

2009 平成 21 年

麻生太郎内閣
鳩山由紀夫内閣

国内・海外の主な出来事

2・22	「おくりびと」が米アカデミー賞外国語映画賞を受賞
4・5	オバマ米大統領がプラハで「核兵器なき世界」の演説
4・5	北朝鮮がミサイル発射、一部が日本上空を通過
4・30	米自動車大手クライスラー経営破綻、6月1日には GM も経営破綻
5・21	裁判員制度が施行 (8月3日に初の裁判実施)
6・25	世界的アーティストのマイケル・ジャクソンが自宅で急死
7・5	中国新疆ウイグル自治区ウルムチでウイグル族デモが暴徒化
8・8	タレントの酒井法子が覚醒剤取締法違反で逮捕
9・16	鳩山由紀夫内閣が発足
11・11	行政刷新会議による予算の事業仕分け (前半) 開始
11・13	オバマ米大統領初来日、首脳会談で日米同盟の深化に合意

岡山県関係の主な出来事

3・8	ファジアーノ岡山がJ2デビュー (昇格元年は最下位)
3・28	高速道路が土日祝日、1000円で乗り放題の割引がスタート
4・1	岡山市が全国18番目の政令指定都市に移行
6・4	三菱自動車水島製作所で電気自動車「i-MiEV」の量産開始
7・19	美作市で突風被害、8月9日には集中豪雨による被害も
8・26	倉敷チボリ公園の最終決算の承認、清算手続きを完了
8・30	衆院選で民主党が躍進、比例で議席確保
10・6	岡山地裁で裁判員制度による最初の裁判を実施

※新型インフルエンザが大流行、ワクチン優先接種で供給不足も

①地方圏の高速道路で3月28日、ETC (自動料金収受システム) 搭載車を対象に、土日祝日の上限1000円での乗り放題がスタート。瀬戸大橋の通行料も1000円となった影響で、立ち寄り客でにぎわう瀬戸中央自動車道の与島 PA。一方、宇野ー高松間のフェリー業者は一層の苦境に立たされた (香川県坂出市)

②7月19日夜に発生した、竜巻とみられる突風で約100メートル離れた田まで飛ばされた軽乗用車と屋根が吹き飛ばされた民家 (左奥)。割れたガラスで2人が軽傷を負い、民家2棟が全壊したほか、瓦が飛ぶなどの一部損壊は72棟に上った。岡山県内の突風被害としては過去最大 (7月20日、美作市安蘇)

世相・流行・話題

裁判員制度、事業仕分け、ファストファッション、レギンス・トレンカ、エコバッグ、新型インフルエンザ

音楽

Butterfly (木村カエラ)、Believe (嵐)、ひまわり (遊助)、急☆上☆ Show!! (関ジャニ∞)、また君に恋してる (坂本冬美)

映画

「ROOKIES- 卒業 -」「ディア・ドクター」「沈まぬ太陽」「スラムドッグ$ミリオネア」「マンマ・ミーア!」「アバター」

出版

「ヘヴン」(川上未映子)、「1Q84」(村上春樹)、「もし高校野球の女子マネージャーがドラッカーの『マネジメント』を読んだら」(岩崎夏海)、「舟を編む」(三浦しをん)

テレビ

「JIN―仁―」「MR.BRAIN」「BOSS」「ひるおび!」「空から日本を見てみよう」「けいおん!」

新商品・ヒット商品

プリウス (3代目)、インサイト (2代目)、Windows 7、990円ジーンズ、LED電球、Fit's、キリンフリー

CM

「噛むとフニャン」「吸イーツ」「まねきねこダック」

流行語

「こども店長」「草食男子」「派遣切り」「歴女」「政権交代」「トゥース」「ぼやき」

冥友録

忌野清志郎、古橋廣之進、大原麗子、平山郁夫、加藤和彦、5代目三遊亭圓楽、森繁久彌、水の江瀧子、南田洋子、近藤義郎、マイケル・ジャクソン

この年こんなことも

全国105カ所で2月の最高気温を更新 (2月) ／千葉県知事に森田健作が当選 (3月) ／省エネ家電促進制度 (エコポイント) がスタート (5月) ／森光子が国民栄誉賞受賞 (7月) ／「みんなの党」結成 (8月) ／消費者庁が発足、島根県・砂原遺跡で日本最古の旧石器を発見 (9月)

8月30日投票の衆院選で、民主党が圧勝。自民党は、民主党308議席に対し、119議席という歴史的大敗を喫し初の第2党に転落した。
9月16日の特別国会で鳩山由紀夫民主党代表が第93代首相に選出され、民主党、社民党、国民新党の連立内閣が発足。「政権交代」
は流行語にもなった（9月17日付朝刊）

この年のあなたの年齢　　　　　歳　　　　　　　　　　在住

在学（　　　年生）・勤務

この年にあなたに起こった出来事

・

・

・

・

・

その出来事に対するあなたの思い

・

・

・

2010 | 平成 22 年

国内・海外の主な出来事

- 1・12 ハイチ大地震発生、死者約 31 万 6000 人
- 2・12 バンクーバー冬季オリンピック開幕 (日本メダル 5 個獲得)
- 3・25 EU 首脳が財政危機のギリシャ支援に合意、IMF とユーロ圏で融資
- 5・28 日米両政府が普天間飛行場の移設先を名護市辺野古崎地区とする共同声明
- 6・2 鳩山由紀夫首相が退陣表明、8 日菅直人内閣が発足
- 6・11 FIFA ワールドカップ南アフリカ大会開幕 (日本ベスト 16)
- 6・13 小惑星イトカワ着陸の探査機「はやぶさ」が地球に帰還
- 8・5 チリでサンホセ鉱山落盤事故発生 (10 月 13 日、全員 33 人救出)
- 9・7 尖閣諸島付近で中国漁船が海上保安庁の巡視船に接触
- 10・6 鈴木章、根岸英一のノーベル化学賞受賞が決定
- 11・23 北朝鮮が韓国・延坪島を砲撃、韓国兵士と民間人各 2 人が死亡

岡山県関係の主な出来事

- 1・17 全国都道府県対抗女子駅伝で岡山県が初優勝
- 2・18 バンクーバー冬季五輪男子フィギュアスケートで高橋大輔が銅メダル獲得
- 3・21 バンクーバー冬季パラリンピックで新田佳浩が 2 個目の金メダル獲得
- 7・11 参院選岡山選挙区は民主党の江田五月が 4 選
- 7・19 瀬戸内国際芸術祭が開幕 (〜 10 月 31 日)、延べ約 93 万人が来場
- 10・30 第 25 回国民文化祭・おかやま 2010 が開催 (〜 11 月 7 日)
- 12・19 全日本実業団対抗女子駅伝で天満屋が初優勝
- 12・26 全国高校駅伝女子で興譲館高校が 2 度目の優勝

※岡山市の 8 月の平均気温 30.5℃、観測史上最も暑い夏に

①バンクーバー冬季パラリンピックで、ノルディックスキー距離男子 10 キロクラシカルと 1 キロスプリントで 2 つの金メダルに輝いた西粟倉村出身の新田佳浩が県民栄誉賞受賞。同賞は 3 月に新設され、4 月 6 日に受賞したバンクーバー五輪フィギュアスケート男子銅メダリスト高橋大輔が第 1 号 (4 月 7 日)
②史上初の女子駅伝 3 冠——1 月の全国都道府県対抗 (京都市) の岡山県チーム、12 月 19 日の全日本実業団対抗 (岐阜県) の天満屋、12 月 26 日に京都・都大路であった全国高校駅伝女子の興譲館がそれぞれ優勝。同一都道府県による同一年の女子駅伝 3 冠は史上初の快挙。写真は全日本実業団対抗で優勝のゴールテープを切る天満屋のアンカー、浦田佳小里 (12 月 19 日、長良川競技場)

世相・流行・話題

猛暑、クロップドパンツ、もしドラ、イクメン、3D、AKB48、K-POP

音楽

あとひとつ (FUNKY MONKEY BABYS)、トイレの神様 (植村花菜)、ヘビーローテーション (AKB48)、タマシイレボリューション (Superfly)、ありがとう (いきものがかり)

映画

「おとうと」「借りぐらしのアリエッティ」「告白」「悪人」「ハート・ロッカー」「新しい人生のはじめかた」「エクスペンダブルズ」

出版

「葬式は、要らない」 (島田裕巳)、「謎解きはディナーのあとで」 (東川篤哉)、「くじけないで」 (柴田トヨ)、「体脂肪計タニタの社員食堂——500kcal のまんぷく定食」 (タニタ)

テレビ

「月の恋人〜 Moon Lovers 〜」「新参者」「あさイチ」「そうだったのか！池上彰の学べるニュース」

新商品・ヒット商品

エアマルチプライアー、Pocket WiFi、食べるラー油、プレミアムロールケーキ

CM

「アルソック体操」「よみがえれ、私。」

流行語

「ゲゲゲの〜」「いい質問ですねぇ」「女子会」「ととのいました」「〜なう」

冥友録

つかこうへい、梨元勝、谷啓、池内淳子、玉置宏、藤田まこと、井上ひさし、花田勝治、星野哲郎、高峰秀子、J・D・サリンジャー、デニス・ホッパー

この年こんなことも

日本年金機構発足、日本航空が会社更生法の適用申請 (1 月) ／北野武がフランス芸術文化勲章コマンドール章受章 (3 月) ／子ども手当法・高校無償化法施行、宮崎県で口蹄疫の牛を確認 (4 月) ／野球賭博関与で大関琴光喜らが解雇処分 (7 月) ／東北新幹線が新青森駅まで全線開通 (12 月)

2月18日、カナダ・バンクーバー冬季五輪でフィギュアスケートの高橋大輔が日本男子初の銅メダルを獲得。けがを乗り越えて臨んだ2度目の五輪では、ショートプログラムで3位につけると、フリーでは抜群の表現力でトップの演技点をマークし表彰台を守った（2月20日付朝刊）

この年のあなたの年齢　　　　　歳　　　　　　　　　　　　在住

在学（　　　年生）・勤務

この年にあなたに起こった出来事

・
・
・
・
・

その出来事に対するあなたの思い

・
・
・

国内・海外の主な出来事

- 1・14　チュニジアのベンアリ政権が崩壊。「アラブの春」の端緒に
- 1・20　中国の 2010 年の国内総生産（GDP）が日本を抜き、世界 2 位に
- 2・6　大相撲八百長問題で春場所中止。4月1日、23人を角界追放
- 2・22　ニュージーランド・クライストチャーチで地震、日本人 28 人死亡
- 3・11　東日本大震災。三陸沖を震源に M9.0。岩手、宮城、福島の 3県に壊滅的被害
- 3・12　東京電力福島第1原発第1号機が水素爆発。5月に第1〜 3号機の炉心溶解（メルトダウン）が発覚
- 3・14　東京電力が茨城、静岡など4県の一部地域で初の計画停電
- 7・17　女子ワールドカップドイツ大会で「なでしこジャパン」が初の世界一
- 8・23　リビア・カダフィ政権が崩壊
- 9・2　野田佳彦内閣が発足
- 12・17　北朝鮮・金正日総書記が死去、後継は金正恩へ

岡山県関係の主な出来事

- 2・2　林原が会社更生法を申請
- 9・3　台風 12 号が直撃、各地で浸水・土砂災害が相次ぐ
- 9・30　岡山市で派遣社員の女性が元同僚の男に刺殺される
- 11・13　B-1 グランプリで「ひるぜん焼そば好いとん会」がグランプリ獲得
- 12・1　倉敷チボリ公園跡地に「三井アウトレットパーク倉敷」がオープン
- 12・11　国史跡・千足古墳の装飾石材（石障）の搬出に成功
- 12・25　全国高校駅伝で男子の倉敷高校と女子の興譲館高校が準優勝

※東日本大震災で岡山県から延べ 4000 人以上が現地入りし、支援活動
※7月〜、サッカー女子 W 杯優勝で、代表メンバーの宮間あや、福元美穂が所属する岡山湯郷ベルの地元美作市でも なでしこフィーバー

①林原（岡山市北区下石井）が会社更生法の適用を東京地裁に申請し、記者会見する林原健前社長。創業家の経営陣は退任、化学品専門商社の長瀬産業（大阪市）が事業スポンサーに。岡山駅南の約4万6千平方メートルの土地は、イオンモールへ売却されることになった（2月2日）
②サッカー女子ワールドカップドイツ大会で、初優勝した「なでしこジャパン」代表メンバーのMF宮間あやと、GK福元美穂が凱旋パレード（左から福元、宮間）。所属する岡山湯郷ベルの地元美作市では市民から熱烈な祝福を受けた（7月24日）

世相・流行・話題

東日本大震災、福島原発事故、円高、タニタ食堂、マルモリダンス、なでしこジャパン、アラブの春

音楽

Everyday、カチューシャ（AKB48）、マル・マル・モリ・モリ！（薫と友樹、たまにムック。）、やさしくなりたい（斉藤和義）、BORN THIS WAY（LADY GAGA）

映画

「コクリコ坂から」「八日目の蝉」「阪急電車　片道 15 分の奇跡」「ブラック・スワン」「英国王のスピーチ」「マネーボール」

出版

「日本人の誇り」（藤原正彦）、「蜩ノ記」（葉室麟、「秋蜩」のタイトルでの連載開始は 2010 年）、スティーブ・ジョブズ（ウォルター・アイザックソン）

テレビ

「家政婦のミタ」「マルモのおきて」「ZIP!」「ヒルナンデス!」「100 分 de 名著」

新商品・ヒット商品

マルちゃん正麺　ニンテンドー 3DS、PlayStation Vita、昆布ぽん酢ジュレ

CM

「眠たくて　眠たくて　眠たくて　メガシャキ」「ここで、一緒に」「こだまでしょうか」

流行語

節電、スマホ、どじょう内閣、どや顔、帰宅難民、風評被害

冥友録

岡田茂、長門裕之、小松左京、二葉あき子、隆の里俊英、西本幸雄、エリザベス・テイラー、スティーブ・ジョブズ

この年こんなことも

九州新幹線鹿児島ルートが全線開業、上野動物園のジャイアントパンダのリーリーとシンシン一般公開（3月）／小学5・6年生の外国語活動（英語）が必修化（4月）／小笠原諸島と平泉が世界遺産登録（6月）／台風 12号が日本列島直撃、死者・行方不明者 98 人（9月）／円が1ドル 75円 32銭、戦後最高値更新（10月）

東日本大震災の発生を伝える紙面（3月12日付朝刊）。3月11日午後2時46分、三陸沖深さ約24kmの地点を震源とするマグニチュード9.0の大地震とそれによる国内観測史上最大の津波が、岩手、宮城、福島3県に破壊的被害をもたらした。また、東京電力福島第1原子力発電所が被災、放射能物質が漏れ出す深刻な事態となった

この年のあなたの年齢　　　　　歳　　　　　　　　　　在住

在学（　　　年生）・勤務

この年にあなたに起こった出来事

-
-
-
-
-

その出来事に対するあなたの思い

-
-
-

2012 | 平成 24 年

国内・海外の主な出来事

2・29　東京スカイツリー竣工、高さ634m

5・26　登山家の竹内洋岳がダウラギリⅠ峰に登頂し、日本人初のヒマラヤ8000m峰全14座の完全登頂を成し遂げる

7・27　ロンドン夏季オリンピック開幕（日本メダル38個獲得）

8・10　消費税増税法が可決成立

9・11　尖閣諸島の魚釣島及び南小島、北小島を国有化

9・28　レスリング世界選手権で吉田沙保里が優勝、13回連続世界一

10・8　iPS細胞を開発した山中伸弥のノーベル医学生理学賞受賞が決定

11・6　アメリカ大統領選でオバマ大統領が再選

12・16　衆院選で自民党が政権奪還、民主党は歴史的大敗

12・26　第2次安倍晋三内閣が発足

岡山県関係の主な出来事

2・7　JX日鉱日石エネルギー水島製油所で海底トンネル事故が発生、5人が死亡

7・21　旧岡山藩主池田家の第16代当主・池田隆政が死去、85歳

8・8　全国学力テストで、岡山県内成績は、小学6年生が全国ワースト3位、中学3年が同6位

9・11　小中高生による暴力行為発生率、岡山は2年連続全国最悪に

10・28　県知事に元天満屋社長の伊原木隆太が初当選

10・31　井笠バスの運行会社、井笠鉄道がバス事業を廃止

12・16　衆院選の県内小選挙区で自民が4議席獲得、民主は全敗

12・24　金山寺から出火、国指定重要文化財の本堂を焼失

※オリンピックで過去最多となる1大会5人の岡山勢がメダル獲得

※ファジアーノ岡山8位、岡山湯郷ベル3位と過去最高順位に

①2月7日、倉敷市のJX日鉱日石エネルギー水島製油所から水島港海底の約10メートル下を掘り進んでいた工事中の横坑先端部が突然崩壊。大量の海水と土砂が流入し、内部にいた下請け業者の作業員5人が死亡した

②12月24日夜、岡山市北区の金山寺から出火。国指定重要文化財の木造瓦ぶき平屋の本堂を全焼。県重要文化財の木造阿弥陀如来坐像も焼失、関係者に衝撃を与えた

世相・流行・話題

政権交代、ロンドン五輪、街コン、iPS細胞、格安航空、東京スカイツリー

音楽

片想いFinally（SKE48）、The Beginning（ONE OK ROCK）、Believe（Che'Nelle）、つけまつける（きゃりーぱみゅぱみゅ）

映画

「テルマエ・ロマエ」「桐島、部活やめるってよ」「ALWAYS 三丁目の夕日'64」「のぼうの城」「007 スカイフォール」「人生の特等席」「レ・ミゼラブル」

出版

「聞く力―心をひらく35のヒント」（阿川佐和子）、「置かれた場所で咲きなさい」（渡辺和子）、「海賊とよばれた男」（百田尚樹）、「大往生したけりゃ医療とかかわるな　『自然死』のすすめ」（中村仁一）

テレビ

「リーガルハイ」「ドクターX　～外科医・大門未知子～」「ATARU」「ファミリーヒストリー（レギュラー）」

新商品・ヒット商品

Wii U、純生クリーム大福、キリンメッツコーラ

CM

「Wii Uでダンス」「頑張れば、きっとおいしい。」「嘘だと思ったら食べてください」「あー、もーん、どーしよー」

流行語

「ワイルドだろぉ」「維新」「終活」「第3極」「手ぶらで帰らせるわけにはいかない」

冥友録

吉本隆明、山田五十鈴、新藤兼人、藤本義一、森光子、小沢昭一、レイ・ブラッドベリ、アンディ・ウィリアムス

この年こんなことも

格安航空会社のピーチ・アビエーション就航（3月）／里見香奈が史上最年少（20歳2カ月）で将棋女流4冠達成（5月）／格安航空会社のジェットスター・ジャパン就航（7月）／日馬富士が第70代横綱に（9月）／吉田沙保里の国民栄誉賞受賞が決定、新型輸送機オスプレイを沖縄・普天間基地に配備（10月）

山陽新聞

10月9日
火曜日
発行所
山陽新聞社

日本酒 喜平
通に愛されるうまい酒

山中氏にノーベル賞 医学生理学

iPS細胞を開発

京大教授 再生医療へ利用期待

日本人2年ぶり

成熟細胞を「初期化」

難病解明や創薬 無限の可能性

10月8日、さまざまな組織の細胞になる能力がある「人工多能性幹細胞（iPS細胞）」を開発した山中伸弥京都大教授のノーベル医学生理学賞受賞が決定。開発から6年のスピード受賞で、日本人のノーベル賞受賞は2年ぶり19人目。医学生理学賞は25年ぶり2人目（10月9日付朝刊）

この年のあなたの年齢　　　　　歳　　　　　　　　　　　在住

　　　　　　在学（　　　年生）・勤務

この年にあなたに起こった出来事

-
-
-
-
-

その出来事に対するあなたの思い

-
-
-

国内・海外の主な出来事

- 1・16　アルジェリアのガス田施設で人質事件、日本人10人が犠牲
- 3・15　環太平洋連携協定（TPP）交渉への参加を正式表明
- 6・22　富士山が世界文化遺産に登録
- 7・21　参院選で自民党が圧勝、「ねじれ国会」解消
- 9・7　2020年夏季オリンピック開催都市が東京に決定
- 11・3　星野仙一監督が率いる東北楽天が球団創設9年目で初の日本一
- 11・8　台風30号がフィリピン中部を直撃、6000人以上が死亡
- 11・23　中国が東シナ海上空に防空識別圏を設定
- 12・4　「和食　日本人の伝統的な食文化」がユネスコ無形文化遺産に登録
- 12・6　参議院で特定秘密保護法案が可決成立

岡山県関係の主な出来事

- 2・14　派遣社員殺害の被告に裁判員裁判で死刑判決
- 4・3　美作地域10市町村で美作国建国1300年記念事業がスタート
- 5・11　なでしこリーグで岡山湯郷ベルと吉備国大シャルムが対戦
- 7・21　参院選岡山選挙区で石井正弘が当選、自民が12年ぶりに勝利
- 10・6　岡山市長に元国土政策局長の大森雅夫が初当選
- 10・9　岡山市で最高気温31.0℃を観測、最も遅い真夏日に
- 11・3　書家の高木聖鶴が文化勲章受章

※瀬戸内国際芸術祭2013が3会期で開催され、約107万人が来場
※広島高裁岡山支部が「1票の格差」選挙に違憲・無効の判決
※岡山大病院で世界初、全国初の生体肺中葉移植手術を実施

①美作国建国1300年記念事業が4月3日スタート。祝賀セレモニーのクライマックスで小学生の夢を乗せた風船1300個が春空を彩った。713（和銅6）年、美作国として備前国から分国されたことにちなみ、関係市町村が協力し約150事業を展開
②わが国を代表するかな書家の高木聖鶴が、文化勲章を受章。県出身では物理学者の故仁科芳雄（里庄町出身）、作家の故正宗白鳥（備前市出身）ら各界の大家に続く8人目、県在住者としては初の快挙となった（11月3日）

この年こんなことも

元横綱大鵬の故納谷幸喜が国民栄誉賞受賞（2月）／長嶋茂雄と松井秀喜が国民栄誉賞受賞、出雲大社で「本殿遷座祭」挙行、将棋の里見香奈が史上初の女流5冠を達成、サッカーのベッカムが現役引退（5月）／高知県四万十市で国内観測史上最高気温41.0℃を観測（8月）／伊勢神宮の内宮で「遷御の儀」挙行（10月）

2020年の第32回夏季オリンピック大会の開催都市が東京に決定。IOC委員の投票で東京がイスタンブール、マドリードを大差で破り、1964年の第18回大会以来56年ぶりとなる開催を決めた（9月10日付朝刊）
2度目の開催はアジアでは初。
冬季大会も含めると、日本での五輪は72年札幌、98年長野と合わせて4度目

この年のあなたの年齢　　　　　歳　　　　　　　　　在住

　　　　　　在学（　　　年生）・勤務

この年にあなたに起こった出来事

・

・

・

・

・

その出来事に対するあなたの思い

・

・

・

国内・海外の主な出来事

1・30　小保方晴子理化学研究所研究員らが万能細胞「STAP 細胞」作製に成功したと英科学誌に発表（3・14 理化学研究所が STAP 論文に重大な過誤があったとおわび会見）

2・7　ソチ冬季オリンピック開幕（日本メダル8個獲得）

3・18　ロシアがクリミア編入を宣言、日米欧が制裁

4・1　消費税が5％から8％に増税

6・29　イスラム過激派が「イスラム国」樹立、アメリカが空爆

7・1　政府が集団的自衛権の行使容認を閣議決定

8・8　エボラ出血熱の感染拡大、世界保健機関が緊急事態宣言

9・8　全米オープンテニス・男子シングルスで錦織圭が準優勝

9・27　御嶽山が7年ぶりに噴火、50人以上が死亡

10・7　赤崎勇、天野浩、中村修二のノーベル物理学賞受賞が決定

岡山県関係の主な出来事

3・20　県警留置場での不祥事で、県警史上最多となる31人を処分

7・14　倉敷市で小学女児の連れ去り、監禁事件が発生、男を逮捕

8・17　サッカー女子なでしこリーグ・レギュラーシリーズで岡山湯郷ベルが初優勝

8・31　岡山大病院で世界初の「生体肺区域移植手術」を実施

10・14　フィギュアスケートの高橋大輔が現役引退を表明

12・5　JR 岡山駅南にイオンモール岡山が開業

12・14　衆院選で岡山小選挙区は自民党が勢力維持

12・19　県議会が政務費全支出に領収書添付の条例改正案を可決

※岡山シーガルズが昨季V・プレミアリーグで準優勝

※10〜11月、岡山市でESD世界会議を開催、97か国・地域から約3000人が参加

①倉敷市出身で、フィギュアスケート五輪メダリストの高橋大輔が10月14日、岡山市内で会見し現役引退を表明。「次の道に進むため一度線を引きたい」と引退会見で晴れやかな表情を見せ、20年間の競技人生にピリオドを打った（2018年に現役復帰）
②JR岡山駅南に大型ショッピングセンター・イオンモール岡山（岡山市北区下石井）が12月5日、開業。ソフトオープン期間を含め、12月11日までの13日間で入店客が100万人を突破した

世相・流行・話題

消費税、集団的自衛権、アナと雪の女王、STAP細胞、錦織圭

音楽

Let It Go（松たかこ）、Dragon Night（SEKAI NO OWARI）、ラブラドール・レトリバー（AKB48）、ひまわりの約束（秦基博）、何度目の青空か?（乃木坂46）、R.Y.U.S.E.I（三代目 J Soul Brothers from EXILE TRIBE）

映画

「アナと雪の女王」「STAND BY ME ドラえもん」「ベイマックス」

出版

「アイネクライネナハトムジーク」（伊坂幸太郎）、「銀翼のイカロス」（池井戸潤）、「鹿の王」（上橋菜穂子）、「サラバ!」（西加奈子）、「その女アレックス」（ピエール・ルメートル）

テレビ

「HERO」「S−最後の警官−」「花咲舞が黙ってない」「あさチャン!」「バイキング」「林修の今でしょ!講座」

新商品・ヒット商品

iPhone 6、妖怪ウォッチ、カップヌードル・トムヤムクンヌードル、大人向け菓子

CM

「人生は、夢だらけ。」「俺。父。俺。」

流行語

「ダメよ〜ダメダメ」「ありのままで」「カープ女子」「壁ドン」「危険ドラッグ」

冥友録

森本哲郎、渡辺淳一、山口洋子、山口淑子（李香蘭）、土井たか子、高倉健、菅原文太、やしきたかじん、淡路恵子、小野田寛郎、フィリップ＝シーモア＝ホフマン

この年こんなことも

東京都知事に舛添要一が当選（2月）／若田光一が日本人初の国際宇宙ステーションの船長就任、日本一高いビル「あべのハルカス」完成、「森田一義アワー笑っていいとも!」放送終了（3月）／富岡製糸場が世界文化遺産登録（6月）／「和紙　日本の手漉和紙技術」が無形文化遺産に登録（11月）

第22回冬季五輪ソチ大会が2月7日夜（日本時間8日未明）、ロシア南部ソチで開幕（2月8日付朝刊）。冬季五輪史上最多の88カ国・地域から約2900選手が参加、スキー・ジャンプ女子などの新種目を含む7競技、98種目で熱戦が繰り広げられた。羽生結弦がフィギュア男子で金メダルを獲得。日本のメダルは金1、銀4、銅3の計8個

この年のあなたの年齢　　　　　歳　　　　　　　　　　　　在住

　　　　　　　　在学（　　　年生）・勤務

この年にあなたに起こった出来事

- ・
- ・
- ・
- ・
- ・

その出来事に対するあなたの思い

- ・
- ・
- ・

国内・海外の主な出来事

1・20　イスラム国 (IS) が日本人2人を拘束、殺害警告の動画を公開
1・23　大相撲初場所で横綱白鵬が史上最多の 33 回の優勝
4・11　アメリカとキューバが国交回復、パナマで首脳会談
6・17　選挙権年齢を 20 歳以上から 18 歳以上とする改正公職選挙法が成立
9・19　安全保障関連法案が可決成立
9・19　ラグビーW杯イングランド大会で日本が南アフリカに歴史的勝利
10・5　大村智のノーベル医学生理学賞が決定
10・5　マイナンバーの通知開始
10・6　梶田隆章のノーベル物理学賞が決定
10・13　翁長雄志沖縄県知事が辺野古埋め立て承認を取り消し

岡山県関係の主な出来事

3・13　社会福祉法人旭川荘の江草安彦名誉理事長が死去、88 歳
4・10　真庭バイオマス発電所が完成
4・12　統一地方選挙前半の県議選と市議選の投票率がともに過去最低
7・5　サッカー女子W杯カナダ大会で宮間、福元が日本準優勝に貢献
10・3　備前焼作家の森陶岳が新大窯での作品の窯出しを完了
10・7　第3次安倍内閣に加藤勝信が1億総活躍担当相として初入閣
11・8　第1回おかやまマラソン開催、全国から1万 4000 人が参加
12・16　総社市の女性が起こした女性の再婚制限訴訟で最高裁が違憲判決

※官製談合防止法違反や万引きなど公務員の不祥事が続発
※小中学校で子ども主体のスマホ対策の取り組みが広がる

① 「第1回おかやまマラソン」開催。全国から集まった1万4000人のランナーがジップアリーナ岡山（岡山市北区いずみ町）前を一斉にスタート。沿道には 13 万 4000 人が繰り出し、4000 人を超える市民ボランティアが大会運営を支えた（11月8日）
② 社会福祉法人旭川荘（岡山市北区祇園）の江草安彦名誉理事長のお別れの会。全国の福祉、教育、行政関係者ら1600人が参列し、障害者福祉分野の先駆者として歴史に大きな足跡を残した故人を悼んだ（4月18日）

世相・流行・話題

新国立競技場、東京五輪エンブレム、外国人観光客、ラグビー、SEALDs、マイナンバー

音楽

SUN（星野源）、あったかいんだからぁ♪（クマムシ）、私以外私じゃないの（ゲスの極み乙女。）、トリセツ（西野カナ）、海の声（浦島太郎／桐谷健太）

映画

「バケモノの子」「海街diary」「ジュラシック・ワールド」「ミニオンズ」「アントマン」「母と暮せば」「はなちゃんのみそ汁」「ビリギャル」「HERO」「マイ・インターン」

出版

「火花」（又吉直樹）、「ちょっと今から仕事やめてくる」（北川恵海）、「九十歳。何がめでたい」（佐藤愛子）

テレビ

「下町ロケット」「デスノート」「ニュース シブ5時」「流星ワゴン」「コウノドリ」「直撃LIVEグッディ！」

新商品・ヒット商品

Apple Watch、ドローン、自撮り棒、コンビニドーナツ、乳酸菌ショコラ

CM

「三太郎」「結果にコミットする。」

流行語

「爆買い」「トリプルスリー」「アベ政治を許さない」「安心して下さい、穿いてますよ。」「1億総活躍社会」

冥友録

3代目桂米朝、愛川欽也、鶴見俊輔、加藤治子、北の湖敏満、水木しげる、野坂昭如、吉行あぐり、今いくよ、花紀京、原節子、B．B．キング

この年こんなことも

北陸新幹線長野－金沢間開業（3月）／自由と民主主義のための学生緊急行動（SEALDs）発足（5月）／「明治日本の産業革命遺産」が世界遺産に登録、又吉直樹が「火花」で芥川賞受賞、新国立競技場の建設計画を見直し（7月）／東京五輪エンブレムを使用中止（9月）／スポーツ庁設置（10月）／サッカー女子の澤穂希が引退表明（12月）

シリア、イラクの過激派「イスラム国」（IS）が1月20日、身代金2億ドルを支払わなければ「日本人2人を殺害する」とビデオ声明を発表。湯川遥菜、後藤健二両氏の殺害映像が公開され、ISは日本人への次のテロを予告するなど、日本中に衝撃を与えた（1月21日付朝刊）

この年のあなたの年齢	歳	在住

在学（　　　年生）・勤務

この年にあなたに起こった出来事

-
-
-
-
-

その出来事に対するあなたの思い

-
-
-
-

国内・海外の主な出来事

4・14　熊本地震発生、関連死を含む死者 273 人
5・26　三重県志摩市で主要国首脳会議（伊勢志摩サミット）開催
5・27　オバマ米大統領が広島訪問
6・23　イギリスが国民投票でEU離脱へ、7月メイ首相就任
7・10　参院選で自民党が大勝。改憲勢力が3分の2超に
7・26　相模原市の知的障害者施設で元職員が 19 人刺殺
8・5　リオデジャネイロ夏季オリンピックが開幕（日本メダル41個獲得）
8・8　天皇陛下がビデオメッセージで退位に強い思い
10・3　大隅良典のノーベル医学生理学賞受賞が決定
11・8　アメリカ大統領選でトランプがクリントンを破り、勝利宣言

岡山県関係の主な出来事

4・20　三菱自動車の燃費データ改ざんで水島製作所が生産停止
5・14　先進7か国（G7）の教育相会合が倉敷市で開催
7・10　参院選岡山選挙区で自民党が勝利、衆参の議席を独占
7・28　岡山県を主会場にした中国インターハイ（全国高校総体）開幕
10・9　現代アートの国際展「岡山芸術交流2016」を初開催
10・21　鳥取地震で県北の住宅や道路に被害、観光面にも影響
12・25　全国高校男子駅伝で倉敷高校が初優勝
12・30　ノートルダム清心学園理事長の渡辺和子が死去
※ファジアーノ岡山がJ1昇格プレーオフに初進出
※岡山湯郷ベルで宮間、福元らが退団、チームは2部降格

①先進7カ国（G7）教育相会合が5月14、15日、倉敷アイビースクエア（倉敷市）を会場に開かれた。主要国首脳会議（伊勢志摩サミット）に関連して全国10都市で行われた閣僚級会合の一つで、県内でのサミット関連会合の開催は初めて（5月14日）
②京都・都大路で12月25日、全国高校駅伝があり、倉敷高が2時間2分34秒で初優勝。男子の岡山勢として初の快挙だった。ゴールテープを持ち、初優勝を喜ぶ倉敷高の勝又雅弘監督（右端）と選手たち

世相・流行・話題

伊勢志摩サミット、熊本地震、18歳選挙権、リオ五輪、インスタグラム、SMAP解散

音楽

PPAP（ピコ太郎）、前前前世（RADWIMPS）、恋（星野源）、サイレントマジョリティー（欅坂46）

映画

「君の名は。」「シン・ゴジラ」「後妻業の女」「貞子 vs 伽椰子」「ジャングル・ブック」

出版

「蜜蜂と遠雷」（恩田陸、連載開始は'09年。曲折を経て'16年単行本化）、「みかづき」（森絵都）、「天才」（石原慎太郎）、「コンビニ人間」（村田沙耶香）、「銅のメンタル」（百田尚樹）

テレビ

「逃げるは恥だが役に立つ」「ニュースチェック11」「1周回って知らない話」

新商品・ヒット商品

ポケモンGO、明治ザ・チョコレート、iPhone 7、PlayStation VR、アイコス

CM

「"やっちゃえ"NISSAN」「グラブってる?」「倒れるだけで腹筋ワンダーコア」

流行語

「神ってる」「ゲス不倫」「保育園落ちた日本死ね」「アモーレ」「PPAP」

冥友録

秋山ちえ子、蜷川幸雄、永六輔、大橋巨泉、千代の富士貢、松山善三、平幹二朗、小川宏、モハメド・アリ

この年こんなことも

マイナンバー制度開始（1月）／北海道新幹線の新青森駅－新函館北斗駅間が開業（3月）／三菱自動車の燃費試験データ不正が発覚（4月）／改正公職選挙法施行で選挙権が18歳以上に（6月）／東京都知事に小池百合子が当選（7月）／113番元素が「ニホニウム」に確定（11月）／ＳＭＡＰ解散（12月）

戦後71年で実現した、米大統領による歴史的な被爆地・広島の訪問。5月27日夕、オバマ米大統領が平和記念公園を訪れ、原爆慰霊碑に献花、黙とうし、被爆者を含む全ての戦争犠牲者を追悼した。現職米大統領の広島訪問は初めて
（5月28日付朝刊）

この年のあなたの年齢　　　　　歳　　　　　　　　　　在住

在学（　　　年生）・勤務

この年にあなたに起こった出来事

-
-
-
-
-

その出来事に対するあなたの思い

-
-
-

209

国内・海外の主な出来事

1・20 トランプ米大統領が就任、米国第一主義を主張
2・13 金正男がクアラルンプール国際空港で殺害される
6・15 「共謀罪」の趣旨を盛り込んだ改正組織犯罪処罰法が可決成立
6・26 将棋の藤井聡太四段が公式戦29連勝の新記録を樹立
7・4 北朝鮮が米本土を射程とするICBM「火星14」試射
9・9 桐生祥秀が陸上男子100mで日本人初の9秒台（9秒98）
10・22 衆院選で自民が大勝、立憲が躍進し、希望は失速
10・31 神奈川県座間市の9人遺体切断事件で、容疑者逮捕
11・29 横綱日馬富士が暴行問題で引退
12・1 皇室会議で天皇陛下2019年4月30日の退位が決定

岡山県関係の主な出来事

1・16 星野仙一と平松政次が野球殿堂入り
2・24 文化勲章受章者のかな書家高木聖鶴が死去、93歳
2・28 イトーヨーカドー岡山店が閉店
4・28 文化庁の日本遺産に「倉敷物語」「六古窯」が認定
7・1 岡山大病院で両肺分割の脳死移植に世界で初めて成功
7・31 A型事業所の一般社団法人が事業所を閉鎖、障害者を大量解雇
8・30 将棋の王位戦で県出身の菅井竜也七段がタイトルを獲得
10・18 中国自動車道の落下タイヤ事故で母子2人が死亡
10・22 衆院選で自民党が県内5小選挙区で全勝果たす
10・31 「朝鮮通信使に関する記録」がユネスコの「世界の記憶」に登録

①将棋の八大タイトルの一つ「王位戦」で、タイトル初挑戦の菅井竜也七段が羽生善治三冠（当時）を4勝1敗で下し、県出身者として34年ぶりのタイトル保持者に。全5局で「菅井流」の新戦術を披露し、王者を圧倒した（8月30日、徳島市）
②江戸幕府と朝鮮王朝の外交を伝える資料「朝鮮通信使に関する記録」が10月31日、国連教育科学文化機関（ユネスコ）の「世界の記録」（世界記憶遺産）に登録。朝鮮通信使の寄港地であった瀬戸内市牛窓地区では、華やかな衣装で通信使の行列が繰り広げられた（11月5日）

天皇陛下退位、森友・加計問題、将棋、うんこ漢字ドリル、ブルゾンちえみ、シャンシャン、プレミアムフライデー

音楽

インフルエンサー（乃木坂46）、不協和音（欅坂46）、One More Time（TWICE）、Finally（安室奈美恵）

映画

「銀魂」「あゝ、荒野」「ラ・ラ・ランド」「IT／イット"それ"が見えたら、終わり。」「ダンケルク」「キングコング：髑髏島の巨神」

出版

「騎士団長殺し」（村上春樹）、「漫画　君たちはどう生きるか」（吉野源三郎、絵・羽賀翔一）、「その犬の歩むところ」（ボストン・テラン）

テレビ

「小さな巨人」「過保護のカホコ」「陸王」「ごごナマ」

新商品・ヒット商品

iPhone 8、iPhone X、Nintendo Switch、ハンドスピナー、クラフトボス、甘酒

CM

「ありがとう、お疲れさま」「壁がある。だから、行く。」「One Sky」

流行語

「インスタ映え」「忖度」「35億」「ひふみん」「フェイクニュース」「○○ファースト」

冥友録

松方弘樹、三浦朱門、ペギー葉山、小林麻央、野際陽子、日野原重明、チャック・ベリー、ロジャー・ムーア

この年こんなことも

稀勢の里が第72代横綱に昇進（1月）／森友学園への国有地売却に疑惑（2月）／浅田真央が引退（4月）／将棋の加藤一二三九段が引退（6月）／福岡県・沖ノ島が世界文化遺産に登録（7月）／囲碁の井山裕太六冠が七冠に返り咲き（10月）／将棋の羽生善治棋聖が史上初の「永世七冠」達成（12月）

明治25年3月17日第3種郵便物認可　　山　陽　新　聞　　2017年（平成29年刊）1月21日　土曜日　　©山陽新聞社　2017　　日刊

トランプ大統領就任

山陽新聞

1月21日 土曜日

発行所
山陽新聞社

「米国第一」を宣言

公職経験
軍歴なし
TPP離脱表明へ

就任式で宣誓するトランプ米新大統領＝20日、ワシントン（AP＝共同）

首相「日米同盟は不変」

施政方針
演説　改憲発議へ議論提起

手携え平和確保

首相が祝辞

米大統領選を制した共和党のドナルド・トランプが1月20日（日本時間21日未明）、第45代大統領に就任。共和党政権は8年ぶり。演説で「米国第一」主義を強調し、就任式が行われた首都ワシントンでは就任への抗議デモが拡大、一部が暴徒化し警察官と衝突した（1月21日付朝刊）

⑨キヤノンが東芝支援検討
⑱錦織が6年連続全豪16強
㉙電通再発防止策遺族と合意
⑥⑦地方経済
⑪国際
⑮くらし
⑯メディア・芸能
⑰スター・ウォーズ展
⑲スポーツ
㉒㉓ちまた、小説、詩・将棋

読者センター
紙面へのご意見などは
086-803-8000

この年のあなたの年齢　　　　　歳　　　　　　　　　　在住

在学（　　　年生）・勤務

この年にあなたに起こった出来事
・
・
・
・
・

その出来事に対するあなたの思い
・
・
・

211

2018 平成30年

第4次安倍晋三内閣

国内・海外の主な出来事

- 2・9 平昌冬季五輪開催。日本は冬季最多のメダル13個獲得
- 5・8 トランプ米大統領がイラン核合意離脱を表明、制裁再発動
- 6・4 財務省が森友学園問題で職員20人の処分を公表
- 6・12 初の米朝首脳会談がシンガポールで開かれる
- 7・6 アメリカが中国輸入品に対し追加関税措置を発表。中国も報復関税を発動し、米中貿易摩擦が激化
- 7・6 オウム真理教の松本智津夫死刑囚ら7人の刑を一斉に執行
- 7・10 タイ北部の洞窟に閉じ込められていた少年ら13人全員が生還
- 9・6 北海道胆振東部地震が発生。厚真町を中心に41人の犠牲者
- 10・30 韓国最高裁が元徴用工訴訟問題で新日鉄住金に賠償を命じる判決
- 11・19 カルロス・ゴーン日産自動車会長が金融商品取引法違反容疑で逮捕

岡山県関係の主な出来事

- 1・4 2017年に野球殿堂入りを果たした星野仙一が死去
- 3・17 平昌パラリンピックで、新田佳浩が金、銀メダル獲得
- 4・4 岡山と総社市、JR西日本がJR桃太郎線のLRT化に合意
- 4・10 瀬戸大橋開通30周年。与島（坂出市）で記念式典開催（8日）
- 5・30 津山市の小学3年女児が2004年に殺害された事件で、容疑者を逮捕
- 7・6 西日本豪雨災害。倉敷市真備町地区を中心に県内各地で甚大な被害
- 8・31 県内の7月の有効求人倍率（季節調整値）が2倍台に
- 10・2 自民党石破派の山下貴司法務政務官が法相に
- 10・24 卓球の新リーグ「Tリーグ」が開幕し、岡山リベッツが参戦
- 11・16 国の文化審議会が国立療養所長島愛生園と邑久光明園にある建物10件を国登録有形文化財に登録するよう答申

①中日のエースとして146勝を挙げ、監督として中日、阪神、楽天でリーグ制覇を果たした倉敷市出身の星野仙一が1月4日、帰らぬ人に。70歳。美観地区の星野仙一記念館前で号外を受け取る観光客ら（1月6日）
②4月10日、本州と四国を初めて結んだ瀬戸大橋が開通30周年を迎えた。本四3ルートで唯一、世界でも最大級の道路鉄道併用橋。記念イベントの「瀬戸大橋スカイツアー」。橋塔頂から眺める参加者（5月18日）

世相・流行・話題

二刀流、万引き家族、オウム真理教、金足農業、築地市場、安室奈美恵、羽生結弦

音楽

Lemon（米津玄師）、U.S.A.（DA PUMP）、パプリカ（Foorin）、世界はあなたに笑いかけている（Little Glee Monster）、マリーゴールド（あいみょん）

映画

「日日是好日」「万引き家族」「未来のミライ」「プーと大人になった僕」「ボヘミアン・ラプソディ」「億男」

出版

「宝島」（真藤順丈）、「オンナの奥義」（阿川佐和子、大石静）

テレビ

「高嶺の花」「義母と娘のブルース」「獣になれない私たち」

新商品・ヒット商品

悪魔のおにぎり、トミカ4D、ドライブレコーダー、ZOZOSUIT、aibo、ケーブルバイト、タピオカミルクティー、サバ缶

CM

「ハズキルーペ、大好き」「意識高すぎ高杉くん」「私がおかしいの？」

流行語

「そだねー」「（大迫）半端ないって」「おっさんずラブ」「ボーっと生きてんじゃねーよ！」「なおみ節」「災害級の暑さ」「悪質タックル」「もぐもぐタイム」

冥友録

西城秀樹、星野仙一、野中広務、樹木希林、さくらももこ、下村脩、高畑勲、衣笠祥雄、桂歌丸、加古里子

この年こんなことも

築地市場最後の初競り、草津白根山で噴火（1月）／藤井聡太が史上最年少で七段に、日大アメフト部選手が危険タックル（5月）／テニス・大坂なおみが全米オープン優勝、台風21号襲来し関空が冠水（9月）／大谷翔平がメジャー新人王に（11月）／16歳の紀平梨花がフィギュアGPファイナル初出場V（12月）

7月上旬、台風7号の影響で梅雨前線の活動が活発化、西日本を中心に広範囲で記録的な大雨に。岡山、広島、愛媛各県を中心に死者は220人を超え、家屋計約1万7000棟が全半壊する大災害となった（7月8日付朝刊）

この年のあなたの年齢　　　　歳　　　　　　　　　　在住

在学（　　　年生）・勤務

この年にあなたに起こった出来事

-
-
-
-
-

その出来事に対するあなたの思い

-
-
-

213

2019 | 平成31年 令和元年

第4次安倍晋三内閣

国内・海外の主な出来事

1・28 女子テニスの大坂なおみがアジア勢初の世界1位に

3・21 米大リーグ、マリナーズのイチローが現役を引退

4・15 仏パリの世界遺産、ノートルダム寺院（大聖堂）が炎上

4・30 天皇陛下（明仁さま）が退位し、「平成」が終幕。翌5月1日、皇太子徳仁親王が新天皇に即位し、「令和」に改元

5・13 仁徳天皇陵古墳（大山古墳）を含む「百舌鳥・古市古墳群」（大阪府・堺市・羽曳野市・藤井寺市）が世界文化遺産に

10・1 消費税10%スタート

10・9 吉野彰のノーベル化学賞受賞が決定

10・13 ラグビーのW杯日本大会で、日本が初の8強入り

10・22 「即位礼正殿の儀」が皇居・宮殿で行われる

11・10 天皇陛下の即位に伴うパレード「祝賀御列の儀」が行われる

12・4 アフガニスタン支援に尽力した医師、中村哲が現地で活動中に銃撃され死亡

岡山県関係の主な出来事

1・11 井原線が開業20周年。累計利用者は約2100万人

2・20 京都大付属岡山天文台（浅口市）の光学赤外線反射望遠鏡「せいめい」完成記念式

4・23 バレーボールVリーグ1部女子の岡山シーガルズの山口舞が引退表明

5・20 笠岡市などが共同申請していた備讃諸島9島が「石の島」として日本遺産に認定

7・6 県内に戦後最大の水害をもたらした西日本豪雨から1年を迎え、倉敷、総社市で追悼式実施

8・4 岡山市出身の渋野日向子がAIG全英女子オープンで優勝

9・15 マラソングランドチャンピオンシップ女子で天満屋の前田穂南が優勝。岡山勢第1号の東京五輪代表

10・19 20カ国・地域（G20）保健相会合が岡山市で開かれ、翌日「岡山宣言」を採択

12・15 宇高航路（玉野市・宇野港～高松市・高松港）が休止。109年の歴史に幕

①岡山市出身の渋野日向子がゴルフのAIG全英女子オープンで日本勢42年ぶりのメジャー制覇を果たした。偉業をたたえ岡山市役所に懸垂幕設置（8月7日）

②日米欧と新興国による20カ国・地域（G20）保健相会合が、岡山市内のホテルで開幕。岡山市の後楽園で記念撮影に納まるG20保健相会合の各国閣僚ら（10月19日）

世相・流行・話題
レオパレス21、ビットコイン、消費税、ZOZO前澤社長、箱根噴火

音楽
会いたいよ（手塚翔太）、優しいあの子（スピッツ）、Ambitious（Superfly）、まちがいさがし（菅田将暉）、モス（サカナクション）、真夏の夜の匂いがする（あいみょん）

映画
「天気の子」「アラジン」「ライオンキング」「アナと雪の女王2」「トイ・ストーリー4」「名探偵コナン　紺青の拳（フィスト）」

出版
「樹木希林　120の遺言」（樹木希林）、「ゆるり　より道ひとり暮らし」（おづまりこ）、「京都大とノーベル賞　本庶佑と伝説の研究室」（広瀬一隆）

テレビ
「凪のお暇」「あなたの番です」「わたし、定時で帰ります。」「グランメゾン東京」

新商品・ヒット商品
PayPay、ドラゴンクエストウォーク、ワークマン、チーズハットグ

CM
「とろ～りしちゃう?」「塗るのではない。針状美容液」「サクッとランチ」

流行語
「キャッシュレス／ポイント還元」「ONE　TEAM」「タピる」「令和」

冥友録
中曽根康弘、緒方貞子、田辺聖子、兼高かおる、市原悦子、内田裕也、萩原健一、ジャニー喜多川、八千草薫、金田正一、中村哲、ピーター・フォンダ

この年こんなことも
競泳の池江璃花子が白血病を公表（2月）／探査機はやぶさ2が惑星りゅうぐう表面に人工クレーター生成成功（4月）／幼保無償化&大学無償化法が成立（5月）／羽生善治九段、最多の公式戦通算1434勝目を記録（6月）／京都アニメーション放火殺人事件（7月）／首里城火災（10月）／東京五輪のマラソンと競歩が札幌市で開催決定（11月）

5月1日午前0時、皇太子徳仁親王が新天皇に即位し、平成が終わり令和に（5月1日付朝刊）

この年のあなたの年齢	歳	在住

在学（　　　　年生）・勤務

この年にあなたに起こった出来事

-
-
-
-
-

その出来事に対するあなたの思い

-
-
-

2020 | 令和 2 年

第4次安倍晋三内閣
菅義偉内閣

※ 2020 年の内容は 9 月 16 日時点のものです。

国内・海外の主な出来事

1・6　ＩＲ汚職、下地幹郎衆院議員が中国企業からの現金受領認める

1・8　カルロス・ゴーンが逃亡先のレバノンで会見、無罪を主張

1・20　新型肺炎で中国湖北省武漢市、事実上封鎖

1・30　世界保健機関（ＷＨＯ）が新型肺炎で緊急事態宣言

3・24　安倍晋三首相と国際オリンピック委員会が五輪延期で合意

3・29　国民的コメディアン、志村けんが新型コロナウイルスで急逝

4・7　新型コロナウイルス感染拡大に備え 7 都府県に緊急事態宣言。16日、7都府県から全都道府県に拡大（5月25日全面解除）

6・2　あおり運転厳罰化などの改正道交法成立

6・5　北朝鮮に拉致された横田めぐみさんの父で、拉致被害者家族会初代代表の横田滋さん死去

7・1　中国政府による「香港国家安全維持法」施行

7・22　政府の観光支援事業「Go To トラベル」が東京都を除く46道府県で始まる

8・6　インド洋モーリシャス沖で座礁した日本の貨物船から大量の重油が流出

8・29　安倍晋三首相が辞意表明（連続在任期間7年8カ月は歴代最長）

9・16　菅義偉自民党総裁が首相に指名され、菅義偉内閣発足

岡山県関係の主な出来事

2・10　備前信金と日生信金が合併し、備前日生信用金庫が誕生

3・2　コロナ禍のもと、全国の小中高校で臨時休校が始まる

4・1　岡山県内の8ＪＡが合併し、「ＪＡ晴れの国岡山」が発足

4・26　倉敷市長に伊東香織が4選

6・3　岡山理科大などの調査団がメキシコで最古最大のマヤ遺跡発見

6・19　高梁市の「『ジャパンレッド』発祥の地」が日本遺産に認定

7・18　夏季岡山県高校野球が開幕し、58 校が参加

①新型コロナウイルス感染拡大を受け、人も車も激減した岡山市街地（4月5日、岡山市北区下石井）
②政府がレジ袋の有料化を全国の小売店に義務付ける制度が 7 月1日から始まり、レジ袋の有料化を知らせるポスターが掲げられた天満屋ハピータウン原尾島店（岡山市中区）

世相・流行・話題

コロナ、ソーシャルディスタンス、パンデミックス、ロックダウン、緊急事態宣言、鬼滅の刃、アマビエ

音楽

星影のエール（GReeeeN）、I LOVE…（official 髭 男 dism）、Nights Cold（山下智久）、カイト（嵐）、Make you happy（NiziU）

映画

「Fukushima50」「今日から俺は!!劇場版」「AI崩壊」「コンフィデンスマン JP プリンセス編」

出版

「発注いただきました!」（朝井リョウ）、「逆ソクラテス」（伊坂幸太郎）、「クスノキの番人」（東野圭吾）、「コロナの時代の僕ら」（パオロ・ジョルダーノ）

テレビ

「恋はつづくよどこまでも」「MIU404」「テセウスの船」「私の家政婦ナギサさん」「半沢直樹」

新商品・ヒット商品

「オンライン生活ツール」「ダルゴナコーヒー」「任天堂『あつまれどうぶつの森』」

CM

「新生活は、メルカリではじめよう。」「みんな、自由だ。」

流行語

「ぴえん超えてぱおん」「密です」「おうち時間」「おうちカフェ」

冥友録

宍戸錠、藤田宜永、梓みちよ、野村克也、宮城まり子、大林宣彦、三浦春馬、山本寛斎、渡哲也、ジョージ秋山、大原れいこ、コービー・ブライアント、カーク・ダグラス、李登輝

この年こんなことも

ヘンリー王子と妻メーガン妃が英王室の公務から退くと発表（1月）／選抜高校野球が新型コロナウイルス感染拡大により初の中止、大相撲春場所がコロナ禍により史上初の無観客開催（3月）／将棋の藤井聡太が棋聖戦を制して史上最年少でタイトル獲得（7月）

首相、緊急事態宣言

「接触7～8割減を」

7都府県 来月6日まで

休業要請 東京先送り

対象施設 国との調整難航

6府県は見送り

2段階で経済対策 閣議決定

安倍晋三首相が新型コロナウイルス感染拡大に備える改正特別措置（新型コロナ措置法）に基づいて緊急事態を宣言した。対象地域は東京、神奈川、埼玉、千葉、大阪、兵庫、福岡の7都府県、期間は5月6日まで（4月8日付朝刊）

この年のあなたの年齢　　　　歳　　　　　　　　　　在住

在学（　　　年生）・勤務

この年にあなたに起こった出来事

- ・
- ・
- ・
- ・
- ・

その出来事に対するあなたの思い

- ・
- ・
- ・

2021 令和 3 年

● この年の出来事
....
....
....
....
....
....
....
....

● あなたの出来事
....
....
....
....
....
....
....
....

MEMO
....
....
....
....
....
....
....
....

2022 | 令和 4 年

● この年の出来事

● あなたの出来事

MEMO

219

2023 | 令和 5 年

● この年の出来事

....
....
....
....
....
....
....
....

● あなたの出来事

....
....
....
....
....
....
....
....

MEMO

....
....
....
....
....
....
....
....
....

資料編

自分史年表

生まれてから現在の足跡を書き出してみましょう。そのころにどんなことが起こったのか、ニュースを見ながら当時の自分と重ね合わせてみてください。人生の転機が「一目で分かる設計図」になります。

年	年齢	出来事	その年のニュース

年	年齢	出来事	その年のニュース

家系図

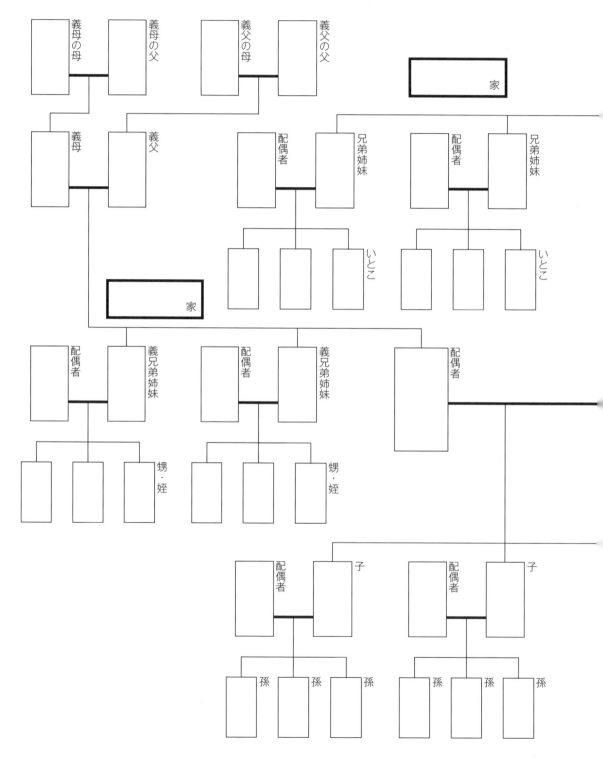

義母の母　義母の父　義父の母　義父の父

家

義母　義父　配偶者　兄弟姉妹　配偶者　兄弟姉妹

いとこ　いとこ

家

配偶者　義兄弟姉妹　配偶者　義兄弟姉妹　配偶者

甥・姪　甥・姪

配偶者　子　配偶者　子

孫　孫　孫　孫　孫　孫

224

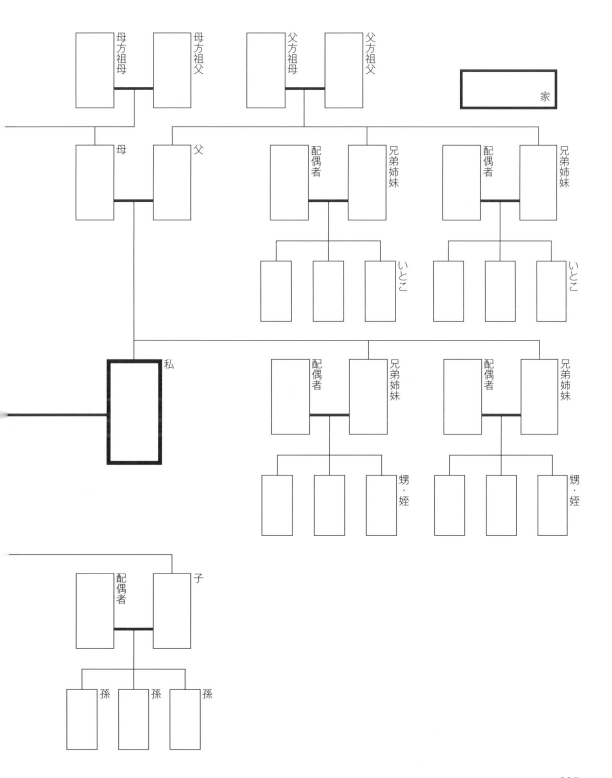

現在のわたし

● 名前

....

● 生年月日

....

● 現住所、連絡先

....

....

● 健康状態

....

....

....

....

● 現在の生活（どんな毎日を送っていますか？）

....

....

....

....

● 今の楽しみ

....

....

....

....

● 最近起こったこと、うれしかったニュース

....

....

....

....

MEMO

誕生・生い立ち

● 出生地
....
....

● 名前の由来
....
....

● 生まれたときの様子
....
....

● 父のこと
....
....

● 母のこと
....
....

● きょうだいのこと
....
....

● 父方祖父母
....
....

● 母方祖父母
....
....
....

MEMO

幼児期（就学前）

● 時代背景

....
....
....
....

● 育った家の様子

....
....
....

● 隣近所

....
....
....

● 好きだった遊び

....
....
....

● 仲の良かった友達、保育園、幼稚園の先生の思い出

....
....
....

● 憧れていた職業、してみたかったこと

....
....
....

● 家庭の決まり、しつけ

....
....
....
....

MEMO

小学生時代

● 学校名、所在地

....

....

....

● 仲の良かった友達、初恋の人

....

....

....

● 学校の先生の思い出

....

....

....

● 得意科目、成績、受賞、記録

....

....

....

● 遠足、運動会、学芸会など学校行事の思い出

....

....

....

● 放課後の過ごし方、習い事

....

....

....

● 夢中になっていたこと

....

....

....

....

....

MEMO

中学時代

● 学校名、所在地

....

....

....

● 仲の良かった友達、先輩、後輩、恩師、初恋の人

....

....

....

● 部活動、大会の記録、受賞歴

....

....

....

● 反抗期のエピソード

....

....

....

● 好きだった科目、嫌いだった科目、高校受験

....

....

....

● 文化祭、体育祭、修学旅行の思い出

....

....

....

● 当時の悩み、将来の夢

....

....

....

● 好きなテレビ、俳優、音楽

....

....

....

MEMO

高校時代

● 学校名、所在地、通学の方法

....

....

....

● 仲の良かった友達、憧れの先輩、後輩、恩師、交際相手

....

....

....

● 成績、大学受験について

....

....

....

● 所属していた部活動

....

....

....

● 夢中になっていたこと

....

....

....

● 文化祭、体育祭、修学旅行の思い出

....

....

....

● 当時の夢、憧れの有名人

....

....

....

● 流行していたこと、音楽

....

....

....

MEMO

....
....
....
....
....
....
....
....
....
....
....
....
....
....
....
....
....
....
....
....
....
....
....
....
....
....
....
....
....
....

大学・短大・専門学校時代

● 学校名、所在地、通学方法

....

....

....

● 専攻、卒業論文、資格試験

....

....

....

● サークル・部活動

....

....

....

● 友達、先輩、後輩、指導教授、恩師

....

....

....

● 好きだった人

....

....

....

● 旅行、アルバイト

....

....

....

● 就職活動、当時の夢、悩み

....

....

....

....

....

MEMO

社会人になって

● 会社名、職種、仕事内容
....
....
....
....

● 住んでいた場所
....
....
....

● 毎日の様子
....
....
....

● 入社当時の失敗談、成功談
....
....
....

● 同僚、上司
....
....
....

● 影響を受けた人
....
....
....

● 休日の過ごし方、趣味
....
....
....
....
....

MEMO

結婚

● パートナーの名前、職業

....

....

....

● 出会い、第一印象

....

....

....

● 結婚までの道のり、結婚の決め手、プロポーズの言葉

....

....

....

● 相手の家、両親

....

....

....

● 結婚式、新婚旅行

....

....

....

● 新婚生活

....

....

....

● 新居、当時の夢、悩み

....

....

....

....

....

MEMO

子どもを授かって

● 子どもの名前、誕生日、出生地
....
....

● 名前の由来、命名者
....
....

● 出産のエピソード
....
....

● 親になったときの思い
....
....

● 子どもの教育方針、しつけ
....
....

● 子どもの成長記録、学歴
....
....

● 子育ての喜び、苦労、心に残っているエピソード
....
....

● 子どもが成人・結婚したときのこと
....
....

● 孫の名前、名前の由来、誕生日、出生地
....
....

● 孫が生まれたときの気持ち
....
....
....

MEMO

仕事、社会生活（40 ～ 50 代）

● 仕事内容、会社での役割

....

....

....

● 異動、出世、成果

....

....

....

● 成功したエピソード

....

....

....

● トラブル、挫折

....

....

....

● 転職、副業、起業

....

....

....

● 趣味

....

....

....

● 友人、同僚

....

....

....

....

....

MEMO

仕事、社会生活その後（60代〜）

● 退職のエピソード

....

....

● 会社生活を振り返って

....

....

● 退職後の楽しみ、夢（これから始めたいこと）

....

....

● 暮らしのこだわり、お気に入りの場所

....

....

● 趣味

....

....

● 両親、親族との関係

....

....

● 病気、事故、災害

....

....

● 子どもとの関係

....

....

● 介護経験、自身の介護について

....

....

● 健康維持のため心掛けていること

....

....

....

MEMO

思い出

● 思い出に残っている旅行、エピソード
....
....
....
....
....
....
....
....
....
....
....
....
....
....
....

● 人生で一番高価な買い物、思い出の品、譲りたいもの
....
....
....

● 好きな食べ物、好きな店、忘れられない味
....
....
....

● 愛読書、好きな作家
....
....
....

● 好きな映画、人生を変えた映画

....
....
....

● 好きな俳優、タレント

....
....
....

● 好きな歌、歌手、カラオケでよく歌う曲

....
....
....

● 好きなスポーツ

....
....
....

● 愛車

....
....
....

MEMO

....
....
....
....
....
....
....
....
....

最期を考える

● 最期を迎えたい場所、最期に食べたいもの

....

....

....

....

....

....

....

....

....

....

....

....

....

....

....

....

....

....

....

....

....

....

....

....

....

....

....

....

● 一緒にいたい人

MEMO

伝えたいこと

● パートナーへ

....

....

....

....

....

....

● 子どもへ

....

....

....

....

....

....

● 孫へ

....

....

....

....

....

MEMO

....

....

....

....

....

....

....

....

山陽新聞 自分史クロニクル

発 行 日　2020（令和2）年10月15日 初版第1刷発行
編 　 者　山陽新聞社
発 行 者　江草明彦
発 行 所　株式会社 山陽新聞社
　　　　　〒700-8534
　　　　　岡山市北区柳町二丁目1番1号
　　　　　電話(086)803-8164　FAX.(086)803-8104
　　　　　https://c.sanyonews.jp/
印 刷 所　モリモト印刷株式会社

山陽新聞自分史講座のご案内

　本部教室、倉敷教室、アルネ津山教室の3教室で「自分史クロニクル」を使って自分史を作る「山陽新聞自分史講座」を開講しています。

　自分史には、いろいろな楽しさと活用法、そして、さまざまな可能性があります。まずは、ご自身のために、思いをかたちにする楽しさを味わい、書きたいところから、自由に気軽に伸び伸びと自分史づくりを始めましょう。

山陽新聞自分史講座入門編

講師：自分史活用アドバイザー　　久本　恵子 (本部教室) (倉敷教室)
　　　　　　　　　　　　　　　　村田　敏美 (アルネ津山教室)

受講メモ：4月～9月　6カ月全6回 10,200円 (税込み)

山陽新聞自分史講座実践編

入門編受講者を対象に、世界に一冊だけしかない、あなただけの自分史づくりを応援します。

講師：自分史活用アドバイザー　　久本　恵子 (本部教室) (倉敷教室)
　　　　　　　　　　　　　　　　村田　敏美 (アルネ津山教室)

受講メモ：10月～3月　6カ月全6回 15,300円 (税込み)

【お問い合わせ先】

本 部 教 室	〒700-8634 岡山市北区柳町 2-1-1 山陽新聞社本社ビル 6～8 階 TEL.086-803-8017 【受付時間】月～土曜：午前9時30分～午後7時　　日曜：午前9時30分～午後5時 【定休日】祝日・ゴールデンウィーク・お盆・年末年始 (※無料駐車場なし)
倉 敷 教 室	〒710-0057 倉敷市昭和 1-2-22 平松エンタープライズ内 TEL.086-424-2772 【受付時間】午前10時～午後6時 【定休日】祝日・ゴールデンウィーク・お盆・年末年始 (※無料駐車場あり)
アルネ津山教室	〒708-8520 津山市新魚町 17 アルネ津山 4 階 TEL.0868-31-3403 【受付時間】午前10時～午後6時 【定休日】祝日・ゴールデンウィーク・お盆・年末年始 (※無料駐車場あり)

山陽新聞カルチャープラザ HP　https://santa.sanyo.oni.co.jp/culture/

あなたの人生をかたちに　自分史本の編集・制作のお問い合わせ

　山陽新聞社出版部門では、自分史本の取材から編集、制作まで、皆さんからの相談を受け付けています。これから原稿を執筆される方、すでに書き上げた方、どのような段階でも適切にアドバイスします。編集面では、明治12 (1879) 年の山陽新聞創刊以来の紙面 110 万ページ以上をデジタル化した「山陽新聞アーカイブス」といった岡山県最大の知的財産基盤を活用。キーワード検索機能があるため、これまでの新聞原紙やマイクロフィルムでの閲覧とくらべて飛躍的に使いやすく、アナログではほとんど不可能だったことを瞬時に可能にします。

　あの日あの時あったこと、あなただけの記念日、忘れられない一日……。140 年という時のトンネルを遡って過去と今を結び、そして未来へとあなたの人生をかたちにします。

　新聞社ならではの総合的なサービスを提供し、少部数からご予算に応じたさまざまなご提案ができます。ぜひご相談ください。

お問い合わせ　TEL.086-803-8164　Email books@sanyonews.jp